教育部人文社会科学规划项目：科学标准在医疗损害赔偿中的应用
批准号：18YJA820018

医疗损害鉴定与技术标准研究

YILIAO SUNHAI JIANDING YU JISHU BIAOZHUN YANJIU

王　旭◎著

中国政法大学出版社
2021・北京

图书在版编目（CIP）数据

医疗损害鉴定与技术标准研究/王旭著. —北京：中国政法大学出版社，2021.10
ISBN 978-7-5764-0127-1

Ⅰ.①医…　Ⅱ.①王…　Ⅲ.①医疗事故—鉴定—研究—中国
Ⅳ.①D922.164

中国版本图书馆CIP数据核字(2021)第204233号

出版者　中国政法大学出版社
地　址　北京市海淀区西土城路25号
邮寄地址　北京100088信箱8034分箱　邮编100088
网　址　http://www.cuplpress.com (网络实名：中国政法大学出版社)
电　话　010-58908441(编辑部) 58908334(邮购部)
承　印　北京九州迅驰传媒文化有限公司
开　本　880mm×1230mm　1/32
印　张　10
字　数　235千字
版　次　2021年10月第1版
印　次　2021年10月第1次印刷
定　价　49.00元

前言 Preface

在医疗损害的侵权诉讼领域，医疗损害鉴定占有独特的法律地位。其作为一种对医疗行为是否存在过错的专门性判断，在解决纠纷、化解矛盾中起着至关重要的证据作用。

随着民众诉讼意识的不断增强，以及受到诸多复杂社会因素影响，我国的医患纠纷数量逐年攀升，中国社会科学院发布的《中国医药卫生体制改革报告》显示：在2002年到2012年的10年间，全国医疗纠纷案件增长了10倍。国家卫生健康委员会统计资料显示，2010年，医疗暴力事件更达到了17 243件之多，医患纠纷成为影响社会和谐稳定的严峻的社会问题，是医疗之“病”、医疗之“痛”。

探讨纠纷解决机制离不开医疗损害赔偿这一重要解决途径。对此，多部法律法规作出了原则性规定。2017年出台的最高人民法院的司法解释——《最高人民法院关于审理医疗损害责任纠纷案件适用法律若干问题的解释》，2018年由国务院出台的行政法规——《医疗纠纷预防和处理条例》，2019年发布的《最高人民法院关于民事诉讼证据的若干规定》，以及2020年发布的《中华人民共和国民法典》等法律法规，都给医疗纠纷的处理以及医疗损害鉴定带来了一定的影响。应该说，用民事诉讼的手段化解医患纠纷成了纠纷处理的主流。与之相伴随的是，医疗损害鉴定成了重要的技术支撑。

然而，需要指出的是，医疗损害鉴定作为服务法律的科学证明手段，其专业深度和技术难度甚至超越了普通鉴定人员的知识和经验范围。因此，在司法实务中，关于医患纠纷争议事实及责任的裁判，常常需要技术性鉴定和法律知识与庭审实务的多重训练。这类案件具有很强的专业性，医疗行为复杂、隐秘、多因一果、医疗后果不确定，使得鉴定困难，而法官在处理案件时，较其他类型人身伤害案件，也更加依赖鉴定意见。

现实中，鉴定意见在医疗损害赔偿纠纷的处理中已成为非常重要的证据。一方面，它以专有的科学证据的形式展现了特有的证明价值；另一方面，它又给其他证据之真实性、可靠性的鉴别提供着支撑。随着科学证据在司法证明中比重的加大，医疗损害鉴定意见对司法审判的影响力逐步攀升。

与此同时，医疗损害鉴定意见常常遭到争议甚至非议，没有统一的技术标准，多种学科交叉，具有很强的技术难度和法律难度，以普通的鉴定思维常常难以驾驭。鉴定类型上的不成熟，使得鉴定意见的不确定性异常突出。这样的现实让人对鉴定意见充满猜疑，重复鉴定、反复鉴定成为常态。在医患纠纷多样化的证据问题中，不同的证据在科学性上的差异也带来学者对医疗损害鉴定意见本身证据等级或证据的证明力的思考。

标准是度量衡问题，技术标准的缺失是医疗损害鉴定的现实困惑。这表现在理论层面缺乏科学评判“医疗过错”的标准，实务层面缺乏可供操作的、业内达成共识的技术标准。概括起来，科学标准的缺位带来了现实司法的诸多困境。

作为一名司法鉴定人，2009 年我主笔起草了《北京司法鉴定业协会关于办理医疗过失司法鉴定案件的若干意见》，著有《医疗过失技术鉴定研究》一书。我结合多年司法实践的经验与思考，梳理医疗损害鉴定的现状，记录医疗损害鉴定实践发展轨迹与学术研究成果，针对医疗损害鉴定中最为疑难的因果关系、鉴定标准问题，鉴定程序规范化的问题，进行了梳理与提升，同时，给出了“医疗损害鉴定程序指引”的草稿，旨在为开展相关研究、创新我国医疗损害鉴定制度，做一些基础性、资料性、评价性和指导性的工作。

本课题从立项至今，已有2年余的时光，回想起对此课题的关注，繁忙的工作之余，点点滴滴的学术积累从不曾懈怠，往日时光历历在目，每有收获都在心底萌发一丝喜悦。为了厘清本书中的相关问题，我在工作之外尚有余力的时候阅读经典，提升自己的学术底蕴。今日终于将“心得”集结成册（书中部分章节也曾经公开发表）。在此，首先感谢法大法庭科学技术鉴定研究所的同仁，与我共同切磋实务问题，并提供了鲜活的研究素材；其次，感谢北京司法鉴定业的同仁们，长期孜孜以求地在医疗损害鉴定领域执着耕耘，挥技术之利剑，持正义之天平，多机构在业务操作上达成共识；最后，感谢我的学生们，陈首旭、冷冰凝、杨宁，都对某一问题有过研究与思考，刘诗麟、朱琳、黄柯云、杨贝贝、刘越等同学对我课题书稿所做的校对、数据处理等工作，提供了年轻人的智慧。

本书开展的学术研究是教育部哲学社会科学规划项目结项的成果。本书的出版还受到中国政法大学“双一流”建设、证据科学研究院（证据科学教育部重点实验室）、司法文明协同创新中心的资助，是证据科学交叉学科研究的成果。我期待，针对医疗损害鉴定和技术标准这样备受关注的一类问题，本书的出版，无论是对立法机关、司法机关、法律实务工作者，还是对高校教师、学生，以及科研人员，都能有所裨益。

限于本人的能力，书中错误或疏漏在所难免，恳请各位同仁和读者见谅，提出宝贵意见为盼。

王　旭

2020 年 9 月 27 日

目录 Contents

前　言// 001

第一章　医疗损害鉴定的实证研究// 001

第一节　医疗损害责任纠纷案件的实证研究// 001

第二节　媒体广泛关注案例中的鉴定与法律问题// 020

第二章　《侵权责任法》实施后的鉴定以及问题// 037

第一节　医疗损害鉴定的历史沿革与系列法律变化// 037

第二节　《侵权责任法》实施以来的鉴定回顾// 041

第三节　鉴定存在的问题// 046

第三章　医疗损害鉴定活动的法律要求// 053

第一节　司法鉴定相关概念// 053

第二节　医疗损害鉴定人员的条件、资格要求// 062

第三节　2017 年以后对医疗损害鉴定具有重大影响的法规// 070

第四节　现行法律制度下医疗损害鉴定委托管理的趋势// 084

第四章　医疗损害鉴定规范化// 091

第一节　鉴定意见的属性// 091

第二节　医疗损害鉴定意见的程序保障// 096

第三节　医疗损害鉴定规范化// 104

第五章　医疗过失认定的原则与标准// 124

第一节　医疗过失的基本理论——专家注意义务// 125

第二节　医疗损害鉴定需遵循“专业判断”的原则// 127

［延展阅读］某司法鉴定中心法医学鉴定意见书// 130

第三节　“注意义务”是判断医疗过失的客观标准// 146

第四节　医疗过失判断的抽象标准// 149

第五节　医疗紧急处置的宽泛性原则// 155

第六节　“告知—知情—同意”的审查// 157

第七节　针对并发症的处理原则// 164

第八节　“医疗意外”的判断与免责// 167

［延展阅读］【案例】// 168

第六章　医疗损害鉴定中“超说明书用药”问题// 170

第一节　媒体广泛关注的吗啡医疗案// 170

第二节　“超说明书用药”的临床现状// 176

第三节　“合理的超说明书用药”之国内外规定// 178

第四节　超说明书用药问题在各界的争议// 180

第五节　医疗损害鉴定中的评判标准推荐// 181

［延展阅读］某司法鉴定中心法医学鉴定意见书// 183

第七章　医疗损害鉴定标准化问题研究// 197

第一节　我国医疗损害鉴定标准概况// 197

第二节　医疗过失分类的标准化// 202

第三节　标准与标准化// 204

第四节　医疗损害鉴定标准问题的国内外动态// 208

第五节　我国医疗损害鉴定标准的体系构建// 213

附 录// 217

第八章 医疗过错的因果关系分析// 223

第一节 因果关系的概念与特点// 224

第二节 侵权法中因果关系的学说// 231

第三节 事实因果关系与法律因果关系// 238

第四节 因果关系的分析方法// 244

第五节 因果关系责任程度// 255

［延展阅读］某司法鉴定中心法医学鉴定意见书// 258

［延展阅读］某司法鉴定中心法医学鉴定意见书// 270

第九章 医疗损害鉴定程序性标准建议稿// 280

医疗损害鉴定程序指引（草案）// 280

附录 与医疗损害鉴定相关的技术标准/规范参考目录// 290

第一章 Chapter 1 医疗损害鉴定的实证研究

第一节　医疗损害责任纠纷案件的实证研究

一、概述

多年来，医疗纠纷已成为影响社会和谐与稳定的严峻的社会问题，受到社会、公众和政府部门的密切关注。随着人们诉讼意识的不断增强，以及诸多复杂的社会因素，医患纠纷数量呈急剧上升趋势。

据2008年11月2日中国新闻网的报道："卫生部统计数据显示，目前，全国每年发生的医疗纠纷逾百万起，平均每年每家医疗机构医疗纠纷的数量在40起左右。尤其近两年来，医疗纠纷发生率明显上升，增长幅度超过100%。"〔1〕在2000年世界卫生组织评估中，中国医疗公平性名列在191名成员的倒数第四〔2〕。世界卫生组织（WHO）有关医疗错误的流行病学调查结果是：住院患者中，大约3.7%—16.6%曾发生医疗不良事件

〔1〕 张有义："70%纠纷滞留医院 卫生部拟重点推人民调解制度"，载http://news.sohu.com/20081102/n260389993.shtml，最后访问日期：2009年2月16日。

〔2〕 郭柯："中国的一些让人沉痛的世界排名"，载《青年文摘（红版）》2007年第7期。

(medical adverse event，即 MAE)〔1〕。按此比例，我国每年约有163 万—755 万例的医疗不良事件发生，其中部分演变为了医患纠纷。据国家卫生健康委员会统计，2010 年全国医疗暴力事件已达到 17 243 件之多。医患纠纷已成为影响社会和谐稳定的严峻的社会问题。

有学者通过对医疗纠纷的调查〔2〕，从患者、医务人员、医疗机构、社会四个维度对医疗纠纷发生因素进行了分析，指出三甲医院门诊纠纷的主要因素有：就医流程烦琐、等候时间长、患者对服务态度不满意（与医生工作量大有关）。住院纠纷的主要因素有：患者对治疗效果不满意；保障机制欠缺，费用承担困扰；医务人员难尽合理的注意义务；现阶段国内医疗纠纷预防机制和处理机制薄弱；国内现阶段法律法规仍然不健全，执法部门在处理医患纠纷时往往感到法律依据不足，对待复杂的医疗纠纷难以作出公平公正的判决；媒体宣传的负面影响加剧医患矛盾；等等。

社会各界纷纷探讨纠纷解决机制，其中，医疗损害赔偿是重要的解决途径，而在赔偿诉讼中，医疗损害鉴定则是关键性的技术支撑。

相关研究显示〔3〕，医疗行为是否存在过错，以及与患者损害后果是否存在因果关系的判断，涉及临床医学、法医学、赔偿医学等多种学科，具有很强的专业性，有时仅凭法官的一般知识和社会经验难以对争议事实及责任作出客观的评判。因此，

---

〔1〕 毛静馥、吴国松、李会玲："国内外病人安全问题现状及相关建议"，载《中国医院管理》2007 年第 9 期。

〔2〕 袁江帆等："从患者视角研究医疗纠纷的数据统计分析"，载《中国医院》2017 年第 4 期。

〔3〕 邢学毅编著：《医疗纠纷处理现状分析报告》，中国人民公安大学出版社 2008 年版。

在医患双方就医疗过错及损害后果的因果关系不能达成一致意见时，往往需要进行医疗纠纷的专业技术鉴定（包括医疗事故技术鉴定和司法鉴定）来提供依据。现实中，鉴定意见一般情况下是赔偿责任的关键性证据。

在司法实践中，医疗损害鉴定为司法活动提供科学证据，与其他司法鉴定相比，其专业深度和技术难度超越了一般鉴定人的专业能力。由于医疗行为的复杂性、隐秘性、多因一果、医疗后果的不确定性等各种因素，经办法官在医疗纠纷案件的处理过程中，较其他类型案件（如人身损害赔偿纠纷）的处理，更加依赖鉴定意见，甚至有人描述为法官患有“鉴定意见依赖症”。

在医疗纠纷的诉讼活动中，我们总是看到这种现象：一方面，医疗损害鉴定在案件处理中起到了至关重要的作用；另一方面，医疗损害鉴定却备受社会各界的争议，甚至非议，鉴定带来的投诉比比皆是。原因是多方面的：①人们期待着权威的鉴定结论，期待司法鉴定给予医疗纠纷中的医患双方一个权威的、放之四海而皆准的鉴定结果，但同时，医患双方的诉求相差悬殊，司法鉴定的结果常常与任何一方的诉求差距都比较大，而司法鉴定的结论又常常意味着最终审判结果的“输赢”。于是，当事人各方均在司法鉴定上“下功夫”，如投诉、要求鉴定人出庭接受质询等。②从鉴定的特征上来看，医疗损害鉴定与其他的司法鉴定相比，具有更强的主体依赖性，不同的鉴定人会形成不同的判断结果。这样的现实就让鉴定结论更加令人充满担心和猜疑，重复鉴定、反复鉴定成了习以为常的现象。高额成本的鉴定使当事人“打得起官司打不起鉴定”的实例并不罕见。上述的情况也反映出另外一种事实，那就是，我们对医疗损害鉴定，无论在理论上还是在实践的操作层面上都缺乏系统研究，缺乏理论的框架支撑，缺乏程序上、技术上可操作的共识。简言之，缺乏可供操作的技术标准，这一困难亟待我们研究解决。

在当今的司法程序中，依据科学的评判标准来证明争议事实以增强证据的可靠性已成为趋势[1]。如今的法庭对抗中，因科学标准的缺失带来的证据可采性遭受质疑的情形屡见不鲜，以至于当今的时代被称作“怀疑的时代”，此点在我国的医疗损害赔偿纠纷的司法活动中尤其突出，如引发媒体广泛关注、医患对峙异常激烈的熊某为案等，不胜枚举。与此同时，目前也存在包括医学会的医疗事故技术鉴定、司法鉴定机构作出的医疗过错鉴定两种鉴定类型，两种鉴定应用的范畴虽有所不同，但任何一种鉴定应用于诉讼活动中时，也就是鉴定结果为司法审判提供技术支撑时，两者的本质都属于司法鉴定。鉴定类型的不同也带来了一定的争议。

本书所指医疗损害鉴定涵盖上述两种鉴定的内容，为鉴定总的原则和思路。由于司法鉴定更符合司法活动的程序性要求，本书主要以司法鉴定的脉络来谈鉴定技术与标准问题。

司法鉴定是指在诉讼活动中，鉴定人运用科学技术或者专门知识对诉讼涉及的专门性问题进行鉴别和判断并提供鉴定意见的活动。换言之，司法鉴定是指在诉讼过程中，对案件中的专门性问题，由司法机关或当事人委托法定鉴定机构，运用科学技术或者专门知识，依照法定程序作出鉴别和判断的一种活动。

长期以来，从分类上讲，医疗损害司法鉴定主要属于法医类中的法医临床学鉴定范畴。根据《司法鉴定执业分类规定（试行）》，司法鉴定分为法医类鉴定（包括法医病理鉴定、法

〔1〕［意］Michele Taruffo：“科学标准在社会和法庭科学证据中的应用”，郑飞译，载《证据科学》2011 年第 4 期。

医临床鉴定、法医精神病鉴定、法医物证鉴定和法医毒物鉴定），物证类鉴定（包括文书司法鉴定、痕迹司法鉴定和微量物证鉴定），声像资料司法鉴定（包括对录音带、录像带、磁盘、光盘、图片等载体上记录的声音、图像信息的真实性、完整性及其所反映的情况过程进行的鉴定和对记录的声音、图像中的语言、人体、物体作出种类或同一认定），等等。

《司法鉴定执业分类规定（试行）》第5条规定：法医临床鉴定是指运用法医临床学的理论和技术，对涉及与法律有关的医学问题进行鉴定和评定。其主要内容包括：人身损伤程度鉴定、损伤与疾病关系评定、道路交通事故受伤人员伤残程度评定、职工工伤与职业病致残程度评定、劳动能力评定、活体年龄鉴定、性功能鉴定、医疗纠纷鉴定、诈病（伤）及造作病（伤）鉴定、致伤物和致伤方式推断等。其中涵盖了医疗纠纷鉴定。

目前，司法部新的法医学执业分类的办法已经颁布实施（《司法部关于印发〈法医类司法鉴定执业分类规定〉的通知》，司规〔2020〕3号）[1]，在法医临床鉴定、法医病理鉴定、法医精神病鉴定中，均涵盖医疗损害鉴定的鉴定委托项目。

在司法实践中，医疗损害的司法鉴定还会有多个学科交叉的情况，比如：需要尸检的案例就属于法医病理学范畴的工作，病理蜡块的个人同一性鉴定属于法医生物学范畴的工作，对病历文书真伪的鉴定则属于物证类文件检验学范畴的工作，而大多数时候，活体损伤后的各种医疗损害鉴定活动，则属于法医临床学鉴定工作。

鉴定意见由于其在证据体系中的特殊功能和地位，习惯被

---

〔1〕 该通知发布的《法医类司法鉴定执业分类规定》已于2020年5月9日第20次部长办公会议审议通过。

称为“证据之王”。一份准确、严谨的鉴定文书可以为扑朔迷离的案情拨开云雾，为案件的公正审理提供厚重的证据砝码。相反，一份粗糙的、经不起推敲的鉴定文书却会引发无数的争议，甚至会被人们“不惮以最坏的恶意”来猜测一切。医疗损害鉴定活动中机构与人员的能力参差不齐，加之缺乏技术标准，使得鉴定活动的准确性、客观性有一定的不确定性，也是这类鉴定证据的证明力较弱的一种体现。

二、2019年北京市医疗损害责任纠纷案件的实证研究

（一）研究对象及方法

1. 研究对象

在中国裁判文书网上，以“医疗损害责任纠纷”为检索词对裁判文书进行检索。研究对象的纳入标准为：地域为北京市，时间范围为2019年，文书性质为判决书，案例性质为民事案例。

2. 研究方法

采用文本分析和文本计量等方法，将所有医疗损害责任纠纷中医疗损害鉴定的关键信息录入并进行统计和分析。

（二）整体情况分析

北京聚集着全国优质的医疗资源，据原北京市卫生计生委发布的《2018年北京卫生健康事业发展统计公报》显示，2018年北京市拥有115家三级医疗机构，174家二级医疗机构，医疗资源丰富，患者众多。

1. 数据汇总

本次共检索到判决书617份，其中一审判决书403份，二审与再审判决书共214份。

被告医院主要集中在西城区、朝阳区、海淀区，笔者简要

梳理了北京市各地区三甲医院数量，上述区域拥有优质三甲医院数量较多，这与被告医院数量分布情况大致相同。由此可以看出医疗资源集中的地区，就诊患者数量多，加之病情复杂，诊治难度增加，更容易发生医疗纠纷。

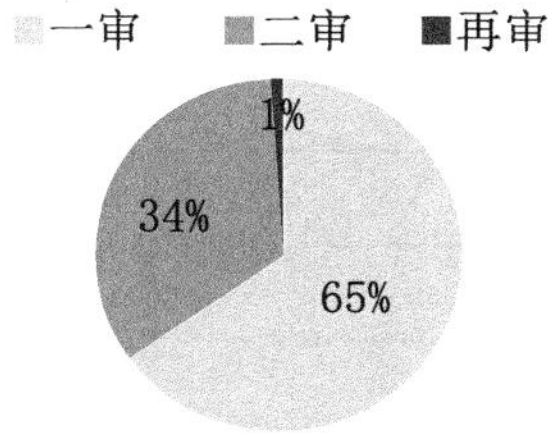

图 1　审判程序

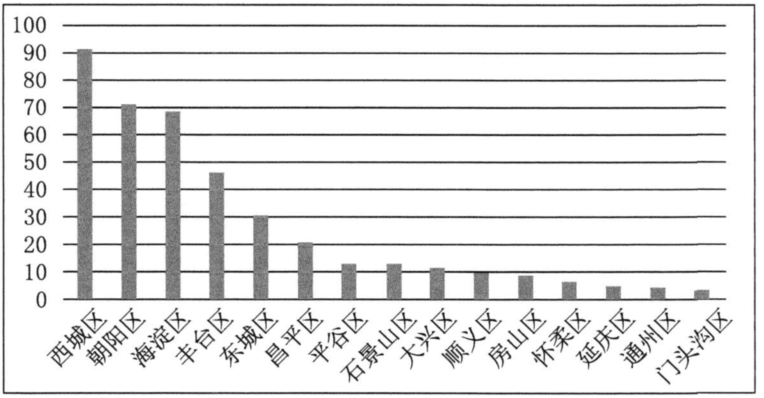

图 2　按照法院分布的地区筛选

2. 被告数量分析

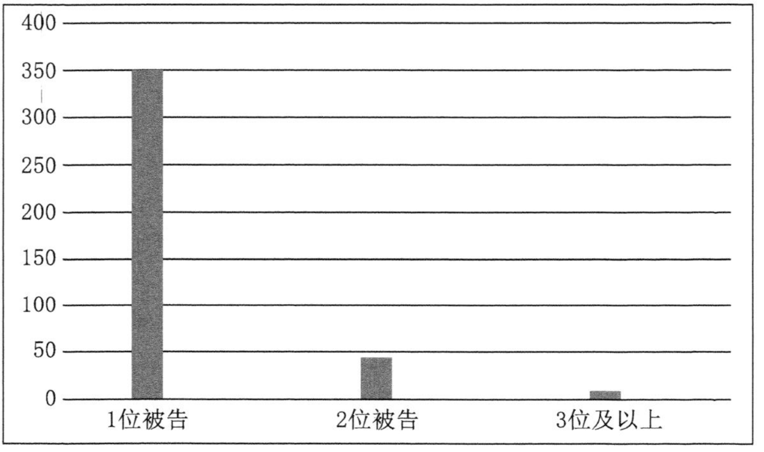

图 3　被告数量

（三）一审判决书分析

1. 驳回诉讼请求

在 403 件医疗损害责任纠纷案件中，法官驳回患方诉讼请求的共有 92 件，约占 22.8%。法官驳回诉讼请求的主要原因及案件数量统计结果如表 1。

表 1　92 件法院驳回诉讼请求情况

法院驳回诉讼请求原因	案件数（件）	百分比
经过鉴定后医疗机构无责任	28	30.4%
被鉴定机构退案，因举证不能而败诉	21	22.8%
拒不委托鉴定、委托鉴定后不交费、鉴定机构因材料不全而退案	19	20.7%
诉讼时效	7	7.6%

续表

法院驳回诉讼请求原因	案件数（件）	百分比
没有明确损害后果、被告或诉请不符合法律规定	14	15.2%
庭外达成协议	3	3.3%
总计	92	100%

在据以分析的92份驳回诉讼请求的案件中，经过鉴定后医疗机构无责任；被鉴定机构退案，因举证不能而败诉；拒不委托鉴定、委托鉴定后不交费、鉴定机构因材料不全而退案成为驳回诉讼请求最主要的三大原因。实践中存在不少因鉴定材料不全、不符合收案要求（不完整、不真实）、鉴定事项超出鉴定机构能力范围而被拒绝受理导致法院驳回起诉的情形，一定程度上影响了鉴定的受理。因此，有必要对医疗损害鉴定相关的受理条件、受理流程、鉴定材料等进行统一化的规定，并加强对社会公众的宣传。提醒患方在就诊过程中保存好相关证据材料，同时医方应书写并保管好病历资料，更好地维护自身的合法权益。

2. 鉴定机构及鉴定事项

在涉及医疗损害纠纷的403个案件中，进行了鉴定的共有320件，约占79.4%。320个案件中进行了司法鉴定的有299件，进行了医学会鉴定的有7件，两种鉴定均开展的共14件。由此可见，司法鉴定与医学会鉴定的两种鉴定形式在数量上相差悬殊。后文会提到《中华人民共和国侵权责任法》（以下简称《侵权责任法》，已废止，下同）统一"医疗损害责任"以来，医疗损害鉴定中司法鉴定占据了主导地位。

2017年12月14日实施的《最高人民法院关于审理医疗损害责任纠纷案件适用法律若干问题的解释》（以下简称《医疗损

害司法解释》）第 11 条第 2 款规定了申请医疗损害鉴定的七种事项，即①实施诊疗行为有无过错；②诊疗行为与损害后果之间是否存在因果关系以及原因力大小；③医疗机构是否尽到了说明义务、取得患者或者患者近亲属书面同意的义务；④医疗产品是否有缺陷、该缺陷与损害后果之间是否存在因果关系以及原因力的大小；⑤患者损伤残疾程度；⑥患者的护理期、休息期、营养期；⑦其他专门性问题。

针对上述申请鉴定事项进行统计，结果如表 2。

表 2　320 件医疗损害鉴定委托事项的统计

鉴定事项	案件数（件）	百分比
有无过错	299	93.4%
因果关系以及原因力大小	299	93.4%
是否尽到说明义务、取得书面同意的义务	7	2.2%
医疗产品缺陷及因果关系、原因力大小	0	0
损伤残疾程度	108	33.8%
护理期、休息期、营养期	103	32.2%

统计数据显示，针对实施诊疗行为有无过错、诊疗行为与损害后果之间是否存在因果关系以及原因力大小申请鉴定的案件数量占据多数（分别占 93.4%），这与《侵权责任法》统一规定“医疗损害责任”以来，围绕医疗机构是否有过错以及医疗过错与医疗损害之间是否存在因果关系进行鉴定，从而回归鉴定本源的制度初衷是相符合的。另外，关于医疗损害相关的伤残程度鉴定及三期鉴定也成为鉴定任务中的主要内容，因此，伤残程度及三期鉴定标准的统一与完善，对医疗损害鉴定同样

具有重要的影响。

3. 鉴定人出庭情况

在进行了医疗损害鉴定的 320 个案件中，当事人申请鉴定人出庭质证的共有 83 件。根据我国民事诉讼法的规定，鉴定意见作为法定证据种类，应当接受法庭的质证与审查。当事人对鉴定意见有异议或者人民法院认为鉴定人有必要出庭的，鉴定人应当出庭作证。另外，《医疗损害司法解释》也规定了鉴定人出庭作证。

鉴定意见是次生证据，是对其他证据资料进行现实加工之后的结果。[1]在医疗损害鉴定中，鉴定材料的真实性、鉴定机构的资质及设备、鉴定专家的能力等因素都会影响鉴定意见的准确性。因此，为保障鉴定意见的真实性和可靠性，对鉴定材料的要求会非常高，同时，鉴定程序的合法性也需要经过法庭充分质证。

鉴定人出庭率低，一方面会影响法官对专门性知识的理解，增加法官审查证据的难度，不利于法官作出公正的判决；另一方面，鉴定人的不出庭将可能导致违法成本的降低，鉴定意见可能会出现不严谨、不真实，甚至漏洞等瑕疵，降低鉴定意见的真实性与科学性。

从统计的数据来看（如图 4），医疗纠纷案件的鉴定人出庭率还是很高的，明显高于刑事案件及其他类别的民事案件的鉴定人出庭率。

---

〔1〕 徐继军："国外专家证人责任制度改革动态及其对我国的启示"，载《诉讼法论丛》2005 年。

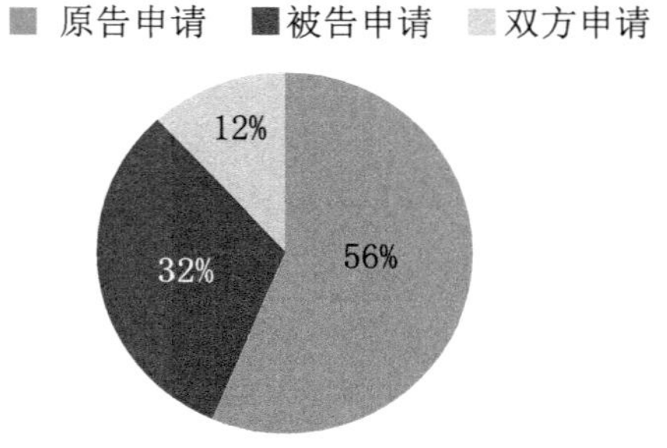

图 4　当事人申请鉴定人出庭质证情况

在上述 320 件医疗损害鉴定案件中，判决书中载明鉴定人出庭的案件为 85 件，约占 26.6%。申请鉴定人及专家辅助人出庭情况详见表 3。进一步分析鉴定人出庭的申请人可知，申请鉴定人出庭的多为原告——一般为患方（48 件，约占 56.5%）；被告单方申请鉴定人出庭的共 27 件，约占 31.8%；庭审中双方当事人均申请鉴定人出庭的有 10 件，约占 11.7%。原告申请鉴定人出庭的案件数量明显高于被告，由此看出原告对于鉴定意见不认可的情形较多。究其原因，实践中，作为医疗纠纷中患者的原告，会更多地对结果不认同，期待获得较高的赔偿，产生对鉴定意见不信任。

表 3　申请鉴定人及专家辅助人出庭情况

申请主体	申请鉴定人及专家辅助人出庭	
	案件数（件）	百分比
原告申请	48	56.5%
被告申请	27	31.8%
双方申请	10	11.7%
总计	85	100%

4. 鉴定意见

320 个案件的鉴定意见情况详见表 4。存在过错的占 97.5%。不存在过错的仅为 2.5%。认为存在过错的鉴定意见中，有因果关系的占 90.6%，无因果关系的认定仅占 6.9%。可见，在诉诸法庭的医疗纠纷案件中，鉴定意见认定存在医疗过错，及与损害后果之间存在因果关系的情形较为多见。

表 4　鉴定意见中的医疗过错及因果关系的情况统计

鉴定意见	案件数（件）	百分比
不存在过错	8	2.5%
存在过错但无因果关系	22	6.9%
存在过错且有因果关系	290	90.6%
总计	320	100%

同时，在鉴定意见表述方面，认定医疗过错责任程度时，以盖然性的语言（如轻微责任、次要责任）表述责任程度的，有 308 件，约占 96.3%。以过错百分比的形式表述责任程度的，有 12 件，约占 3.8%。可以看到，在实践中，鉴定机构对于因果关系的认定大部分符合《医疗损害司法解释》中关于原因力大小的要求，提供具体过错参与百分比的鉴定意见是少数。这为法官根据鉴定意见结合案件情况自由裁量医方具体责任过错比例提供了参考和裁量的空间，从一定程度上避免了法官对鉴定意见的过分依赖。

5. 医方过错

对鉴定意见中认定的医方过错进行梳理，主要体现在以下四个方面：①病历规范性。未及时书写病历、病历书写不符合规范。②未尽充分告知义务。医嘱告知缺乏针对性、医嘱存在漏洞、医方未告知风险因素。③未尽谨慎义务。医方对病情重视不足、未给予必要检查、未给予针对性治疗、术后对病情观察不细致、出院前未进行相关检查。④操作不规范。术前评估及检查不足、手术操作有误、存在漏诊、用药剂量不准确等方面。

上述过错具有普遍性，如何改变医患双方沟通不足、医方操作不规范、未尽合理注意义务的现状，从而改善医患关系，增加患者对医方的信任与配合，提高医方在就诊过程中的注意义务，值得探讨。

6. 责任比例

根据《医疗损害司法解释》第 12 条的规定："鉴定意见可以按照导致患者损害的全部原因、主要原因、同等原因、次要原因、轻微原因或者与患者损害无因果关系，表述诊疗行为或者医疗产品等造成患者损害的原因力大小。"笔者将医疗机构承担的过错责任划分为全部责任、主要责任、同等责任、次要责任、轻微责任、无责任进行统计。在判定医疗机构存在过错并承担相应责任的案件中，其过错责任占比情况详见表 5。

表 5　320 件医疗过错责任程度的统计

责任种类	百分比
全部责任	0. 94%
主要责任	13. 13%
同等责任	16. 25%
次要责任	29. 68%
轻微责任	31. 25%
无责任	8. 75%

7. 法官对鉴定意见采信情况

在320个案件中，法官对鉴定意见中“是否有过错及是否存在因果关系”予以采信的有280件，占87.5%；对鉴定意见中出具的“过错参与度或责任程度”予以采信的有264件，占82.5%。综合来看，法官对鉴定意见采信程度高，依赖性强。有学者指出，现在法官对案件的裁判到了对鉴定意见依赖的程度，甚至鉴定意见存在明显的错误，也被法官毫不犹豫地用作裁判依据。有的法院的法官，甚至将医疗侵权案件的裁判权交由司法鉴定人，让鉴定意见左右司法裁判结果。因鉴定意见具有主观性，不同的鉴定人针对同一鉴定事项也可能会出具不同的鉴定结果，若一概以鉴定意见作为案件裁判的最终依据，会影响法官自由心证的过程，使当事人对结果的公正性产生怀疑。

8. 影响法院认定的重要因素

笔者把鉴定意见中“认为没有因果关系（不具有因果关系）”，或“无效鉴定（包括没有申请鉴定、鉴定机构拒绝鉴定或无法得出鉴定意见、法院未采纳鉴定意见、鉴定主体机构或程序上不合法以及法院采纳了鉴定意见）”归为一类，即“无鉴定意见支持因果关系成立”。把有效鉴定，且“具有因果关系（包括鉴定意见被法院采纳且明确指出过错和损害之间存在因果关系）”归为另一类，即“有鉴定意见支持因果关系成立”。

从医疗过错和鉴定意见两方面探究法院的判决结果，如表6所示。

表6　判决书中医疗过错、鉴定意见及法院最终判决情况统计

编号	逻辑条件	法院判决	频数
1	A成立，B成立的条件下	支持原告部分或全部诉请	281
2	A成立，B不成立的条件下	支持原告部分或全部诉请	39

续表

编号	逻辑条件	法院判决	频数
3	A 不成立，B 成立的条件下	支持原告部分或全部诉请	0
4	A 不成立，B 不成立的条件下	支持原告部分或全部诉请	3
5	A 成立，B 不成立的条件下	未支持原告诉请	8
6	A 不成立，B 成立的条件下	未支持原告诉请	1
7	A 成立，B 成立的条件下	未支持原告诉请	0
8	A 不成立，B 不成立的条件下	未支持原告诉请	71

注：A 即认定存在医疗过错；B 即有鉴定意见支持因果关系成立

该表数据统计源于 403 份一审判决书中“本院认定……”，因果关系存在与否都是以法院判决认定为准，鉴定意见中列明的因果关系不是本书统计的依据。统计时是以“本院认为”为标准进行的认定。鉴定意见、当事人交叉询问、法庭辩论等只作为参考依据。其中，未认定存在医疗过错包括不存在医疗过错，或因超过诉讼时效、原告承担举证不能的责任等，在判决书中未对医疗过错进行认定；认定存在医疗过错包括存在医疗程序的过错和医疗行为的过错；无效鉴定或不存在因果关系包括原告未申请鉴定、鉴定机构无法作出鉴定、法院对鉴定意见不予认可和有效鉴定认为不存在因果关系的情形；有效鉴定认定存在因果关系又包括了直接因果关系、间接因果关系或主要因果关系、次要因果关系、等同因果关系、轻微因果关系等。此外，法院判决被告给予原告适当补偿的情形在本书中纳入未支持诉请进行分析。

笔者分析判决书，总结出以下几点值得关注的内容：

第一，部分判决中即便不存在因果关系，也认定了被告的赔偿责任，原因在于被告医院存在诊疗瑕疵或虽存在过错，但过错医疗行为同原告损害无关联。这类案件被告通常承担了

5%—15%的赔偿责任比例。

第二，部分判决即使未认定存在医疗过错，鉴定意见也未明确提示存在因果关系，仍支持了原告部分精神损害赔偿请求并判决被告承担鉴定费用。

第三，在造成损害后果的原因力程度上，法院对仅仅表述为“未能尽到充分的注意义务”之医疗过错的情形，统一认定为轻微责任。然而，在过错与损害因果关系的认定上，部分判决认为存在因果关系，另一部分判决认为不存在因果关系。

假设法院以绝对客观中立的态度分别对医疗过错和鉴定意见进行认定。为验证自变量之间是否独立，本书首先用 SPSS. 25 对医疗过错和法院判决变量进行卡方检验，得到 $\chi=350$、$P<0.001$，故医疗过错认定与法院判决结果存在显著差异。其次，对鉴定意见和法院判决进行卡方检验，得到 $\chi=217$、$P<0.001$，故鉴定意见认定与法院判决结果存在显著差异。接着对表 8 中数据进行 Logistic 回归分析，得到表 7。

表 7　法院对是否支持原告诉请作出判决的影响因素

		回归系数	优势比（95%置信区间）
医疗过错	认定存在医疗过错		1
	未认定存在医疗过错	−6.225	0.002*（0.0003—0.0118）
鉴定意见	有鉴定意见支持因果关系成立		1
	无鉴定意见支持因果关系成立	−3.6887	0.025*（0.0044—0.1433）

注：* $P<0.001$（双侧检验）

根据上表所示：判决书未认定存在医疗过错时，法院支持原告部分或全部诉讼请求的可能性会降低。法院认为鉴定意见无效或鉴定意见表明不存在因果关系时，法院支持原告部分或全部诉讼请求的可能性也会降低。值得注意的是，“无鉴定意见支持因果关系成立”的优势比 0.025，相较“未认定存在医疗过错”的优势比 0.002 更加接近 1。这意味着，“未认定存在医疗过错”条件对最终判决支持原告诉请的可能性削弱程度强于“无鉴定意见支持因果关系成立”。换言之，在片面考虑一个要件的前提下，相较于“未认定存在医疗过错”，在“无鉴定意见支持因果关系成立”的情形下，法院支持原告诉请的可能性更大。

9. 法官未采信的原因

对鉴定意见中法官未采信的原因进行统计，主要包括三种类型：①鉴定结论中认定医方的医疗过错参与度过高，与实际不符；②双方自愿达成调解协议；③依据公平原则，平衡双方利益。

10. 赔偿金额

一审裁判文书中，赔偿金额在 50 万元以上的占 17%，在 25 万元—50 万元之间的占 15%，在 5 万元—25 万元之间的近半数占 46%，而在 5 万元以下的赔偿占比 22%。

（四）上诉情况分析

在笔者统计的 2019 年医疗损害责任纠纷案件中，进入二审程序的案件有 209 件，上诉率约为 51.9%。根据上诉主体不同分类统计，医方单方上诉的共 143 例，约占 68.4%；患方单方上诉的共 54 例，约占 25.8%；医患双方同时上诉的共 12 例，约占 5.7%。二审维持原判案件 173 例，约占 82.8%；二审改判案件 36 例，仅约占 17.2%。

根据数据显示，医疗损害纠纷案件中，上诉率较高，双方当事人对于裁判结果争议较大，从而通过二审程序来争取利益的最大化。医方上诉率明显高于患方上诉率，可以看出医方对于一审判决结果服判率较低。由于医疗损害责任案件专业性强，法官通常以鉴定意见作为认定医方是否承担责任以及区分责任比例的依据。对于上诉结果的分析，二审维持原判的比率明显高于改判率，从而反映出法官对于一审证据的采信程度高，存在过分依赖鉴定意见的情况。

三、2019 年我国主要城市医疗损害责任纠纷案件的实证数据

有学者对我国四个直辖市 2019 年医疗纠纷案件的情况进行统计，从受偿、责任比例、鉴定机构、医院涉诉情况、上诉情况、法院受案情况等角度进行了分析。分析报告指出，妇产科、肿瘤科、骨科是涉案最多的三大科室（上海：妇产科、肿瘤科、骨科[1]；北京：妇产科与肿瘤科[2]；天津：妇产科、消化科和肿瘤科[3]；重庆：妇产科、门诊、骨科[4]）。

上海市无责任案件占比较其他直辖市高，占比 50%左右，其余直辖市无责任案件均较前一年有所下降，占比 20%左右（北京：无责任占比 21.7%，全部责任占比 2.8%；天津：无责任占比 27%，全部责任占比 15.8%；重庆：无责任占比 16.2%，全部责任占比 8.6%）。

在上诉案件中，上诉成功率在 10%—20%之间（上海 10.1%，北京 19%，天津 9.7%，重庆 19.1%）。在对案件调解

〔1〕 张永泉："2019 医疗纠纷案件大数据——上海篇"，载 https://mp.weixin.qq.com/s/TMM5E8WBVMcYILINR_5YRw，最后访问日期：2020 年 5 月 29 日。

〔2〕 张永泉："2019 医疗纠纷案件大数据——北京篇"，载 https://mp.weixin.qq.com/s/dxyRUocZ-8VtcQrZgkatCg，最后访问日期：2020 年 5 月 29 日。

〔3〕 张永泉："2019 医疗纠纷案件大数据——天津篇"，载 https://mp.weixin.qq.com/s/gNrz7Z-REfi8drjUkds46g，最后访问日期：2020 年 5 月 29 日。

〔4〕 张永泉："2019 医疗纠纷案件大数据——重庆篇"，载 https://mp.weixin.qq.com/s/ybSMlY3JIIi7HjskiR2tJg，最后访问日期：2020 年 5 月 29 日。

及撤诉分析中，北京市调撤率总体偏低，占 1/4 左右，其余三市均占 1/2 左右（上海 41.5%，北京 26.5%，天津近 60%，重庆 50%）。

第二节　媒体广泛关注案例中的鉴定与法律问题

近年来，在我国司法实践中关于纠纷的解决机制有一种趋势：将社会问题转换成法律问题，再把法律问题转换成技术问题，用鉴定的方式予以第一手处理，最终达到化解纠纷的目的。我们也可以看到，媒体广泛关注的案件、对社会有重大影响的案件中，一般均有鉴定的技术支撑，而且，常常不是一种鉴定手段予以支撑，医疗纠纷中的各种鉴定扮演着不同的技术角色。下面，笔者以一个媒体广泛关注的医疗案例来展开一些鉴定与法律问题的思考。

一、熊某为医疗纠纷案——案例背景介绍

死者熊某为，49 岁，某大学医学教授（澳大利亚籍），北京大学第一医院（以下简称“北大医院”）心血管研究所研究员，2006 年 1 月 31 日在北大医院住院期间死亡，其后，医患双方发生纠纷。

简单的诊疗经过：2006 年 1 月 23 日，患者熊某为因腰痛入住北大医院治疗，入院诊断为 L4 滑脱（峡部裂型）、腰椎间盘突出症（L4/5）。患者体形肥胖，患有高血压、糖尿病、高血脂等疾病。2006 年 1 月 24 日，被告医院为患者进行 L4/5 椎管减压、椎弓根钉内固定、后外侧植骨融合术治疗。术后第二天，患者感觉小腿不适，但医生未引起重视。术后第六日即 2006 年 1 月 30 日患者出现头晕、恶心呕吐，以及呼吸困难、烦躁症状，

血压测不出，后诊断为肺栓塞，经抢救无效于2006年1月31日凌晨4时50分死亡。死亡证明书记载患者于2006年1月31日死亡，即脊柱手术后第七天，死亡证明书中记载的死亡原因为急性肺栓塞。死者家属怀疑这是一起医疗事故，2009年11月3日，CCTV-2《经济半小时》栏目报道了此案。

一审中原告方（患方）主张，被告医院存在术前检查不全面，在患者不符合手术指征的情况下对患者进行了手术，术中扩大手术范围，围手术期存在对血栓形成等防治不当、抢救不当等过错，上述过错导致患者熊某为死亡的严重后果。故此，要求被告医院承担各项损害费用及被扶养人生活费和精神赔偿等，共计542.8万元。并且在诉讼中提出：①对被告医院提交的病历材料进行质疑，申请对病历的真实性、完整性、逻辑性进行司法鉴定；②对被告医院诊疗过程中是否存在医疗过错提出鉴定申请。

被告医院针对本案提出医疗事故技术鉴定的申请，被告医方辩称：医院的诊疗行为符合常规，不存在违规行为，患者死亡属于病情的自然转归，受现有医学技术水平的影响。理由有五个：①患者入院后，医方给予了充分的重视，术前诊断明确，有手术适应症，并向家属充分履行了告知义务；②手术顺利，手术无任何过错，患者术后自诉无不适；③围手术期处理符合操作常规，各项身体检查指征均正常；④术前就可能发生的后果向患者家属进行了充分的告知并嘱咐暂停服用抗凝药物；⑤术后患者发生急性肺栓塞，医院组织医务人员抢救、内科会诊、心脏按压，并行开胸和开腹探查，对患者术后产生并发症的抢救及时得当，不存在违规行为。

一审中，法院委托某鉴定机构进行医疗过错鉴定，鉴定意见详见后续。

二审中，原告方请求法院支持其全部诉讼请求，并判令被告医院承担诉讼费、鉴定费。原告在二审中提出被告医院对患者熊某为诊疗的三名“医师”中，仅有于某嵘获得医师资格证书，但未经注册，未取得医师执业证书，另两名“医师”既未取得医师资格证书，也没有取得医师执业证书。上述事实已经被原北京市卫生监督所认定为非法行医，应在判决书中确认。详见原北京市卫生监督所《关于对北京大学第一医院违法行医行为查处情况的复函》，提出被告医院“非法行医”。

被告方提起上诉，理由是：①医方在原审中不同意进行医疗过错鉴定，同时提出保留申请医疗事故技术鉴定的权利，根据北京市高级人民法院的相关规定，一方当事人申请医疗过错鉴定，另一方申请医疗事故技术鉴定的，法院应委托医疗事故技术鉴定。原审法院进行医疗过错鉴定的行为是不合法的，属于程序违法。②原审法院委托某鉴定机构所作的鉴定结论存在诸多问题，且前后矛盾，原审法院采信该结论导致案件事实没有被查清。③本案应该适用《医疗事故处理条例》，原审法院适用法律不当。

二、熊某为案例中的司法鉴定

本案在审理过程中，共涉及三个鉴定：①对被告提交的病历材料提出申请，对病历的真实性、完整性、逻辑性进行司法鉴定；②医疗过错鉴定；③文件检验鉴定。其中最为重要的是医疗过错鉴定。但值得一提的是，在法院将此案提交医疗过错鉴定之前，因原告对病历的真实性产生疑义，法院将病历交给某家鉴定机构作病历真假及是否可以作为鉴定依据的鉴定。该机构提交的鉴定书中，确认了手术记录中的腰椎滑脱 II 度的“II”系由“I”涂描而成。此外，该鉴定意见还认为院方提交的熊某为的“手术前讨论记录”不符合相关法律要求，不能作为鉴定材料使用。《中华人民共和国执业医师法》（1998 年发布）第 23 条第 1 款中规定，医师不得隐匿、伪造或者销毁医学文书及有关资料。《医疗事故处理条例》第 58 条亦作出类似规定。院方涂改病历和提交“不符合法律要求”病历的行为，在诉讼中应承担举证不力的责任。

下面，笔者就本案医患双方争议的主要观点进行展现。

（一）医患双方的争议焦点

第一，患方认为医院使用大量未取得医师资格的人员，属于非法行医。病历中出现大量未获医师执业证书人员的签名，如段某洲、于某嵘、肖某涛、张某、王某莲、秦某珊、郭某海、吕某玲、王某、瓯某利等。《卫生部关于医学生毕业后暂未取得医师资格从事诊疗活动有关问题的批复》规定：医学专业毕业生在毕业第一年后未取得医师资格的，可以在执业医师的指导下进行临床实习，但不得独立从事临床活动，包括不得出具任何形式的医学证明文件和医学文书。

第二，患方认为医院的病历书写不符合规范性要求，属于假病历。病历中存在大量未经相应医务人员签名的内容，如术前讨论记录表、会诊记录、死亡讨论、第二次手术记录、临时医嘱单等。

第三，关于病情诊断和手术适应症。患方：入院诊断和 X 线报告中均记录腰 4 滑脱 I 度伴峡部裂。结果医院将术前诊断 I 度滑脱改为 II 度滑脱，目的是为实施手术提供理由。医方：这是主刀医师在手术中根据检查判断的诊断，术前 X 线检查应当服从术中诊断。因此，主刀医师将此进行修改。

第四，关于术后观察和抗凝治疗。患者具有高血压病、II 型糖尿病、高脂血症等高危因素，术后应当进行观察和运用抗凝药物。医方认为患者罹患胃溃疡，但患方认为没有依据。

（二）审理与鉴定

案件一审期间，原告方对被告方提交的病历材料进行质疑，申请对病历材料的真实性、完整性、逻辑性等进行司法鉴定，经被告方同意，法院委托北京法源司法科学证据鉴定中心（以下简称“法源鉴定中心”）对此进行鉴定。鉴定认为，除病历中手术前讨论记录表不能作为鉴定材料使用以及“胃溃疡”诊断暂不列入整体考虑范围外，其他材料均可作为鉴定材料使用。

经双方同意，法院委托北京某司法鉴定机构，根据前述鉴定双方所认可的病历资料就被告医院的诊疗行为是否存在过错、该过错与患者死亡之间是否存在因果关系进行鉴定。

某司法鉴定机构鉴定意见书载：审阅本案提供的腰椎 X 线片及 CT 片可见：第 4 腰椎轻度滑脱（I 度），伴双侧峡部裂，第 4、5 腰椎骨质增生，第 4-5 腰椎间盘膨出。需要指出的是，法医学鉴定认定的术前诊断为“第 4 腰椎轻度滑脱（I 度），伴双侧峡部裂”。而医院的入院诊断为 L4 滑脱（峡部裂型）II 度，并据此认为存在手术指征。

如前所述，在法院将此案提交鉴定之前，因原告对病历的真实性产生疑义，法院曾罕见地将病历交给另一家鉴定机构作病历真假及是否可以作为鉴定依据的鉴定。由后者提交的鉴定书中，确认了手术记录中的 II 系由 I 涂描而成。此外，该鉴定意见还认为医方提交的熊某为的“手术前讨论记录”不符合相关法律要求，不能作为鉴定材料使用。

对于病历中大量“非执业医师人员签名”，也就是后来引起极大争议的实习医生非法行医问题上，鉴定意见（法源鉴定中心）虽然认定不符合医疗行政法规的规定，但又称“在证据性上，大部分病历材料仍然可以作为鉴定材料使用。”

某鉴定机构医疗过错鉴定意见如下：①手术适应症缺乏有力支持，手术治疗的选择表现为仓促和过度积极；②熊某为存在高血压、糖尿病、高脂血症病史，围手术期停用阿司匹林等深静脉血栓形成因素，对此，医方应该能够预见深静脉血栓形成的发生，并应及时对深静脉血栓形成进行客观检查，却未及时采取具有针对性的综合预防或治疗措施，未能早期及时发现和采取有效治疗措施，失去了干预机会，导致病情最终加重；③医方虽然采取了一些抢救措施，但由于抢救过程中出现肝脏、心脏破裂，对于死亡结果的发生无疑起到了促进作用。综合分析，目前材料未能发现其他可以导致熊某为死亡的因素，北大医院的上述医疗过失造成熊某为死亡，两者之间存在因果关系。

三、熊某为案例争议点及问题的分析

（一）是否非法行医——此非鉴定技术问题

本案终审判决回避了上述质疑，当然，本案不构成“非法行医罪”。关于非法行医的质疑，是鉴定中常常遇到的问题。作为鉴定人，需要有一定的法律认知。

首先，《中华人民共和国刑法》（1997 年修订）关于非法行医的规定与《中华人民共和国执业医师法》（1998 年发布）的规定有出入，造成主体认定困难。

本案患方家属认为：为熊某为提供诊疗服务的于某嵘、段某洲、肖某涛这三名医师当中，于某嵘仅取得了执业医师资格，但没有取得执业证书，段某洲和肖某涛则既没有取得执业医师资格，也没有取得执业证书。该事实已被原北京市卫生监督所认定为非法行医，同时也是经法庭查明的事实，却没有在一审判决中予以认定。

《中华人民共和国刑法》（1997 年修订）第 336 条第 1 款规

定："未取得医生执业资格的人非法行医，情节严重的，处三年以下有期徒刑、拘役或者管制，并处或者单处罚金；严重损害就诊人身体健康的，处三年以上十年以下有期徒刑，并处罚金；造成就诊人死亡的，处十年以上有期徒刑，并处罚金。"根据此条，"非法行医罪"的主体是"未取得医生执业资格的人"。《中华人民共和国执业医师法》（1998 年发布）第 8 条第 1 款规定："国家实行医师资格考试制度……"，第 12 条规定："医师资格考试成绩合格，取得执业医师资格或者执业助理医师资格。"第 13 条第 1、2 款规定："国家实行医师执业注册制度。取得医师资格的，可以向所在地县级以上人民政府卫生行政部门申请注册。"第 14 条规定："医师经注册后，可以在医疗、预防、保健机构中按照注册的执业地点、执业类别、执业范围执业，从事相应的医疗、预防、保健业务。未经医师注册取得执业证书，不得从事医师执业活动。"[1]

由以上法条可以看出，根据《中华人民共和国刑法》（1997 年修订）的规定，非法行医罪的主体仅指未取得医生执业资格的人，而根据《中华人民共和国执业医师法》（1998 年发布）的规定，主体既包括未取得医师执业证书的人，也包括未经医师注册的取得执业证书的人。即《中华人民共和国刑法》（1997 年修订）规定的主体只考虑有无资质的问题，而《中华人民共和国执业医师法》（1998 年发布）的主体既包括资质不符合的人，也包括未注册的人。二者在主体范围规定上的出入造成实际案件中适用的困难，在类似该案的案件中医生是否构成非法行医，将直接影响法律适用问题。

在现实工作中，一旦鉴定中患方提出非法行医的问题，鉴

〔1〕 章礼明：《论刑事鉴定权》，中国检察出版社 2008 年版。

定人以及鉴定机构最正确的做法是：鉴定重在解决诉讼中的专门性问题，即技术问题，“非法行医”的判断属于法律问题，非鉴定所涉的技术问题，不应在鉴定意见中予以回答。

其次，医院的管理缺陷在鉴定时常常难以评价。

我国执业医师实行行政许可制度，即使已取得执业医师资格，但未经注册，亦不能享有行医权。临床实习生或见习生只能在有行医权的医师指导下进行临床活动，其诊疗行为并非行医权的行使，而是一种临床学习的方式，其诊疗行为未经上级医师认可不能对患者生效，其行为若给患者造成损害应由其指导医师承担责任。2002 年《卫生部办公厅关于正规医学专业学历毕业生试用期间的医疗活动是否属于非法行医的批复》称：“取得省级以上教育行政部门认可的医学院校医学专业学历的毕业生在医疗机构内试用，可以在上级医师的指导下从事相应的医疗活动，不属于非法行医。”本案提示医院存在管理缺陷，此缺陷对诊疗行为的影响尚难以准确评价。

当事人双方针对医生资格的争论，折射出了目前中国医师制度的窘境，实习医生在法律上大多处于尴尬的地位，这也是在出现医疗纠纷时常常成为争议的焦点。此焦点非鉴定所涉的专门性技术问题，但对鉴定有难以表述的影响，同时法律处于无所适从的处境，也是研究医疗损害鉴定与标准问题的外围困惑。

（二）法院判定医方构成医疗过失

医疗纠纷案件的处理主要以两类为主：一类是医疗侵权赔偿纠纷，另一类是医疗事故行政处理，即医疗人身损害之诉与医疗事故之诉。虽然这两类案件都与医疗行为有关，但一个是以构成医疗事故为前提，而另一个是医疗过失行为。

根据我国《医疗事故处理条例》第 2 条的规定，医疗事故是指医疗机构及其医务人员在医疗活动中，违反医疗卫生管理法律、行政法规、部门规章和诊疗护理规范、常规，过失造成患者人身损害的事故。依据《中华人民共和国刑法》（1997年修订）第335条的规定，医疗事故罪是指医务人员由于严重不负责任，造成就诊人死亡或者严重损害就诊人身体健康的，处3年以下有期徒刑或者拘役。依照相关法律规定，对于医疗事故罪的认定是有严格限制的，必须是主观上严重不负责任的方可定罪。在司法实践中，医疗事故罪的应用十分少见。

“医疗过失行为”是指医务人员在具体的医疗活动中，因主观上缺乏必要的小心谨慎而未能履行注意义务的一种行为。1986年发布的《中华人民共和国民法通则》（以下简称《民法通则》）第106条第2款规定：“公民、法人由于过错侵害国家的、集体的财产，侵害他人财产、人身的，应当承担民事责任。”

本案法院终审判决认为医院存在医疗过失，承担民事赔偿责任。主要是根据鉴定机构的鉴定意见，即北大医院在对熊某为诊疗过程中存在医疗过失，造成熊某为死亡，两者之间存在因果关系。法院采信了这一结果。

首先，脊柱手术后，是否需要抗凝药物的使用？患方认为，为防止术后发生深静脉血栓，医方应对患者行抗凝药物治疗。北大医院认为，抗凝药物虽然可以减少深静脉血栓的发生概率，但会增加出血的风险。因此，医院依据现代医学常规综合分析决定不使用抗凝药物。现实中，脊柱外科手术是否使用常规药物抗凝，当时国内外尚未达成共识。因此，对于术后未使用抗凝药物，是技术和知识局限导致的，但是考虑到患者是术后发生肺栓塞的高危人群，医院治疗过程中应该考虑周全做好防范措施，在这方面，医护人员存在过失。

其次，医方术后给患者使用止痛药物是否正确？止痛药对创伤骨科术后患者的效果明显，可使患者在肉体和精神上减轻痛苦，有利于肢体功能的恢复，短期服用不会产生耐药性，有利于患者的康复。但是手术部位不同，患者体征不同，不同止痛药的效果不同。因此针对患者止痛药的使用与剂量，要根据病人情况选择。本案中，使用止痛药与未能及早发现肺栓塞不是技术判断的关键点，故此，可以不予评价。

最后，本案中，由于双方当事人在对患者的诊疗和施救等方面存在巨大争议，故，一审法院在征得双方同意后委托鉴定机构进行了鉴定。

鉴定中，对于手术适应症作了描述：手术适应症缺乏有力支持，手术治疗的选择表现为仓促和过度积极。实际委婉认定了熊某为不具有手术适应症。

对于血栓的认识，鉴定书认为：医院应该能够预见血栓形成的发生，并应及时采取鉴别诊断和相应的预防措施，但未见对深静脉血栓形成进行客观检查，未及时采取具有针对性的综合预防或治疗措施，失去了干预机会，导致病情最终加重。

对于抢救治疗，鉴定意见书中这样提道：医院虽然采取了一些抢救措施，但由于抢救过程中出现肝脏，尤其是心脏破裂，对于其（熊某为）死亡结果无疑起到了促进作用。

最终，鉴定意见书认定：北大医院的医疗损害与熊某为死亡之间存在因果关系。一审法院依据上述鉴定意见，确认北大医院的医疗过失与熊某为死亡的损害后果存在因果关系，判令北大医院承担民事损害赔偿责任。

（三）法律适用下的鉴定选择

法律赋予了当事人以选择权，究竟以何种法律关系进行诉讼，应当由原告进行选择和确定。一审法院根据原告方提出的诉讼请求，适用的是1986年发布的《民法通则》和2009年发布的《侵权责任法》等法律，本案中，法院适用的司法鉴定程序是合法的。如果争议双方都没有申请医疗事故技术鉴定，原告也选择了人身损害赔偿之诉，可依照1986年发布的《民法通则》（2010年后可依据《侵权责任法》，2020年后可依据《中华人民共和国民法典》）的规定向法院提起诉讼。从某一角度来说，原告方一开始提出“非法行医罪”，一定程度上规避了医疗事故技术鉴定。根据《医疗事故处理条例》第61条“非法行医，造成患者人身损害，不属于医疗事故……”的规定，此案的鉴定已不属于医疗事故技术鉴定的范畴。2003年《最高人民法院关于参照〈医疗事故处理条例〉审理医疗纠纷民事案件的通知》指出，凡是医疗纠纷起诉到法院的，人民法院在民事审判中，首先根据当事人的申请或者依职权决定进行医疗事故司法鉴定的，交由条例所规定的医学会组织鉴定。但是，原告用被告“非法行医罪”进行诉讼，就不再属于医疗事故技术鉴定的行政管辖范畴，而且，原告当事人未提出医疗事故的申请，所以法院不能依职权强制进行医疗事故技术鉴定。

对于判断医方诊疗过程有无过错，以及过错与患者死亡之间有无因果关系：医疗过错司法鉴定同医疗事故技术鉴定之间存在差异。“医疗过错司法鉴定”是指人民法院在受理医疗损害赔偿民事诉讼案件中，依职权或应医患任何一方当事人的请求，委托具有专门知识的人对患方所诉医疗损害结果与医方过错有无因果关系等专门性问题进行分析、判断并提供鉴定结论的活动。由此可见，医疗过错司法鉴定的目的是为医疗损害赔偿民事诉讼中遇到的专门性问题提供一项技术服务。这些技术包括：是否存在损害事实、医疗行为是否存在过错、损害事实与医疗过错行为之间是否存在因果关系。“医疗事故技术鉴定”是为医疗卫生行政部门处理医疗纠纷与医疗事故提供技术支撑的，“医疗过错司法鉴定”是为医疗损害赔偿民事诉讼以及涉嫌“医疗事故罪”的刑事诉讼提供技术支撑的。由于二者启动鉴定的目的不同，在本案中法院委托了医疗过错司法鉴定。

（四）延展——医疗损害鉴定的选择之争

在医疗纠纷的处理中，一般来说，患方会选择司法鉴定，医方会选择医疗事故技术鉴定，这也就是导致双方对鉴定意见质疑的理由之一。患方会质疑医学会的公正性，医疗事故技术鉴定是由医学会组织专家组成鉴定专家组，运用临床医学等专业知识和技术，依法评价并提出意见的活动。由于医学会鉴定人由本地区医学界的专家、医生、学者组成，大多数与发生医疗损害纠纷的医方存在利害关系，有些甚至还彼此熟悉，这样就让医疗事故技术鉴定的中立性存在瑕疵。而医方常常对法医进行的司法鉴定质疑，由于鉴定人不是具备临床经验的医生，其专业性、临床经验等大打折扣。而且法医临床学主要解决的问题是活体损伤的鉴定，如损伤性质与程度、伤残等级、致伤原因等方面的鉴定，法医病理学进行的是尸体解剖以解决死因问题。他们对如何应用专科技能治病救人方面，与临床医生在专业上相去甚远。上述这些问题，都是客观原因。现实中的根本问题是医患双方在核心的事实认定方面，利益诉求差距过大，重点是因果关系、参与度的认识上分歧过大，带来对鉴定意见的反复撕扯。

当然，目前我国司法鉴定体制尚不完善，无论是医学会还是司法鉴定机构，关于鉴定人的职业准入门槛较低。社会上大量涌现的司法鉴定机构常常是个人或某一社会团体、医院承办的，从业人员受雇用或兼职的情况常见，业务技能高低不等，鉴定人职业资格的取得相对宽泛，这些也给司法鉴定意见的公信力带来了巨大风险。

需要指出的是，司法鉴定的科学性问题应当包括鉴定材料的客观性、鉴定人的专业性、鉴定技术的科学性、鉴定标准的合理性。鉴定意见是鉴定人基于一定的案件事实，通过运用相应的科学知识，从而对案件中的某些事实得出鉴别意见或判断意见，理论上是一种专家意见。这种专家意见具有反映案情真相的科学性、客观性。司法鉴定意见发挥其证明案件事实的作用时与一般的证据有所不同，不仅仅取决于它的客观性，更多的还需要展现司法鉴定独特的科学性。

在医疗纠纷的鉴定中，由于我国目前的鉴定包括由医学会组织的医疗事故技术鉴定和法医进行的法医类司法鉴定，组成二者的法律依据不同，且没有统一的立法规范来明确鉴定主体的范围，在司法实践中形成了医疗损害鉴定二元化现象与机制[1]。医疗事故技术鉴定与法医类司法鉴定二者可以出现在同一起医疗损害纠纷案件中，鉴定人给出的鉴定意见是法官作为判断案件事实的重要依据，但由于这两种鉴定的法律依据、鉴定主体、鉴定程序等方面存在很大的差异，选择不同的鉴定类型可能会带来鉴定意见的差异。另外，当考证同一个案件经由三级医学会鉴定后，发现三级鉴定机构的鉴定意见也常常出现差异，以及考证同一鉴定，经由不同的司法鉴定机构进行鉴定，鉴定意见也常常出现差异。由此可见，医疗行为的复杂性，以及医疗损害鉴定的复杂、疑难程度，并不单单是鉴定体制机制的结果，而是其内在的困难所致。

〔1〕 刘鑫：《医疗侵权纠纷处理机制重建——现行〈医疗事故处理条例〉评述》，中国人民公安大学出版社 2010 年版。

四、熊某为案的判决结果

根据鉴定机构的鉴定意见，北大医院在对熊某为的诊疗过程中存在医疗过失，与熊某为死亡之间存在因果关系。法院采信了这一结果。

2009 年 7 月 1 日，北京市第一中级人民法院一审判决，认为，医疗机构诊疗过程中因医疗行为存在过错，给患者造成损害后果的，应该承担民事损害赔偿责任。本案中经鉴定机构进行鉴定，鉴定意见系鉴定机构根据送检的相关材料，在听取双方当事人意见后，经过分析论证而形成的意见。依据 1986 年发布的《民法通则》第 106 条第 2 款、第 119 条，2003 年发布的《最高人民法院关于审理人身损害赔偿案件适用法律若干问题的解释》第 19、23、28、29 条和 2001 年《最高人民法院关于确定民事侵权精神损害赔偿责任若干问题的解释》的规定，法院认定：北大医院存在医疗过失，造成熊某为死亡的损害后果，该院承担全部民事损害赔偿责任，赔偿死者熊某为家属共计 70 余万元。一审判决后，双方均表示不服，此后相继提出上诉。

2010 年 4 月 28 日，备受关注的北大医院被诉“非法行医”案在北京市高级人民法院终审宣判。法院认定：①产生医疗损害赔偿责任的原因只能是医疗机构或者医务人员在诊疗过程中存在过错，医疗机构不因其从事的医疗行为的风险或者医疗行为的结果承担责任。本案中，双方当事人在对患者诊疗和施救方面存在很大争议，原审法院在征得双方同意后委托鉴定机构进行了鉴定，根据鉴定机构的鉴定结论，北大医院在对患者熊某为的诊疗过程中存在医疗过失，造成熊某为死亡，两者之间存在因果关系。在鉴定明确的情况下，医院是否存在过失与患者死亡后果之间是否存在因果关系并不需要通过过错推定予以认定。本案争议的核心问题是北大医院在对患者熊某为的诊疗过程中是否存在过失，以及该过失与患者死亡之间有无因果关系。因此，双方当事人在一审中均同意进行医疗过错鉴定，现在二审一方当事人又以一审不同意医疗过错为由上诉，法院不予支持。②根据现行的法律规定，在涉及医疗损害赔偿的案件中，当事人可选择医疗事故技术鉴定确认民事赔偿责任，也可以选择通过医疗过错鉴定确认责任，两种鉴定在鉴定结论上不应有差异，在双方当事人均同意作医疗过错鉴定且患者家属一方并不主张医疗事故追责的情况下，原审法院委托进行医疗过错鉴定并无不当。③北大医院关于本案应适用《医疗事故处理条例》，原审法院适用法律不当的上诉主张缺乏法律依据，本院不予支持。据此，法院驳回了双方的上诉，维持了一审判决：北大医院承担全部民事责任，赔偿死者熊某为家属共计 70 余万元。而对于广受关注的医方非法行医问题，法院并没有给出结论。

五、熊某为案的启示

建立健全相关的法律法规，明确“非法行医”的主体范围，既可以保护医学从业人员的合法权利，也能让医疗纠纷的定罪量刑有章可循。

首先，根据《中华人民共和国刑法》（1997 年修订）的规定，非法行医的主体仅指未取得医生执业资格的人，而根据《中华人民共和国执业医师法》（1998 年发布）的规定，主体既包括未取得医师执业证书的人，也包括未经医师注册的取得执业证书的人。统一“认定的主体范围”，即统一“非法行医罪”的主体为未取得医生执业资格的人。通过医师资格考试，但还没有取得医师执业证书之情形，明确规定不按照非法行医罪处理，仅按照“非法行医”的行政处罚处理。只有未通过医师资格考试从事医疗活动的，才是非法行医罪的主体。此为明确非法行医的主体认定标准问题。同时，特别强调“非法行医”的判断属于法律问题，非鉴定所涉的技术问题，不应在鉴定意见中予以回答。

其次，本案争议的焦点在于因果关系参与度是否应该确定为100%。首先，司法鉴定意见未对此给予明确的表述。那么，可以看到，法院的鉴定委托事项也没有关于因果关系参与度（或称责任程度/原因力大小）的意思表示。此点，需要回溯到那个年代，那个在医疗纠纷的处理上属于摸着石头过河的年代，体制机制不能一蹴而就，尚未发展完善，故此，医疗损害鉴定委托不够全面，而作为司法鉴定的特征是被动性，有什么样的鉴定委托事项就回答什么样的问题，无委托不启动、无委托不回答。直到2017年12月14日起，《医疗损害司法解释》才对鉴定委托事项给予了明确的法律规定。其后，2018年7月31日，国务院正式颁布了《医疗纠纷预防和处理条例》（以下简称《预处条例》），标志着我国医疗纠纷综合治理迈入新的发展阶段。《预处条例》第36条明确规定了鉴定“委托事项”——医学会、司法鉴定机构作出的医疗损害鉴定意见应当载明并详细论述下列内容：是否存在医疗损害以及损害程度；是否存在医疗过错；医疗过错与医疗损害是否存在因果关系；医疗过错在医疗损害中的责任程度。这与《医疗损害司法解释》是一脉相承的，也是多年司法实践的结果。

从本案可以看出，医疗纠纷具有原因复杂、专业性强的特点，司法鉴定意见在纠纷认定、处理中，对案件的判定至关重要，甚至对司法审判产生直接的影响，但我国是二元化鉴定机制，如何选择鉴定机构就成为困扰法官和民众的一大难题，因此，建立新型的医疗损害鉴定体制势在必行。同时，通过本案，我们也可以看出，医疗纠纷的鉴定问题不仅是医疗过错的鉴定问题，还包括医疗文书的真实性问题（如文件鉴定、时间鉴定等），还有，对病历材料的真实性、完整性、逻辑性进行鉴定等。

第二章 Chapter 2

《侵权责任法》实施后的鉴定以及问题

第一节　医疗损害鉴定的历史沿革与系列法律变化

纵观而论，从1949年新中国成立至今，我国的医疗损害鉴定共经历了以下三个重要时期[1]：第一个时期为1949—1987年，属于缺乏统一鉴定体系阶段，这一时期的鉴定处于无序状态。第二个时期为1987—1998年，我国统一的医疗事故技术鉴定初步建立，但属于单一鉴定体系阶段。1987年6月29日国务院出台的《医疗事故处理办法》，是我国首部专门处理医疗纠纷的行政法规，之后通过《医疗事故分级标准（试行）》和1988年《卫生部关于下发〈关于《医疗事故处理办法》若干问题的说明〉的通知》等配套性法律文件，确立了省级、地市级、县级三级医疗事故技术鉴定委员会，隶属卫生行政部门。第三个时期为1998年至今，这一时期可以概括为双轨制鉴定体系阶段，即医疗事故技术鉴定和法医司法鉴定并存的双轨制鉴定体系。

2000年11月29日发布的《司法部关于下发〈司法鉴定执

〔1〕 刘炫麟："论我国医疗损害鉴定的基本原则"，载《证据科学》2018年第4期。

业分类规定（试行）〉的通知》（司发通〔2000〕159号）附件《司法鉴定执业分类规定（试行）》中规定，将医疗纠纷鉴定纳入法医临床学鉴定的范畴。2002年9月1日《医疗事故处理条例》正式开始施行，医疗事故技术鉴定由负责医疗事故技术鉴定工作的医学会组织鉴定，医疗纠纷鉴定双轨制开始形成。《医疗事故处理条例》对医疗事故技术鉴定进行了重大制度改革，把1987年《医疗事故处理办法》时期由卫生行政部门领导、组织、参与的医疗事故技术鉴定改革为医学会组织的医疗事故技术鉴定，并第一次组建了医疗事故技术鉴定专家库。

2003年1月，《最高人民法院关于参照〈医疗事故处理条例〉审理医疗纠纷民事案件的通知》（以下简称《通知》）以司法解释的形式奠定了司法鉴定机构在医疗损害纠纷鉴定中的合法化基础。《通知》规定："……现就人民法院参照条例审理医疗纠纷民事案件的有关问题通知如下：一、条例施行后发生的医疗事故引起的医疗赔偿纠纷，诉到法院的，参照条例的有关规定办理；因医疗事故以外的原因引起的其他医疗赔偿纠纷，适用民法通则的规定。人民法院在条例施行前已经按照民法通则、原《医疗事故处理办法》等法律、法规审理的民事案件，依法进行再审的，不适用条例的规定。二、人民法院在民事审判中，根据当事人的申请或者依职权决定进行医疗事故司法鉴定的，交由条例所规定的医学会组织鉴定。因医疗事故以外的原因引起的其他医疗赔偿纠纷需要进行司法鉴定的，按照《人民法院对外委托司法鉴定管理规定》组织鉴定。人民法院对司法鉴定申请和司法鉴定结论的审查按照《最高人民法院关于民事诉讼证据的若干规定》的有关规定处理……"。《通知》的发出带来了我国的医疗鉴定制度的双轨制，即医疗事故技术鉴定，由医学会进行，因医疗事故以外的原因引起的医疗赔偿纠纷需要技术鉴定的，由人民法院委托司法鉴定。两种鉴定并存，诉讼中由医学会组织鉴定是否构成医疗事故的，称为医疗事故技术鉴定，由司法鉴定机构对不构成或已构成医疗事故的行为进行医疗过错鉴定。整体上，两种鉴定形式平分秋色。

应该说，医疗损害司法鉴定的优势是：使那些经医学会鉴定不构成医疗事故但医疗机构确有过错且与医疗损害之间存在因果关系的患者，能够根据民法通则获得赔偿，在某种程度上体现了法律的公平。

2005 年 2 月 28 日，全国人大常委会第 14 次会议审议通过了《全国人民代表大会常务委员会关于司法鉴定管理问题的决定》，对司法鉴定体制进行了重大改革，其中明文规定，人民法院和司法行政部门不得设立鉴定机构。国家对从事四类司法鉴定业务的鉴定人和鉴定机构实行登记管理制度，国务院司法行政部门主管全国鉴定人和鉴定机构的登记管理工作。省级人民政府司法行政部门依照本决定的规定，负责对鉴定人和鉴定机构的登记、名册编制和公告。司法鉴定实行鉴定人负责制。

2009 年 12 月 26 日，《侵权责任法》颁布，2010 年 7 月 1 日开始实施〔1〕，《侵权责任法》第七章专门对医疗损害责任作出法律规定。2010 年 6 月 30 日，《最高人民法院关于适用〈中华人民共和国侵权责任法〉若干问题的通知》（法发〔2010〕23 号）对医疗损害鉴定进行了原则性规定。在名义上将原来的医疗事故技术鉴定与医疗过错司法鉴定统一为医疗损害鉴定，并使医学会与司法鉴定机构在从事具体的鉴定工作时，都要围绕医疗机构是否有过错以及医疗过错与医疗损害之间是否存在因

〔1〕《侵权责任法》由中华人民共和国第十一届全国人民代表大会常务委员会第 12 次会议于 2009 年 12 月 26 日通过，自 2010 年 7 月 1 日起施行，2021 年《中华人民共和国民法典》实施后废止。

果关系进行鉴定，回归了鉴定的本源，即围绕案件事实真相的专门性问题进行鉴定。医疗纠纷的鉴定统一到“医疗损害鉴定”的概念上来，用以规范《侵权责任法》实施前医疗事故技术鉴定、医疗纠纷鉴定、医疗过失鉴定、医疗损害技术鉴定等概念不统一的情况。

但是，我国司法行政部门许可设立的法医类司法鉴定机构和根据《医疗事故处理条例》授权的医学会均可进行医疗损害鉴定（后者依然以医疗事故技术鉴定为主），医学会和司法鉴定机构进行医疗损害鉴定的模式与依据上仍未统一。医学会与司法鉴定机构在《侵权责任法》生效后，依然在各自的权限与规范下，独立地进行医疗损害鉴定。在鉴定实务中，形成了以北京为代表的以司法鉴定为优先考虑的和以江苏为代表的以医学会为优先考虑的鉴定模式。〔1〕

2017 年 12 月 13 日，最高人民法院公布了《医疗损害司法解释》。2018 年 7 月 31 日，国务院公布了《预处条例》，该条例对医疗损害鉴定的实施、医疗损害鉴定专家库、医疗损害鉴定书的内容、鉴定咨询专家回避、虚假鉴定的法律责任等内容均作出了相应的规定。虽然这两个重要的法律文件均规定了医疗损害鉴定，但仍未改变医疗事故技术鉴定与法医司法鉴定并轨的局面。〔2〕

〔1〕 陈婧雯、仇永贵：“我国医疗损害鉴定制度改革研究”，载《证据科学》2017 年第 3 期。

〔2〕 宋红章：“医疗损害纠纷案件反复鉴定现象的思考”，载《中国卫生法制》2018 年第 3 期。

第二节 《侵权责任法》实施以来的鉴定回顾

一、司法鉴定意见占据主导地位

以《侵权责任法》的实施为时间节点，医疗纠纷所涉及的技术鉴定基本分为两个阶段：《侵权责任法》实施前的双轨制，即医学会的医疗事故技术鉴定与法医司法鉴定平分秋色的“二元化”并存；《侵权责任法》实施后基本以司法鉴定为统领。后一种格局到目前已有长达 10 年的时间。

如前所述，2019 年北京地区医疗损害责任纠纷案件的统计数据显示：在涉及医疗损害纠纷的 403 个案件中，进行医疗损害鉴定的共 320 件，约占 79.4%。其中进行了司法鉴定的有 299 件，进行了医学会鉴定的有 7 件，其余 14 件进行了两种鉴定。

综合分析上述格局形成的原因主要有：

第一，《侵权责任法》统一了“医疗损害责任”的概念。《侵权责任法》是我国处理民事侵权的专门性法律，其出台标志着中国法治化进程中的民商事法律体系的完善。该法统一了“医疗损害责任”的概念。概念的统一标志着医疗纠纷案件案由的统一。《侵权责任法》实施前，医疗纠纷因诉讼案由不统一的情况存在 20 年之久，导致令出多门，有“医疗事故、医疗侵权、医疗损害、医疗过错、医疗纠纷、医疗专家责任”等案由。案由不统一导致法律适用不统一，这是产生医疗纠纷处理上“二元化”的原因之一。《侵权责任法》实施后，医疗纠纷诉讼的案由总体归为两类：一类是医疗损害侵权纠纷，另一类是医疗服务合同纠纷。“医疗损害责任”概念的统一结束了法律适用的混乱局面，通过统一尺度和标准保护了医患双方的权益，维护了司法权威和法律统一。

统一的“医疗损害责任”的概念和案由，使得医疗损害鉴定“二元化”中的司法鉴定，因法律地位的合法，占据上风。

第二，医疗纠纷处理由行政处罚向民事赔偿转换的趋势。回顾我国医疗纠纷处理的发展历程，从1987年6月29日国务院发布《医疗事故处理办法》到2002年颁布的《医疗事故处理条例》，对于事故的定义，有从“事故论”向“侵权论”转变的趋势。这一点从“医疗事故”中的因果关系判断——由“直接因果关系论”向不强调直接因果关系而强调“参与度”（部分因果关系）即可看出。

在如今的法律实践中，医疗纠纷的处理多以民事赔偿的方式解决，行政处罚已十分罕见。《侵权责任法》仅解决医患双方就医疗行为的需求、采取的手段、期望的结果及双方权利义务认识上的分歧和以损害赔偿为请求的民事纠纷。这样的纠纷处理方式的变化趋势，导致“医疗过错”的司法鉴定较“医疗事故”的医学鉴定在纠纷处理中更多地扮演技术判断的角色，即司法鉴定占据上风。

二、医疗事故技术鉴定意见不作为民事赔偿依据的数据分析

（一）鉴定数据比较

《侵权责任法》出台后，《医疗事故处理条例》作为行政法规，其在民事赔偿中的地位已不合法，究其法律性质本身并不是民事赔偿的依据。在鉴定方面，具体显示在法院的判决上——法院采信的鉴定文书多数为医疗过错的司法鉴定意见书，而非医疗事故意见书，具体数字缺乏官方统计数据。但以北京的鉴定数据为例，可窥见一斑。据不完全统计，《侵权责任法》实施前的2010年，北京市各级医学会作出医疗事故鉴定书约500份，北京司法鉴定业协会出具医疗过错鉴定文书1139份。近几年

来，北京市各级医学会作出的鉴定书约 20 份/每年（北京市医学会 2018 年为 10 份，2017 年为 9 份，2016 年为 8 份），而北京司法鉴定业协会近年来，每年出具的医疗纠纷鉴定书均超过 2000 份，两者差距悬殊，变化趋势明显。

可以说，《侵权责任法》出台迄今的 10 余年间，医学会的医学鉴定工作在纠纷解决中扮演着相对弱势的角色。

（二）司法鉴定中的新问题

现实中，医疗损害过错的司法鉴定存在审理周期长、鉴定程序不统一、缺乏医疗过错鉴定的评判标准、因果关系尺度把握不一、鉴定专家临床专业技术能力差、同行评议力度不足等问题，影响了司法鉴定的公信力。

与此同时，医患矛盾也转换成了医鉴矛盾及鉴患矛盾（医方对鉴定不满，患方也对鉴定不满）。数据显示，医疗纠纷的司法鉴定作为司法鉴定 20 余个类别中的法医临床学的一个小分支，却成了司法鉴定投诉的主要内容，足以见得医患纠纷处理与医疗纠纷鉴定的疑难与复杂。同样以 2014 年北京市司法鉴定业务量为例，71 157 例鉴定中法医临床学鉴定业务量为 24 118 件，其中医疗纠纷鉴定量为 2000 余件。医疗纠纷的投诉占据了北京司法鉴定总投诉案件量的 80%。

（三）司法审判中的问题

有学者统计中国裁判文书网上我国医疗损害责任案件裁判文书中的医疗责任构成方式[1]，笔者对此给予了整理，详见表 1、表 2。

---

〔1〕 满洪杰："医疗损害责任因果关系虚无陷阱及其化解——兼评法释［2017］20 号第 12 条"，载《法学》2018 年第 7 期。

表 1　中国裁判文书网 2014—2016 年医疗损害责任案件裁判文书（n=14 302）

医疗机构承担责任方式	数量（件）	占比
全部责任	435	3. 04%
部分责任	11 154	77. 99%
不承担责任	2389	16. 7%
补偿责任	324	2. 27%

表 2　2016 年北京市中心城区基层人民法院医疗损害责任纠纷案件判决书（n=48）

医疗机构承担责任方式	数量（件）	占比
全部责任	3	6. 25%
部分责任	39	81. 25%
不承担责任	6	12. 5%

统计数据显示，我国的医疗纠纷诉讼量较大，判令医疗机构承担责任的比例高达 80%以上，美国 2005 年各州法院审理医疗过失案件胜诉率仅有 23%（n=2449）。我国医疗纠纷审判中，因果关系认定存在泛化趋势，主要表现为大部分案例认定医疗机构存在部分责任，占比 70%—80%（非“无责任”、非“完全责任”）。医疗过错的认定缺乏技术标准支撑。法院近乎完全依赖医疗鉴定机构的意见，高度依赖为 70%以上，详见表 3。

表 3　法官依赖医疗鉴定机构的意见程度表（n=171）

依赖程度	概率	例数
高度依赖	71. 93%	123
中度依赖	28. 07%	48

我国的医疗纠纷案件整体上胜诉率（患方）高的态势提示我们，在现阶段，医疗纠纷的民事诉讼存在以“和稀泥”的方式来定分止争的现象。[1]

三、医疗纠纷人民调解工作兴起

近年来，全国法院受理医疗损害责任纠纷案件数量总体上虽在高位运行，但迅速增长的势头（2000 年以后，以每年20%—40%的速度增长）已被遏制。最高人民法院公布的数据显示，2014 年全国法院受理医疗纠纷案件 19 944 件，2015 年受理23 221 件，2016 年受理 21 480 件，案件总数在整个民商事案件中占比不大。但医疗损害责任纠纷审理难度大、周期长，举证责任、责任构成、责任承担等法律适用中的难点、争议点多。医疗纠纷人民调解委员会作为纠纷的诉前解决机制，发挥了巨大的缓冲作用。

近年来，我国借鉴国外的医疗纠纷非诉解决机制，按照《中华人民共和国人民调解法》的规定，多地设立医疗纠纷人民调解委员会，积累了大量实践经验，人民调解委员会充分发挥第三方中立的调解组织的作用，解决了大量诉前的医疗纠纷。以 2014 年至今的数据为例，北京司法鉴定业协会出具的医疗纠纷鉴定书 2000 余份，医疗纠纷人民调解委员会的调解量也为2000 余件，两者数据基本相当，非诉解决机制已发展至基本成熟阶段。人民调解委员会如同缓冲阀，对一部分简单的、可以通过调解处理的医患纠纷予以化解，起到了分流的作用，司法鉴定则扮演了鉴定的最后一道防线的角色。

应该说，本次《预处条例》在医疗纠纷处理中增加医疗纠

〔1〕 满洪杰：“医疗损害责任因果关系虚无陷阱及其化解——兼评法释［2017］20 号第 12 条”，载《法学》2018 年第 7 期。

纷人民调解的内容符合“及时”的原则，为纠纷双方提供了一种便捷、柔和的路径，丰富了医疗纠纷处理的法律体系。为进一步完善这一制度，《预处条例》通过成本优势及政策导向的方式，先行由医疗纠纷人民调解委员会调解，引导患者寻求非诉解决的救济途径。

《预处条例》强调人民调解人员的专业性，对此通过5个法条对调解问题给予了详细的规定。医疗纠纷人民调解委员会缺乏专业人员，有时难以同时说服医患双方，因此《预处条例》明确：聘任一定数量的具有医学、法学等专业知识且热心调解工作的人员担任人民调解员。同时《预处条例》强调人民调解委员会不得收取费用。对于医疗损害鉴定，人民调解委员会可以委托鉴定，这为节约司法资源、快速化解矛盾提供了法律支持。

第三节　鉴定存在的问题

由于现代诉讼所产生的诸多问题在技术上相当复杂，为迈向专门化的法院体系（这一体系也会有自身的问题）之目标，而并非以（或主要为）全能型体系为模式，大量地依赖专家证人看来似乎是唯一可选择的方式。[1] 波斯纳对专家证人的言论不知道是否代表了医疗损害鉴定的未来走势。

北京市第二中级人民法院民事审判庭审判长白松法官长期从事医疗损害纠纷的审理，对鉴定非常熟悉。曾经撰文[2]以一个法官的视角深谈医疗损害鉴定存在的问题及原因分析（主要

---

〔1〕［美］理查德·A. 波斯纳：《联邦法院：挑战与改革》，邓海平译，中国政法大学出版社2002年版，第244—272页。

〔2〕白松：“法院视角下的医疗损害司法鉴定”，载《中国司法鉴定》2018年第4期。

指司法鉴定存在的问题)，其观点极具代表性。

一、鉴定程序方面的问题

（一）鉴定人以及鉴定专家的资格审查

在现行鉴定制度下，司法鉴定实行鉴定人负责制，出于对临床鉴定专家的保护，避免当事人骚扰，采取的是由鉴定人选取临床鉴定专家参与鉴定的方式进行鉴定。

这种方式的优势是可以避免随机抽取的专家的鉴定能力不能胜任对鉴定涉及的专业问题的判断。但同时带来了一定的隐患——现行制度专家信息不够透明。鉴定程序中，鉴定人并不向双方当事人披露参与鉴定的临床专家的个人信息，使得当事人对于参与鉴定专家的回避权利流于形式。

司法实践中，出现过鉴定机构邀请的专家与涉案医疗机构或当事医生存在利害关系，或所长专业与争议医疗行为所属类别契合度低的情况。这在 2017 年 12 月 13 日最高人民法院发布的《医疗损害司法解释》的第 9 条有所体现："当事人申请医疗损害鉴定的，由双方当事人协商确定鉴定人。当事人就鉴定人无法达成一致意见，人民法院提出确定鉴定人的方法，当事人同意的，按照该方法确定；当事人不同意的，由人民法院指定。鉴定人应当从具备相应鉴定能力、符合鉴定要求的专家中确定。"此解释给予法官很大的权力，法官据此可以对参与鉴定的包括临床专家在内的鉴定人资格进行实质审查，以保证鉴定结论更符合科学性原则。但是，《医疗损害司法解释》实施已数年，未见司法审判实务中有实质性改观，可见此条的可操作性存在一定的问题。这也是鉴定人与法官边界互推的问题之一。

（二）违反鉴定程序

在鉴定过程中，有些鉴定机构及鉴定人法律意识淡薄，缺乏必要的规则意识，违反《司法鉴定程序通则》第12条的规定，擅自收取一方当事人提供的，未经法院组织质证、认定过的病历资料，或缺乏必要的病历启封程序，双方当事人未见证拆封病历资料的过程，造成当事人不能确认被封存的病历资料的真实性，鉴定无法继续进行。另外，针对当事人在获得鉴定意见后，因对鉴定意见不满而对鉴定程序提出异议，致使鉴定结论不能被法院采信，需要指出的是，如果鉴定机构在鉴定过程中需要某方当事人补充检查、进一步提供病历材料，其程序规定依然是向委托法院提出要求，由法院组织双方质证新补充的资料，作出认定后，再行移送鉴定机构，鉴定机构无权单方收取一方提供的用作检材的任何病历资料。《医疗损害司法解释》第10条明确规定："委托医疗损害鉴定的，当事人应当按照要求提交真实、完整、充分的鉴定材料。提交的鉴定材料不符合要求的，人民法院应当通知当事人更换或者补充相应材料。在委托鉴定前，人民法院应当组织当事人对鉴定材料进行质证。"

新修正的《最高人民法院关于民事诉讼证据的若干规定》已于2020年5月1日起施行，其中第34条第1款规定："人民法院应当组织当事人对鉴定材料进行质证。未经质证的材料，不得作为鉴定的根据。"其中，对案件中所涉及的鉴定材料（包含所有与损伤有关的就诊病历、影像学片等）进行质证，应列明质证材料清单交由鉴定机构。

（三）迫于压力的退案或提前透露鉴定意见

司法实践中，按照《司法鉴定程序通则》，司法鉴定机构在接受法院委托后，应当对自身是否具备针对委托鉴定事项的鉴定能力、资质予以评估，对超出鉴定范围或鉴定能力的情况，不予受理。这是鉴定机构与鉴定人的权利。

但在现实工作中，经常出现一些鉴定机构迫于压力，接受法院委托进行鉴定后，又以《司法鉴定程序通则》的某一个条款为由退卷的情况。这是司法鉴定体制机制不完善带来的现实问题。有的鉴定机构在鉴定进行到一定程度咨询专家后，预见到鉴定意见不利于患方，怕患方闹事，就以超出本鉴定机构鉴定能力等理由退案。实际上，一个鉴定机构退案，常常多个鉴定机构都不再受理此案，这在很大程度上给审判造成不利影响。在现实中，当事人闹鉴情况普遍发生，法院无法给予机构与鉴定人员充分的安全保障。鉴定机构在闹鉴中，又常常面对投诉处罚的巨大压力，故此，无奈之下采取给予退案或透露鉴定意见的操作方式。此种情况需要在今后的体制机制建设中予以充分考量。

二、鉴定实体方面

社会上的司法鉴定机构并非公益性属性，因此因经济利益驱使等因素，鉴定机构出具的医疗损害司法鉴定意见书的公正性有时会受到干扰。鉴定意见书本应是一份论证科学、逻辑缜密、依据充足、全面细致的专家意见书，然而现状却是没有论述和依据、没有标准，仅有判断和结果。有些医疗损害司法鉴定意见书，鉴定意见只是对医疗行为进行客观性描述，缺乏明确的鉴定意见，被称为司法鉴定意见保守化，这在客观上造成了法官对鉴定意见可采性认定困难。

医疗损害司法鉴定意见书用语缺乏统一标准，集中表现在因果关系及原因力大小的表述上极其不规范。除了传统的主次责任、全部责任、同等责任、有无因果关系，还出现了不明确责任、不排除存在因果关系、无直接因果关系等容易让法官产生歧义的表述。客观上也给法官正确认定因果关系、确定责任带来困扰。《医疗损害司法解释》第12条明确规定："鉴定意见可以按照导致患者损害的全部原因、主要原因、同等原因、次要原因、轻微原因或者与患者损害无因果关系，表述诊疗行为或者医疗产品等造成患者损害的原因力大小。”

从证明力的角度而言，鉴定意见书的效力是不分等级的，但在多次鉴定中，医患双方各自坚持于己有利的鉴定意见，法官想要作出中立的、有说服力的判断常常是困难的。

三、鉴定视角下的医疗损害鉴定标准的问题

任何一种鉴定，都需要理论的支撑以及标准、程序的规范，比如：涉及刑事责任的人体轻、重伤鉴定，需要遵循两院三部（最高人民法院、最高人民检察院、公安部、国家安全部、司法部）联合颁布的《人体损伤程度鉴定标准》；涉及赔偿的伤残评定，亦需要遵循两院三部颁布的《人体损伤致残程度分级》标准。此外还包含多种残疾评定标准，如《劳动能力鉴定 职工工伤与职业病致残等级》（GB/T 16180-2014）标准等，而医疗纠纷的鉴定工作——这样一个与医患双方利益息息相关，与社会和谐稳定息息相关，决定着最终司法审判是否公正、客观的重要工作，应该说，目前仍然没有系统的理论体系，没有鉴定必备的标准，也缺乏规范的程序规定。因此，笔者以一名资深的司法鉴定人的身份，旨在对医疗损害鉴定中的技术问题给予探讨，重点是对技术标准问题抛砖引玉，以开启医疗损害鉴定标准问题的理论研究之先河。

医疗损害鉴定作为服务法律的科学证明手段，其专业深度和技术难度远远超越了法官的知识和经验范围。因此，在司法实务中，关于医患纠纷争议事实及责任的裁判，常常需要用技术鉴定的方式来辅助法官认识那些基于常识不能认定的医学事实。但由于医学的专业性和技术性很强，同时又存在医疗行为

复杂或隐秘、多因一果或多因多果、医疗后果不确定等因素的干预，绝大多数法官都必须依赖医疗损害鉴定结论，才能对案件事实与法律责任作出公正的裁判。因此，科学、合理与公正的医疗损害鉴定制度是妥善解决医疗纠纷、保障医患双方合法权益的前提与手段。

现实中，鉴定意见在医疗损害赔偿案件中已成为非常重要的证据。一方面，它以专有的科学证据的形式展现了特有的证明价值；另一方面，它又给其他证据之真实性、可靠性的鉴别提供支撑。随着科学证据在司法证明中比重的加大，医疗损害鉴定意见对此类判决的影响力逐步攀升。

但是，与此同时我们也看到，医疗损害鉴定意见常常遭到争议甚至非议，原因有：①从人们的期待来看，期待司法鉴定给予医患双方一个“放之四海而皆准”的权威的鉴定意见。但医患双方在专业问题、因果关系的认识上仁者见仁，诉求差距悬殊，业内始终没有形成可供参考的科学评判的标准或原则。②从鉴定的特征上来看，与其他鉴定相比，医疗损害鉴定具有更强的主体依赖性，不同的鉴定人，在没有统一评判原则、没有统一的技术标准的情况下，难以形成重复性好、质量可控的鉴定意见。③从鉴定的性质来看，医患纠纷涉及临床医学、法学、法医学、赔偿医学等多种学科交叉，具有很强的技术难度和法律难度，以普通的鉴定思维难以驾驭。④从现实情况来看，审判的“输赢”常由司法鉴定意见来决定。因缺乏必要的技术标准，鉴定结论的不确定性异常突出。这样的现实令人对鉴定意见充满担忧，重复鉴定、反复鉴定成为常态。⑤在医患纠纷多样化的证据问题中，不同的证据在科学性上有着明显的区别，也需要科学的标准作出证据等级的不同划分。

司法鉴定人的职业特点决定了其工作性质常常处于被质询

的风口浪尖。因此，司法鉴定人须时时以“如临深渊，如履薄冰”般的态度来对待每一件鉴定案件，同时还要掌握扎实的鉴定技能，熟悉以及掌握标准动态，防范各种类型的错误以及缺陷。

在鉴定实务中〔1〕，分析因医方的过错而产生的纠纷主要集中在对于过错中“当时医疗水平”的认定、对于鉴定“二元化”的整合以及医疗过程中的失误及不规范的行为这三个方面。具体表现为：《侵权责任法》对于当时医疗水平的规定是模糊的，没有统一的标准，在具体审判认定时不容易把握。鉴定分为医学会的鉴定和司法鉴定，其依据分别为《医疗事故处理条例》和《人民法院对外委托司法鉴定管理规定》，这两种鉴定制度的启动主体、鉴定主体、鉴定组织者、鉴定内容以及鉴定的监督机制均有明显不同。医疗过错主要集中在违反说明义务未同意或批准、诊疗过失违反相关规定、病历不规范、医疗产品相关这几个方面。因为这些问题，致使患者或者医方一再申请二审甚至再审，鉴定也是一而再再而三地重复进行，造成了时间拖延过长，各项成本过高，加剧了医患矛盾。

应该说，标准是一个行业发展的技术支撑，也是质量控制的基础性手段。上述情况共同反映出一种现实：我国的医疗损害赔偿鉴定，于理论层面上，缺乏科学评判“医疗过错”的原则；于实务层面上，缺乏可供操作的、业内达成广泛共识的技术标准。概括起来，科学标准的缺位，带来了现实司法的困境。

〔1〕 杨凯佳：“对医疗损害医方过错标准的再探讨”，载《传播与版权》2019年第10期。

第三章 Chapter 3 医疗损害鉴定活动的法律要求

当前，医疗损害民事诉讼争端需要进行技术鉴定的情形越来越多，鉴定意见作为查明案件事实、保障司法公正的技术手段，其证据作用日益凸显。医疗损害鉴定的专业深度和技术难度超越了法官的认知能力，随着科学证据在证据证明中的比重不断加大，鉴定对判决的影响力也在增加。在谈论医疗损害鉴定的话题时，必须对医疗损害鉴定的本质属性予以界定，即按照 2005 年 2 月 28 日全国人大常委会发布的《全国人民代表大会常务委员会关于司法鉴定管理问题的决定》的规定，我们可以解读为，无论是医学会的医学鉴定还是法医学鉴定都是司法鉴定。司法鉴定与一般的科学鉴定活动不同，它以诉讼中涉及的专门性问题为对象，严格依照法定的程序进行与开展。

第一节　司法鉴定相关概念

医疗损害鉴定意见属于三大诉讼法中法定的八大证据之一，通常由具有鉴定资格的人员与机构作出。同时，医疗损害鉴定意见属于专家意见，鉴定人的能力是鉴定意见科学、客观、公正的决定性因素。因此，首先需要对司法鉴定、司法鉴定人、司法鉴定机构的相关概念与内容进行解读。

一、司法鉴定

司法鉴定是指在诉讼活动中鉴定人运用科学技术或者专门知识对诉讼涉及的专门性问题进行鉴别和判断并提供鉴定意见的活动。

司法鉴定一词作为专有概念，首次以法律文件的形式被确定下来，是2005年2月28日由全国人大常委会发布的《全国人民代表大会常务委员会关于司法鉴定管理问题的决定》（以下简称《决定》）。2005年《决定》明确规定：司法鉴定是指在诉讼活动中鉴定人运用科学技术或者专门知识对诉讼涉及的专门性问题进行鉴别和判断并提供鉴定意见的活动。《〈全国人民代表大会常务委员会关于司法鉴定管理问题的决定〉释义》（以下简称《释义》）进一步诠释了这一概念以及来龙去脉：本决定之所以将诉讼法中的“鉴定”称为“司法鉴定”，并不是鉴定活动本身具有司法职能，而是因为鉴定是在司法诉讼活动中进行的。

从2005年《决定》和之后的《释义》可以看出，司法鉴定一词指的是用于诉讼活动的，涉及专门性问题的，由鉴定人提供的鉴定意见。由此推导出，在医疗损害鉴定中，用于诉讼活动的（民事赔偿、刑事审判、行政处罚中），涉及专门性问题的（医疗过错、责任程度、伤残评定、三期评定、护理依赖、后续诊疗项目等），由鉴定人（无论是法医学鉴定人还是医学鉴定人）进行鉴别和判断并提供鉴定意见的（可以是法医学鉴定意见，或者是医学鉴定意见），均属于或者称为医疗损害司法鉴定。

司法鉴定具有如下基本属性〔1〕：

第一，准司法性。司法鉴定活动具有准司法活动的特点。

〔1〕 卞建林、郭志媛：“司法鉴定的基本属性与制度定位”，载《中国司法鉴定》2003年第4期。

现有的司法鉴定机构主要是根据2005年《决定》，由司法行政部门批准设立的。从司法鉴定的启动上看，我国三大诉讼法对此均有相应的规定：人民法院对专门性问题认为需要鉴定的，应当委托具备资格的鉴定人进行鉴定。

第二，中立性与回避原则。司法鉴定机构具备中立性。它是依据2005年《决定》设立的独立拥有权利和承担义务的社会服务性组织，不直接隶属侦查机关、起诉机关和审判机关。各鉴定机构之间也互不隶属，没有等级高低之分，据其不同的资质及公信力，遴选出国家级司法鉴定机构。司法鉴定要遵循回避原则。司法鉴定在本质上是一种科学认识活动，必须遵循实事求是的原则，不能有倾向性，不得掺杂鉴定人的好恶，鉴定人不得与当事人有利害关系。凡是与案件或当事人有利害关系的鉴定人，均应回避。《中华人民共和国民事诉讼法》第44条规定："审判人员有下列情形之一的，应当自行回避，当事人有权用口头或者书面方式申请他们回避：（一）是本案当事人或者当事人、诉讼代理人近亲属的；（二）与本案有利害关系的；（三）与本案当事人、诉讼代理人有其他关系，可能影响对案件公正审理的。审判人员接受当事人、诉讼代理人请客送礼，或者违反规定会见当事人、诉讼代理人的，当事人有权要求他们回避。审判人员有前款规定的行为的，应当依法追究法律责任。前三款规定，适用于书记员、翻译人员、鉴定人、勘验人。"

第三，鉴定的启动具有被动性。司法鉴定本身具有被动性。从鉴定机构的角度来看，鉴定工作不能由鉴定机构或鉴定人主动启动。当前，我国大力开展公共法律服务，2019年，司法部在召开的全国公共法律服务工作会议上提出，要在2020年基本建成覆盖全业务、全时空的法律服务网络，以需求为导向，将法律服务深入渗透到社会生活的各个领域，医疗损害鉴定就属于

其中之一。在我国，司法鉴定的启动权主要由法院掌握，目前在具体构建上，以“当事人申请+法院决定”方式启动为主。〔1〕

二、司法鉴定人和司法鉴定机构

司法鉴定人是指运用科学技术或者专门知识，针对诉讼中的专门性问题进行鉴别和判断并提供鉴定意见的人。

司法鉴定机构是指从事2005年《决定》规定的司法鉴定业务的法人或者其他组织。〔2〕

长期以来，根据2005年《决定》，司法鉴定以三大类为主，即法医类司法鉴定、物证类司法鉴定、声像资料类司法鉴定。此三类属登记管理的鉴定类别，即由司法行政部门登记管理。由此，形成与发展了司法鉴定、司法鉴定机构、司法鉴定人这样一些以“司法”命名的概念。

2005年《决定》出台之后，《司法鉴定机构登记管理办法》〔3〕《司法鉴定人登记管理办法》〔4〕、2007年《司法鉴定程序通则》〔5〕、

〔1〕 陈志深：“民事诉讼司法鉴定启动程序研究”，广西师范大学2018年硕士学位论文。

〔2〕《司法鉴定机构登记管理办法》第3条规定：“本办法所称的司法鉴定机构是指从事《全国人民代表大会常务委员会关于司法鉴定管理问题的决定》第二条规定的司法鉴定业务的法人或者其他组织。司法鉴定机构是司法鉴定人的执业机构，应当具备本办法规定的条件，经省级司法行政机关审核登记，取得《司法鉴定许可证》，在登记的司法鉴定业务范围内，开展司法鉴定活动。”

〔3〕 中华人民共和国司法部令第95号。根据2005年《决定》第16条规定，《司法鉴定机构登记管理办法》已经国务院批准，于2005年9月30日公布实施。

〔4〕 中华人民共和国司法部令第96号。根据2005年《决定》第16条规定，《司法鉴定人登记管理办法》已经国务院批准，于2005年9月30日公布实施。

〔5〕 中华人民共和国司法部令第107号。2007年《司法鉴定程序通则》是为了规范司法鉴定机构和司法鉴定人的司法鉴定活动，保障司法鉴定质量，保障诉讼活动的顺利进行，根据2005年《决定》和有关法律、法规的规定制定。由司法部于2007年8月7日发布，自2007年10月1日起施行，现行版本为2016年修订。

2010 年《司法鉴定执业活动投诉处理办法》[1]等行政法规相继出台，加上司法行政部门的强势管理，形成了由具有司法鉴定资质的机构作出的鉴定称为司法鉴定，由司法鉴定人作出的鉴定叫作司法鉴定，或者由具备司法职能的单位作出的鉴定叫作司法鉴定的社会共识。进而形成了司法鉴定人、司法鉴定机构、司法鉴定类别的确定均需要由司法行政部门批准，从而获得相关资质的管理上的操作模式。

需要指出的是，2005 年《决定》和之后的《释义》中并没有提到“司法鉴定机构”和“司法鉴定人”的概念，只有“鉴定机构”和“鉴定人”的概念。2007 年《司法鉴定程序通则》第 2 条第 2 款规定：“本通则适用于司法鉴定机构和司法鉴定人从事各类司法鉴定业务的活动。”由此可见，司法鉴定人和司法鉴定机构这两个概念被 2007 年《司法鉴定程序通则》这一部门规章使用。在实务过程中，一般情况下，只有登记管理的四大类鉴定机构和鉴定人，且在司法行政机关进行了登记的鉴定机构和鉴定人，才被称为“司法鉴定机构”和“司法鉴定人”。

由此可见，从源头上说，司法鉴定机构和司法鉴定人，只存在于属于司法行政管理的机构和人员中。除传统三大类外，司法鉴定目前还包括环境损害司法鉴定，总计四大类鉴定机构和鉴定人。

随着科技进步，鉴定用途、类别多种多样，如电子数据鉴定的发展、交通鉴定的发展，类别如技术鉴定、专门知识鉴定

---

[1] 中华人民共和国司法部令第 123 号。2010 年《司法鉴定执业活动投诉处理办法》是为了规范司法鉴定执业活动投诉处理工作，加强司法鉴定执业活动监督，根据 2005 年《决定》，结合司法鉴定工作实际制定。由司法部于 2010 年 4 月 8 日发布，自 2010 年 6 月 1 日起施行。2019 年 4 月 4 日，经中华人民共和国司法部令第 144 号废止，修订后重新发布。

等，鉴定类型广于2005年《决定》的规定。为诉讼服务的鉴定，即任何一种鉴定，只要涉及诉讼，都被称为司法鉴定，即属于2005年《决定》规范的范围。也就是说，鉴定人是运用科学技术或者专门知识，就专门性问题进行鉴别和判断并提供鉴定意见的人。这种鉴别和判断活动，只要用于诉讼，无论“四大类”还是“四大类”外，理论上都应称为司法鉴定。由此可见，现实中，对于司法鉴定、司法鉴定机构、司法鉴定人的概念存在误解。归纳起来，司法鉴定、司法鉴定机构及司法鉴定人的称谓比较混乱。梳理起来，只要用于诉讼的鉴定，都是司法鉴定。而医疗损害赔偿，多数情况下是由法院委托，因此，属于司法鉴定的范畴。当今情形下，医疗损害鉴定存在司法鉴定（法医学鉴定）与医疗鉴定（医学会组织的医学鉴定）之分，笼统地讲，两者均可以提供司法鉴定意见书，形式要件上，满足鉴定人签字和鉴定机构盖章即可。

三、医疗损害鉴定在司法鉴定类别中的专业归类

2005年《决定》第2条第1款规定：国家对从事下列司法鉴定业务的鉴定人和鉴定机构实行登记管理制度，即法医类鉴定、物证类鉴定、声像资料鉴定和根据诉讼需要由国务院司法行政部门商最高人民法院、最高人民检察院确定的其他应当对鉴定人和鉴定机构实行登记管理的鉴定事项。目前已商定实行登记管理的鉴定事项的是环境类鉴定。上述即对“四大类鉴定机构”实行司法行政机关的登记管理制度。

《释义》针对此条给予了解释：“……对于本款规定以外的其他鉴定种类，不实行登记制度。之所以这样规定，主要是考虑到司法鉴定涉及的专门性问题十分广泛，将各行各业的技术部门全部纳入登记管理范围不现实也不可能，管不好也管不了。

实践中如果有的案件涉及的专门性问题需要鉴定，而登记范围以内的鉴定人或鉴定机构不能进行鉴定的，可以要求登记范围以外的技术部门或人员进行鉴定，并不妨碍司法鉴定工作。”

2000 年 11 月 29 日，《司法部关于下发〈司法鉴定执业分类规定（试行）〉的通知》（司发通〔2000〕159 号）附件《司法鉴定执业分类规定（试行）》中，将医疗纠纷鉴定纳入司法鉴定的范畴。因此，目前关于医疗损害的司法鉴定从类别上属于法医临床鉴定类别。但自 2018 年 10 月 1 日《预处条例》实施后，出现了医疗损害鉴定的概念，并从鉴定标准、程序和专家库等方面统一规范了诉讼前的医疗损害鉴定活动。那么，医疗损害鉴定是否实行司法行政部门登记管理，该类别的鉴定机构是否需要获得司法行政部门许可，目前还是问号。但是，《释义》可以明确说明：“四大类”外的机构从事的鉴定，也可以称为司法鉴定。因此，无论医疗损害鉴定最终的类别属性是法医学门类下，还是独立于登记管理的“四大类”以外，其从事鉴定活动的本质，都是司法鉴定。

需要指出的是，2010 年实施的《侵权责任法》第七章专门对医疗损害责任作出法律规定，2010 年 6 月 30 日，《最高人民法院关于适用〈中华人民共和国侵权责任法〉若干问题的通知》（法发〔2010〕23 号）第 3 条对医疗损害鉴定进行了原则性规定。在名义上将原来的医疗事故技术鉴定与医疗过错司法鉴定统一为医疗损害鉴定，并要求医学会与司法鉴定机构在从事具体的鉴定工作时，都要围绕医疗机构是否有过错以及医疗过错与医疗损害之间是否存在因果关系进行鉴定，回归了鉴定的本源，即围绕案件事实真相的专门性问题进行鉴定。但是，仍未涉及医疗损害鉴定双轨制问题如何解决的事宜。医学会与司法鉴定机构在《侵权责任法》生效后，依然在各自的权限与规范下，独立地进行医疗损害鉴定。在鉴定实务中，形成了以北京为代表的以司法鉴定为优先考虑的和以江苏为代表的以医学会为优先考虑的鉴定模式。〔1〕

需要指出的是，2020 年 5 月 14 日，《司法部关于印发〈法医类司法鉴定执业分类规定〉的通知》（司规〔2020〕3 号）将医疗损害鉴定分列在法医病理鉴定、法医临床鉴定和法医精神病鉴定中。详见表 1 至表 3。

表 1

序号	领域	分领域及项目
01	法医病理鉴定	0101　死亡原因鉴定 010101　尸体解剖，死亡原因鉴定 010102　尸表检验，死亡原因分析 010103　器官/切片检验，死亡原因分析
		0102　器官组织法医病理学检验与诊断
		0103　死亡方式判断
		0104　死亡时间推断
		0105　损伤时间推断
		0106　致伤物推断
		0107　成伤机制分析
		0108　医疗损害鉴定
		0109　与死亡原因相关的其他法医病理鉴定

《法医类司法鉴定执业分类规定》第 12 条：医疗损害鉴定。应用法医病理学鉴定理论知识、临床医学理论知识和诊疗规范

〔1〕 陈婧雯、仇永贵："我国医疗损害鉴定制度改革研究"，载《证据科学》2017 年第 3 期。

等，对涉及病理诊断和/或死亡后果等情形的医疗纠纷案件进行鉴定。鉴定内容主要包括判断诊疗行为有无过错、诊疗行为与死者死亡后果之间是否存在因果关系以及过错原因力大小等。

表 2

序号	领域	分领域及项目
02	法医临床鉴定	0201　人体损伤程度鉴定
		0202　人体残疾等级鉴定
		0203　赔偿相关鉴定
		0204　人体功能评定 020401　视觉功能 020402　听觉功能 020403　男性性功能与生育功能 020404　嗅觉功能 020405　前庭平衡功能
		0205　性侵犯与性别鉴定
		0206　诈伤、诈病、造作伤鉴定
		0207　医疗损害鉴定
		0208　骨龄鉴定
		0209　与人体损伤相关的其他法医临床鉴定

《法医类司法鉴定执业分类规定》第 21 条：医疗损害鉴定。应用法医临床学与临床医学相关学科的理论与技术，对医疗机构实施的诊疗行为有无过错、诊疗行为与患者损害后果之间是否存在因果关系及其原因力大小的鉴定，还包括对医疗机构是否尽到了说明义务、取得患者或者患者近亲属书面同意义务的鉴定（不涉及病理诊断或死亡原因鉴定）。

表 3

序号	领域	分领域及项目
03	法医精神病鉴定	0301　精神状态鉴定
		0302　刑事类行为能力鉴定
		0303　民事类行为能力鉴定
		0304　其他类行为能力鉴定
		0305　精神损伤类鉴定
		0306　医疗损害鉴定
		0307　危险性评估
		0308　精神障碍医学鉴定
		0309　与心理、精神相关的其他法医精神病鉴定或测试

《法医类司法鉴定执业分类规定》第 30 条：医疗损害鉴定。对医疗机构实施的精神障碍诊疗行为有无过错、诊疗行为与损害后果间是否存在因果关系及原因力大小进行鉴定。

由此可见，在新的《法医类司法鉴定执业分类规定》里，医疗损害鉴定被分别归为法医病理学、法医临床学、法医精神病学鉴定门类中。

第二节　医疗损害鉴定人员的条件、资格要求

一、现阶段鉴定人的条件

第一，鉴定人是自然人，能够独立承担法律责任。前面论述已经明确，医疗损害鉴定是广义上的司法鉴定，即在诉讼活动中鉴定人运用科学技术或者专门知识对诉讼涉及的专门性问题进行鉴别和判断并提供鉴定意见的活动。医疗损害鉴定的鉴

定人是指运用医学科学技术或者专门知识对诉讼涉及的专门性问题进行鉴别和判断并提出鉴定意见的人员。鉴定人是医疗损害鉴定的实施主体，是鉴定权利的享有者和义务的主要承担者。

第二，符合必要的技术资格要求。现行《决定》第 4 条规定："具备下列条件之一的人员，可以申请登记从事司法鉴定业务：（一）具有与所申请从事的司法鉴定业务相关的高级专业技术职称；（二）具有与所申请从事的司法鉴定业务相关的专业执业资格或者高等院校相关专业本科以上学历，从事相关工作五年以上；（三）具有与所申请从事的司法鉴定业务相关工作十年以上经历，具有较强的专业技能。因故意犯罪或者职务过失犯罪受过刑事处罚的，受过开除公职处分的，以及被撤销鉴定人登记的人员，不得从事司法鉴定业务。"同时《司法鉴定人登记管理办法》第 12 条规定："个人申请从事司法鉴定业务，应当具备下列条件：（一）拥护中华人民共和国宪法，遵守法律、法规和社会公德，品行良好的公民；（二）具有相关的高级专业技术职称；或者具有相关的行业执业资格或者高等院校相关专业本科以上学历，从事相关工作五年以上；（三）申请从事经验鉴定型或者技能鉴定型司法鉴定业务的，应当具备相关专业工作十年以上经历和较强的专业技能；（四）所申请从事的司法鉴定业务，行业有特殊规定的，应当符合行业规定；（五）拟执业机构已经取得或者正在申请《司法鉴定许可证》；（六）身体健康，能够适应司法鉴定工作需要。"上述要求，应为医疗损害鉴定人的基本要求。

第三，须拥有医学专门知识、技能，并具有一定的法律素养。医疗损害鉴定人的知识和技能包括医学专业知识条件、司法鉴定实践能力条件、鉴定的技术职务条件，以及从事鉴定活动的资格要求。在特殊鉴定类别，如蜡块中组织的 DNA 鉴定等中，鉴定人还须掌握法医生物学的专业技能，使用仪器、设备等鉴定技术手段的能力。

第四，需要具备出庭接受质询的能力。医疗纠纷案件的鉴定活动常常引起争议，鉴定人作为诉讼参与人，经常需要面对法庭质证。但鉴定人不同于当事人。鉴定人与案件待证事实不具有法律上的利害关系，与案件当事人也无利害关系。同时，鉴定人也不同于一般的证人。鉴定人是由司法机关指派或聘请的，具有可选择性和可替代性的专业技术人员，而证人是目睹案件事实的人，不可被选择与替代。现行《决定》第 3 条规定："国务院司法行政部门主管全国鉴定人和鉴定机构的登记管理工作。省级人民政府司法行政部门依照本决定的规定，负责对鉴定人和鉴定机构的登记、名册编制和公告。"该决定对出庭接受质询的司法鉴定人和司法鉴定机构资格作出了规定，实行准入制。〔1〕

第五，鉴定人实施名册制度。《决定》规定的鉴定人的名册制度，是指司法行政部门把符合条件的鉴定机构和鉴定人统一登记入册，以便委托鉴定时选用合格的鉴定机构和鉴定人。司法行政部门通过择优选录和通过媒体公告建立司法鉴定人名册，来保证司法鉴定的质量，以实现规范司法鉴定、服务诉讼的目的。〔2〕在实际工作中，根据诉讼情况的不同，鉴定人的选定采取由当事人自己从名册中选定、由当事人协商选定和司法机关依职权在名册中随机指定相结合等方法，以实现司法鉴定工作公开化、程序化、规范化。这种做法既借鉴了大陆法系

〔1〕 杜志淳："建立统一的司法鉴定人职业准入制度"，载《中国司法鉴定》2003 年第 4 期。

〔2〕 王俊："谈谈司法鉴定人的准入"，载 http://www.law-lib.com/Lw/lw_view.asp? no=7086，最后访问日期：2021 年 9 月 4 日。

国家较为通行的规则，又吸纳了英美法系国家所遵循的当事人主义的做法，是结合我国现行诉讼体制和审判方式的司法鉴定制度创新，有利于最大限度地体现司法公正与效率，确保鉴定的质量。

第六，一些禁止性规定。《决定》规定了不得从事司法鉴定业务的情形：因故意犯罪或者职务过失犯罪受过刑事处罚的，受过开除公职处分的，以及被撤销鉴定人登记的人员，不得从事司法鉴定业务。从提高司法鉴定人的门槛来保证鉴定意见的客观公正。医疗损害鉴定具有科技与法律的双重属性，鉴定意见的科学性、客观性和独立性是其存在的根基，需要鉴定人具有高度的职业操守和良好的诚信记录。

二、未来医疗损害鉴定人的资格条件

随着我国经济建设的不断发展和法治建设的不断完善，医疗损害鉴定的鉴定人的职业准入制度在逐步地建立与完善，职业化和专业化是未来医疗损害鉴定的发展方向。2018 年 7 月 31 日，国务院公布了《预处条例》，自 2018 年 10 月 1 日起施行。作为医疗损害鉴定相关的重要法律文件，《预处条例》的发布受到瞩目，其在鉴定方面有所创新，其中，关于鉴定人方面，有如下规定：

第一，设立并规范专家库的建立。《预处条例》改变了目前医学会所建专家库的现状，也改变了司法鉴定专家库建立不规范的现状，在第 35 条中规定由设区的市级以上人民政府卫生、司法行政部门共同设立医疗损害鉴定专家库，也就是设立统一的专家库。这在很大程度上解决了在司法审判中，医疗专业咨询不足的问题，也就是说，司法鉴定在进行医疗损害鉴定时，因临床医学专业咨询不足，可能带来公正性偏倚。《预处条例》

规定由卫生、司法行政部门共同决定聘用专家人选，以行政机关行使权力的方式，提升专家库咨询意见的中立性和权威性，更带要求专家履行义务的准强制的意味。

第二，鉴定人有望实行资格准入制。与《预处条例》配套的《医疗损害鉴定管理办法（征求意见稿）》第 8 条规定："从事医疗损害鉴定业务的鉴定人员应当具备下列条件：……（二）受聘于医疗卫生机构或者医学教学、科研机构、医疗损害鉴定机构，担任相应专业高级技术职务 3 年以上……具有较强的医疗损害鉴定技能，且具备高级技术任职资格的法医，或在法医岗位工作 10 年以上，具备中级技术职务任职资格 5 年以上的法医，也可以从事医疗损害鉴定业务。"

上述规定，对于从事医疗损害鉴定工作的法医学司法鉴定人给予了明确的条件设定，可以理解为资格准入。此点改变了既往在司法鉴定中，只要有法医临床学资格的鉴定人，即可进行医疗纠纷鉴定的现状。将法医学鉴定人的条件限定在资深鉴定专家的范畴。未来，职业准入制度将是各种法律职业的共同举措〔1〕。

第三，与鉴定人密切相关鉴定机构的管理，实行审核登记制。《预处条例》第 34 条规定："医疗纠纷人民调解委员会调解医疗纠纷，需要进行医疗损害鉴定以明确责任的，由医患双方共同委托医学会或者司法鉴定机构进行鉴定……医学会或者司法鉴定机构接受委托从事医疗损害鉴定，应当由鉴定事项所涉专业的临床医学、法医学等专业人员进行鉴定……"。与此同时，由国家卫生健康委员会及司法部共同颁布的《医疗损害鉴定管理办法（征求意见稿）》第 7 条规定："从事医疗损害鉴定

〔1〕于浩："八法修改：完善法律职业准入制度"，载《中国人大》2017 年第 17 期。

业务的医学会应当是省级医学会或者设区的市级医学会。从事医疗损害鉴定业务的司法鉴定机构应当具备下列条件：（一）经省级司法行政机关审核登记，且同时具有法医临床和法医病理鉴定业务范围；（二）所属司法鉴定人进入医疗损害鉴定专家库的人员达3人以上，其中法医临床和法医病理专业各有1人以上为高级技术职称……”。

三、其他国家关于鉴定人资格的确认

经考证国外的医疗纠纷鉴定内容，尚查找不到与我们国家相对应的，或者与我国医疗损害鉴定相似的运行模式，故此，也就无法求证其鉴定人（医疗损害鉴定）资格的确认是如何开展的。笔者从与鉴定人相关的制度、体制等内容予以展开，从外围了解一下国外鉴定人资格的一些做法，供同行们参考。

医疗损害鉴定人的资格问题，实际上应包括专业资格和法律资格两个层面。专业资格一般采用参加毕业后教育、通过考试获得的办法。以法医学专业为例，在美国，获得法医病理医师资格，须先取得病理医师资格。病理医师资格的取得要通过进修病理解剖学3年，或临床病理学3年，再或二者兼修4年。经考试合格者，再进修法医病理学1年，通过考试方能获得法医病理医师资格。目前，我国医疗损害鉴定人的资格，在《北京司法鉴定业协会关于办理医疗过失司法鉴定案件的若干意见》（北京司法鉴定业协会第一届理事会第5次会议通过，自2009年12月1日起参考执行）第2条第2项规定：“鉴定机构接受鉴定委托后，应指派2名以上司法鉴定人进行鉴定，其中1名司法鉴定人须连续从事司法鉴定或相关临床专业工作10年以上。”换句话说，在北京，须连续从事司法鉴定或相关临床专业工作10年以上的司法鉴定人才真正意义上获得了医疗损害鉴定人的资格。

鉴定人的法律资格：诉讼制度不同的国家，诉讼中对鉴定主体资格的确认采取不同的原则。英美法系控辩双方或原被告双方在诉讼活动中的地位和权利平等，决定了鉴定人在鉴定主体资格确认上属于专家证人；大陆法系在民事诉讼中实行当事人主义，在刑事诉讼中实行职权主义的诉讼制度。

（一）英美法系鉴定人资格确认

英美法系的证据制度是以当事人主义的抗辩式诉讼和陪审团审判为基础的。证据的证明力审查主要依靠法官和陪审团的自由心证。英美法系国家的专家证人由当事人聘任，在对专家证人的选任与资格审查问题上体现了当事人主义诉讼模式高度对抗的特征，其结论作为一种特殊的证人证言在法庭上需要接受近乎残酷的交叉询问。[1]美国证据法上遵循“无固定资格原则”，又称采鉴定人主义，有关法律或权力机关并不明确规定哪些人或哪些机构具有鉴定人资格，并不将鉴定权固定地授予特定的人和机构。在美国，有很多国际鉴定协会或学会等民间团体可向有关人员颁发鉴定人资格证书，但是这种“资格”对司法机关和当事人均不产生任何约束力。而“专家证人”一般理解为在一项法律程序中作证，并对作证的客观事项具有专门知识的人。专家证人是具有普通人一般所不具有的一定知识或专长的人。受教育程度可以为一个人提供作为专家证人的基础，但是基于经验的特殊技能或知识也可以使一个人成为专家证人。《美国证据法》第720条规定了充当专家证人的资格：“（a）如果一个人对他的证言要涉及的问题有专门的知识、技能、经验、训练或教育，使之能充分地具备专家的资格，那么其就有资格

〔1〕刘烁：“两大法系国家和地区庭审中对鉴定意见审查的现状及改革趋向”，载《中国司法鉴定》2017年第3期。

充当专家作证。若一方有反对意见，在其以专家身份作证前应表现出自己的专业知识、技能、经验、训练或教育。（b）证人的专业知识、技能、经验、训练或教育应通过其他可采证据表现出来，包括其自己的证言。”由此可见，美国虽然采用“无固定资格原则”，但对专家资格的要求还是非常苛刻的。

总结起来，在英美法系国家，任何人都可以成为案件的鉴定人，只要该案的法官和陪审团认为其具备了该案鉴定人的资格。

（二）大陆法系鉴定人资格确认

大陆法系国家的庭审是以职权主义的审问式和法官审判为基础的，通常将鉴定意见独立于证人证言，实行的是职业鉴定人制度。大陆法系国家在传统上将鉴定作为司法的一种辅助手段，其启动权被视为司法权的一部分。鉴定服务于司法而非某一方的当事人，因此鉴定意见常常被披上一层代表国家行为的公正外衣。[1]鉴定人的身份也是法官的科学助手。

根据鉴定权主义原则，有关法律和权力机关明确规定鉴定人或鉴定机构的鉴定主体资格，也就是说实行职业准入制。大陆法系国家一般都明确规定鉴定人不同于证人，鉴定人的诉讼地位高于证人，最基本的模式是建立鉴定人名册，鉴定人登入名册以及从名册中删去的程序，由行政规章予以规定。法国、意大利、日本、德国均实行鉴定人员名册制度。法国的鉴定实行鉴定人名册制度，其全国专家名册由最高法院办公厅制作。这种司法鉴定的法院名册管理制度有以下优点：①列入专家名册的人直接由法院选取，而不隶属其他任何机构，有利于保证鉴定意见作为证据的可信性。②这种制度采取审判前确立专家

〔1〕 刘烁：“两大法系国家和地区庭审中对鉴定意见审查的现状及改革趋向”，载《中国司法鉴定》2017 年第 3 期。

作为鉴定人合法身份，在诉讼中不再因鉴定人是否是专家的质疑而影响诉讼。这种方式影响了我国人民法院对鉴定人名册编制的实践。[1]鉴定人的选任是由法官决定的。

那么，我国如果确立医疗损害鉴定人名册制度，即明确鉴定人须具有职业资格和执业证书，这将使得法官对所拟选鉴定人的执业经历、专业水平以及职业道德有简要性的了解，有利于法官对证据的审查，同时有利于鉴定意见和鉴定人结合在一起，构成完整的证据种类，便利了解鉴定人的资格、知识水平、经验等，让法院或当事人有更多的灵活性和更大的选择空间。

随着两大法系融合趋势的增强，尤其是大陆法系国家中职权主义模式对英美法系模式的吸收，以及直接言词原则和交叉询问制度在立法和实践中的确认，出现了鉴定人在诉讼中的地位与其他证人趋同的趋势。与此同时，现代科技发展带来的案件事实认定的复杂性又要求法官在专门性事实问题的认定上，越来越借助于鉴定人来发挥“事实认定”者的功能。[2]

第三节　2017年以后对医疗损害鉴定具有重大影响的法规

一、2017年《医疗损害司法解释》

自2017年12月14日起施行的《医疗损害司法解释》是一部非常重要的有关《侵权责任法》的司法解释，是对该法第七章“医疗损害责任”司法适用中的具体问题所作的解释。

---

〔1〕 郭华：“国外鉴定制度与我国司法鉴定制度改革的关系”，载《中国司法》2011年第1期。

〔2〕 张保生、董帅：“中国刑事专家辅助人向专家证人的角色转变”，载《法学研究》2020年第3期。

2017年《医疗损害司法解释》第18条明确对于抢救生命垂危的患者等紧急情况，不能取得患者或者其近亲属意见的，医务人员经医疗机构负责人或者授权的负责人批准立即实施相应的医疗措施，患者因此请求医疗机构承担赔偿责任的，人民法院不予支持。全文明确了这样一些原则：①医疗机构怠于立即救治应担责。②医疗美容纠纷可申请医疗赔偿。2017年《医疗损害司法解释》明确了医疗美容属于“诊疗活动”的范围。③无法举证医院过错可申请鉴定。2017年《医疗损害司法解释》第4条中明确，患者依据《侵权责任法》第54条规定主张医疗机构承担赔偿责任的，应当提交到该医疗机构就诊、受到损害的证据。患者无法提交医疗机构及其医务人员有过错、诊疗行为与损害之间具有因果关系的证据，依法提出医疗损害鉴定申请的，人民法院应予准许。④自行委托鉴定意见有条件采信。如果一方当事人对双方共同委托而作出的鉴定意见不认可，则应当提出明确的异议内容并予以质证。在该异议不成立的情况下，人民法院应当采信该鉴定意见。

在医疗损害责任纠纷案件的证明中，最重要的证据就是鉴定意见。面对医疗损害责任纠纷案件的鉴定难题，2017年《医疗损害司法解释》有11个条款对围鉴定期的行为予以规定，包括谁有权主张申请鉴定，鉴定人如何进行选择，鉴定材料由谁提供，委托鉴定书和鉴定内容，因果关系鉴定的要求，对当事人自行委托和共同委托的鉴定意见的采信，以及专家辅助人等。下面，笔者用列表的方式，展现这些条款与鉴定过程的对应关系，详见表4。

表 4

条目	主要内容提示	解决问题
第 4 条	患者……依法提出医疗损害鉴定申请的	鉴定的启动
第 7 条	患者……依法申请鉴定的	鉴定的启动
第 8 条	当事人依法申请……鉴定的，人民法院……依职权委托鉴定	鉴定的启动
第 15 条	当事人自行委托鉴定人、共同委托鉴定人	鉴定的启动
第 9 条	协商确定鉴定人……确定鉴定人的方法……从具备相应鉴定能力、符合鉴定要求的专家中确定	鉴定人能力
第 10 条	人民法院应当组织当事人对鉴定材料进行质证	鉴定资料
第 11 条	明确的鉴定事项和鉴定要求	明确的鉴定委托事项
第 16 条	依据法律、行政法规……综合考虑患者病情……个体差异……	过错的评判原则
第 12 条	全部原因……轻微原因	原因力（参与度）标准
第 13 条	鉴定意见应当经当事人质证	出庭质证
第 14 条	通知具有医学专门知识的人出庭	辅助人对抗——出庭质证

此外，2017 年《医疗损害司法解释》明确了鉴定“委托事项”。2017 年《医疗损害司法解释》第 11 条规定：“委托鉴定书，应当有明确的鉴定事项和鉴定要求……下列专门性问题可以作为申请医疗损害鉴定的事项：（一）实施诊疗行为有无过错；（二）诊疗行为与损害后果之间是否存在因果关系以及原因力大小；（三）医疗机构是否尽到了说明义务、取得患者或者患者近亲属书面同意的义务；（四）医疗产品是否有缺陷、该

缺陷与损害后果之间是否存在因果关系以及原因力的大小；（五）患者损伤残疾程度；（六）患者的护理期、休息期、营养期；（七）其他专门性问题……”。

二、《预处条例》

2018年7月31日，国务院正式颁布了《预处条例》，标志着我国医疗纠纷综合治理进入新的发展阶段。《预处条例》在鉴定方面的创新有以下几个方面：

第一，确立了“同行评议”的原则。《预处条例》第34条第2款中明确规定，医疗损害鉴定应当由鉴定事项所涉专业的临床医学、法医学等专业人员进行。确立“同行评议”原则成了本次条例在医疗损害鉴定方面的具有历史意义的创新，也解决了现实司法鉴定中临床专家遴选困难的问题。

第二，鉴定机构实行审核登记制。《预处条例》第34条第1、2款规定：“医疗纠纷人民调解委员会调解医疗纠纷，需要进行医疗损害鉴定以明确责任的，由医患双方共同委托医学会或者司法鉴定机构进行鉴定……医学会或者司法鉴定机构接受委托从事医疗损害鉴定，应当由鉴定事项所涉专业的临床医学、法医学等专业人员进行鉴定……”。

第三，明确了鉴定“委托事项”。《预处条例》第36条规定：“医学会、司法鉴定机构作出的医疗损害鉴定意见应当载明并详细论述下列内容：（一）是否存在医疗损害以及损害程度；（二）是否存在医疗过错；（三）医疗过错与医疗损害是否存在因果关系；（四）医疗过错在医疗损害中的责任程度。”这与2017年《医疗损害司法解释》是一脉相承的，也是多年的司法实践总结出来的规范的医疗损害鉴定委托事项。

第四，设立并规范专家库的建立。《预处条例》第35条中规定由设区的市级以上人民政府卫生、司法行政部门共同设立医疗损害鉴定专家库，也就是设立统一的专家库。这在很大程度上解决了在司法审判中医疗专业咨询不足的问题。

第五，统一赔偿标准。《预处条例》第44条规定："发生医疗纠纷，需要赔偿的，赔付金额依照法律的规定确定。"现实中，大量医疗纠纷案件的案由是医疗损害责任纠纷，即以医疗损害侵权责任予以诉讼的医疗纠纷案件。按照《预处条例》的规定，适用《侵权责任法》予以赔偿。

应该说，《预处条例》在同行评议的基础上，贯彻科学性、公平性原则，对医疗损害鉴定的多个方面进行规范，构建了新的医疗损害鉴定制度。在这样的制度设计下，《预处条例》搁置了是否将医学会和司法鉴定机构合为一体的争议，从开展医疗损害鉴定工作的具体要素、环节入手，通过对管理、资质、标准与流程等方面进行统一，以保障医疗损害鉴定的科学性、专业性和客观性。

《预处条例》虽然没有解决双轨制的问题，但在医疗鉴定制度的构建上有诸多亮点，包括统一采用"医疗损害鉴定"的名称、坚持同行评议原则、建立统一的医疗损害鉴定专家库等。[1]

三、《最高人民法院关于民事诉讼证据的若干规定》

《最高人民法院关于民事诉讼证据的若干规定》（以下简称《民事证据规定》）于2019年10月14日最高人民法院审判委员会第1777次会议修正，并于2020年5月1日起施行。这次对2001年12月21日颁布的《民事证据规定》作了重大修订。此次修改涉及司法鉴定的条款达24条，其中新增15条、修改9

〔1〕张保生、王旭："中国证据法治前进步伐（2017—2018年）"，载《证据科学》2020年第1期。

条、删除2条。主要内容包括以下几个方面[1]:

第一，指定期间内申请鉴定。《民事证据规定》第31条第1款规定:“当事人申请鉴定，应当在人民法院指定期间内提出，并预交鉴定费用。逾期不提出申请或者不预交鉴定费用的，视为放弃申请。”该条款将当事人申请鉴定的时间由“举证期间”修改为“指定期间”，更符合我国的司法实践，具有一定的灵活性。

第二，鉴定主体资格更改。《民事证据规定》第32条第1款规定:“人民法院准许鉴定申请的，应当组织双方当事人协商确定具备相应资格的鉴定人……”，将鉴定主体由“有鉴定资格的鉴定机构、鉴定人员”修改为“具备相应资格的鉴定人”。该条款规定与《中华人民共和国民事诉讼法》没有规定鉴定机构的内容，只规定了鉴定人的内容，达成一致。

第三，鉴定负责制的变化。《民事证据规定》第36条第2款明确规定:“鉴定书应当由鉴定人签名或者盖章，并附鉴定人的相应资格证明。委托机构鉴定的，鉴定书应当由鉴定机构盖章，并由从事鉴定的人员签名。”该条款将鉴定意见的责任归由两种鉴定主体承担:委托鉴定人鉴定的责任归由鉴定人承担，委托鉴定机构鉴定的责任归由鉴定机构承担。这是司法鉴定制度改革的趋势所在，将引起现行鉴定体制彻底的变革。

第四，限制鉴定意见撤销。《民事证据规定》第42条规定:“鉴定意见被采信后，鉴定人无正当理由撤销鉴定意见的，人民法院应当责令其退还鉴定费用，并可以根据情节，依照民事诉讼法第一百一十一条的规定对鉴定人进行处罚。当事人主张鉴定人负担由此增加的合理费用的，人民法院应予支持。人民法

---

[1] 郭华:“民事诉讼证据中有关鉴定的诠释与规则适用探讨”，载《证据科学》2020年第2期。

院采信鉴定意见后准许鉴定人撤销的，应当责令其退还鉴定费用。”鉴定意见的撤销会对司法的质证程序以及法庭的既定裁判产生不利影响，甚至会损害司法的公信力。然而实践中鉴定意见随意撤销的情况并不少见，因此《民事证据规定》规定了鉴定意见撤销的法律责任，希望能减少该情况的发生。〔1〕

第五，设立鉴定人承诺制度。《民事证据规定》第 33 条规定：“鉴定开始之前，人民法院应当要求鉴定人签署承诺书。承诺书中应当载明鉴定人保证客观、公正、诚实地进行鉴定，保证出庭作证，如作虚假鉴定应当承担法律责任等内容。鉴定人故意作虚假鉴定的，人民法院应当责令其退还鉴定费用，并根据情节，依照民事诉讼法第一百一十一条的规定进行处罚。”该条设立了鉴定人承诺制度，以及对虚假鉴定的处罚制度，通过事前约束和事故监督可以有效地维护司法鉴定行业的秩序，优化司法鉴定环境。

第六，将鉴定人书面答复作为鉴定人出庭作证的前置程序。《民事证据规定》第 37 条第 3 款规定：“对于当事人的异议，人民法院应当要求鉴定人作出解释、说明或者补充……”，第 38 条第 1 款规定：“当事人在收到鉴定人的书面答复后仍有异议的，人民法院应当根据《诉讼费用交纳办法》第十一条的规定，通知有异议的当事人预交鉴定人出庭费用，并通知鉴定人出庭。有异议的当事人不预交鉴定人出庭费用的，视为放弃异议。”这两项条款的规定将鉴定人书面答复作为鉴定人出庭作证的前置程序，未经申请人异议鉴定人书面答复前对鉴定人不作出庭要求。同时《民事证据规定》还作出了允许鉴定人在庭审结束后书面答复的规定。其第 80 条第 1 款规定：“鉴定人应当就鉴定

〔1〕 王旭、刘诗麟：“司法鉴定行政与司法视角的边界——民诉证据司法解释鉴定内容的思考”，载《证据科学》2020 年第 1 期。

事项如实答复当事人的异议和审判人员的询问。当庭答复确有困难的，经人民法院准许，可以在庭审结束后书面答复。”

此外，《民事证据规定》还明确了鉴定费用承担、鉴定异议处理、有专门知识的人出庭限制以及鉴定的委托主体、鉴定人合法权益保护等问题。下面笔者用列表的方式列举《民事证据规定》有关司法鉴定具体新增条款与修改条款的内容[1]。

表 5

<table>
<tr><th>新增条款</th><th>主要内容提示</th><th>解决问题</th></tr>
<tr><td>第 24 条</td><td>人民法院调查收集鉴定证据规范</td><td>鉴定证据收集</td></tr>
<tr><td>第 30 条</td><td>人民法院指定提出鉴定申请的期间</td><td>申请鉴定期间</td></tr>
<tr><td>第 33 条</td><td>鉴定人在鉴定前签署承诺书</td><td>签署承诺书</td></tr>
<tr><td>第 34 条</td><td>鉴定材料质证、鉴定人调取证据</td><td>鉴定材料质证</td></tr>
<tr><td>第 35 条</td><td>鉴定人无正当理由未按期完成鉴定提交鉴定书，当事人可另行申请鉴定</td><td>鉴定期限</td></tr>
<tr><td>第 37 条</td><td>当事人对鉴定书内容有异议</td><td rowspan="2">鉴定异议</td></tr>
<tr><td>第 38 条</td><td>当事人在异议收到鉴定人答复后仍有异议的</td></tr>
<tr><td>第 42 条</td><td>鉴定意见被采信后，鉴定人无正当理由撤销鉴定意见</td><td>撤销鉴定</td></tr>
<tr><td>第 39 条</td><td>鉴定人出庭费用</td><td rowspan="4">鉴定人出庭作证</td></tr>
<tr><td>第 79 条</td><td>鉴定人出庭作证程序</td></tr>
<tr><td>第 81 条</td><td>鉴定人拒不出庭作证</td></tr>
<tr><td>第 99 条</td><td>对鉴定人、有专门知识的人的询问参照适用本规定中关于询问证人的规定</td></tr>
</table>

〔1〕 王旭、刘诗麟：“司法鉴定行政与司法视角的边界——民诉证据司法解释鉴定内容的思考”，载《证据科学》2020 年第 1 期。

续表

新增条款	主要内容提示	解决问题
第 83 条	申请有专门知识的人出庭	有专门知识的人出庭作证
第 84 条	对有专门知识的人询问、有专门知识的人出庭限制	
第 93 条	人民法院认为有必要的，可以通过鉴定或者勘验等方法，审查判断电子数据的真实性	电子数据鉴定

表 6

修改条款	主要内容提示	解决问题
第 27 条	采取鉴定来保全证据	证据保全
第 31 条	指定期间申请鉴定并预交鉴定费用	鉴定启动
第 32 条	鉴定主体应为相应资格的鉴定人	鉴定主体资格
第 36 条	人民法院对鉴定人出具的鉴定书，应当审查是否具有下列内容……	鉴定书内容审查
第 40 条	重新鉴定申请的情形	重新鉴定
第 41 条	当事人自行委托鉴定意见异议	自行委托鉴定
第 80 条	鉴定人就鉴定事项答复当事人异议和审判人员询问	鉴定人出庭作证
第 82 条	当事人询问鉴定人	鉴定人保护
第 98 条	鉴定人合法权益保护	

《民事证据规定》对司法鉴定证据作出了全面明确的规定，有利于提升司法实践中意见证据的证明力以及可采性，促进司法公正。

《民事证据规定》与 2017 年《医疗损害司法解释》关于鉴定规定的比较，如表 7 所示。

表 7

《医疗损害司法解释》	《民事证据规定》
第 8 条：当事人依法申请对医疗损害责任纠纷中的专门性问题进行鉴定的，人民法院应予准许； 当事人未申请鉴定，人民法院对前款规定的专门性问题认为需要鉴定的，应当依职权委托鉴定 第 9 条：当事人申请医疗损害鉴定的，由双方当事人协商确定鉴定人；当事人就鉴定人无法达成一致意见，人民法院提出确定鉴定人的方法，当事人同意的，按照该方法确定，当事人不同意的，由人民法院指定；鉴定人应当从具备相应鉴定能力、符合鉴定要求的专家中确定 第 10 条：委托医疗损害鉴定的，当事人应当按照要求提交真实、完整、充分的鉴定材料，提交的鉴定材料不符合要求的，人民法院应当通知当事人更换或者补充相应材料；在委托鉴定前，人民法院应当组织当事人对鉴定材料进行质证	第 32 条：人民法院准许鉴定申请的，应当组织双方当事人协商确定具备相应资格的鉴定人，当事人协商不成的，由人民法院指定；人民法院依职权委托鉴定的，可以在询问当事人的意见后，指定具备相应资格的鉴定人；人民法院在确定鉴定人后应当出具委托书，委托书中应当载明鉴定事项、鉴定范围、鉴定目的和鉴定期限 第 33 条：鉴定开始之前，人民法院应当要求鉴定人签署承诺书，承诺书中应当载明鉴定人保证客观、公正、诚实地进行鉴定，保证出庭作证，如作虚假鉴定应当承担法律责任等内容；鉴定人故意作虚假鉴定的，人民法院应当责令其退还鉴定费用，并根据情节，依照民事诉讼法第一百一十一条的规定进行处罚 第 34 条：人民法院应当组织当事人对鉴定材料进行质证，未经质证的材料，不得作为鉴定的根据；经人民法院准许，鉴定人可以调取证据、勘验物证和现场、询问当事人或者证人

四、《中华人民共和国民法典》侵权责任编之医疗损害责任

《中华人民共和国民法典》（以下简称《民法典》）出台后，《侵权责任法》被囊括其中，医疗损害责任独立构成第七编侵权责任中的第六章。相较于《侵权责任法》，《民法典》中关于医疗损害责任的规定并未有较大变化，依旧包括 11 个条款，其中 3 条未作改变，另外 8 条在内容上有部分修改，下面将修改部分

进行对比并进行简要评析，为以后的医疗活动提供少许参考意见。

（一）修改内容对比

表 8

《侵权责任法》	《民法典》	修改内容
医疗损害责任的归责原则 第 54 条：患者在诊疗活动中受到损害，医疗机构及其医务人员有过错的，由医疗机构承担赔偿责任	第 1218 条：患者在诊疗活动中受到损害，医疗机构或者其医务人员有过错的，由医疗机构承担赔偿责任	将实施损害行为的主体由“医疗机构及其医务人员”更改为“医疗机构或者其医务人员”
患者的知情同意权 第 55 条：医务人员在诊疗活动中应当向患者说明病情和医疗措施，需要实施手术、特殊检查、特殊治疗的，医务人员应当及时向患者说明医疗风险、替代医疗方案等情况，并取得其书面同意；不宜向患者说明的，应当向患者的近亲属说明，并取得其书面同意	第 1219 条：医务人员在诊疗活动中应当向患者说明病情和医疗措施，需要实施手术、特殊检查、特殊治疗的，医务人员应当及时向患者具体说明医疗风险、替代医疗方案等情况，并取得其明确同意；不能或者不宜向患者说明的，应当向患者的近亲属说明，并取得其明确同意	①将“书面同意”修改为“明确同意”；②将向患者近亲属说明的情况由“不宜……”增加为“不能或者不宜……”
医疗过错的推定 第 58 条：患者有损害，因下列情形之一的，推定医疗机构有过错：…… （三）伪造、篡改或者销毁病历资料	第 1222 条：患者在诊疗活动中受到损害，有下列情形之一的，推定医疗机构有过错：…… （三）遗失、伪造、篡改或者违法销毁病历资料	①将损害时间明确为“诊疗活动中”；②增添了“遗失病历”的过错情况，将“销毁病历”修改为“违法销毁病历”

续表

《侵权责任法》	《民法典》	修改内容
药品等缺陷及不合格血液致害责任 第59条：因药品、消毒药剂、医疗器械的缺陷，或者输入不合格的血液造成患者损害的，患者可以向生产者或者血液提供机构请求赔偿，也可以向医疗机构请求赔偿，患者向医疗机构请求赔偿的，医疗机构赔偿后，有权向负有责任的生产者或者血液提供机构追偿	第1223条：因药品、消毒产品、医疗器械的缺陷，或者输入不合格的血液造成患者损害的，患者可以向药品上市许可持有人、生产者、血液提供机构请求赔偿，也可以向医疗机构请求赔偿，患者向医疗机构请求赔偿的，医疗机构赔偿后，有权向负有责任的药品上市许可持有人、生产者、血液提供机构追偿	①将"消毒药剂"修改为"消毒产品"；②赔偿主体增加了"药品上市许可持有人"
医疗机构免责的情形 第60条：患者有损害，因下列情形之一的，医疗机构不承担赔偿责任……	第1224条：患者在诊疗活动中受到损害，有下列情形之一的，医疗机构不承担赔偿责任……	将损害时间明确为"诊疗活动中"
病历资料的制作保管与查阅复制 第61条：……患者要求查阅、复制前款规定的病历资料的，医疗机构应当提供	第1225条：……患者要求查阅、复制前款规定的病历资料的，医疗机构应当及时提供	将医疗机构责任由"提供"修改为"及时提供"
患者隐私权的保护 第62条：医疗机构及其医务人员应当对患者的隐私保密，泄露患者隐私或者未经患者同意公开其病历资料，造成患者损害的，应当承担侵权责任	第1226条：医疗机构及其医务人员应当对患者的隐私和个人信息保密，泄露患者的隐私和个人信息，或者未经患者同意公开其病历资料的，应当承担侵权责任	①患者隐私权的保护新增了患者个人信息； ②承担责任的情形中删除了"造成患者损害"

续表

《侵权责任法》	《民法典》	修改内容
医疗机构及其医务人员合法权益的保护 第 64 条：……干扰医疗秩序，妨害医务人员工作、生活的，应当依法承担法律责任	第 1228 条：……干扰医疗秩序，妨碍医务人员工作、生活，侵害医务人员合法权益的，应当依法承担法律责任	承担法律责任的情形中新增"侵害医务人员合法权益"

（二）修改内容评析

在医疗损害责任的归责原则条款中，归责主体的改变意指医疗机构及其医务人员可以独立承担过错责任。但医疗机构不仅要为自己的管理过错承担责任，还要为医务人员的诊疗活动过错承担替代责任或者雇主责任。由于医务人员与医疗机构之间属于雇佣关系，如果医务人员在诊疗活动中存在过错，医疗机构应承担雇主赔偿责任。

在保护患者的知情同意权的条款中，《民法典》将"书面同意"修改为"明确同意"，这是对知情同意规则的完善，既要求了医务人员的告知义务应做到明确具体、不流于形式，也增添了患者作出同意表示的方法，不再限于书面形式，让医务人员采取更加灵活的措施。同时将"不宜"修改为"不能或者不宜"，增添了不能向患者说明的情况，也是对知情同意规则的进一步完善，但未对其范围作出进一步规定。

在医疗过错的推定条款中，首先明确了损害必须是在"诊疗活动中"出现，缩小了过错推定的适用范围。其次是在推定医疗机构有过错的情形中增添了"遗失病历"这一条，并将"销毁病历"的行为限定于非法情形，这是对过错推定范围的扩大，即推定医院关于病历的处理有过错的行为，在主观上既包括故意也包括过失。

在药品等缺陷及不合格血液致害责任条款中，“消毒药剂”被修改为“消毒产品”，根据《消毒管理办法》第 45 条的规定，消毒产品包括消毒剂、消毒器械、卫生用品和一次性使用医疗用品；在赔偿主体中增添了“药品上市许可持有人”，完善了患者的损害赔偿请求权。

在医疗机构免责的情形中，将损害时间明确为“诊疗活动中”。

在病历资料的制作保管与查阅复制条款中，将医疗机构“提供”病历的义务修改为“及时提供”，旨在督促医疗机构在合理时间内履行其义务，但未对时限作出进一步规定。

在患者隐私权的保护条款中，保护范围增添了患者个人信息，并在承担责任的情形中删除了“造成患者损害”，这是对患者隐私的进一步保护，表明无论泄露患者信息的行为是否造成损害，医疗机构及其医务人员都应当承担侵权责任。

在对医疗机构及其医务人员合法权益的保护条款中，新增了对医务人员合法权益的保护，这是针对近期伤医事件频发，为更好地保护医护人员而作出的反馈。

综上，《民法典》对有关医疗损害责任条款的修订较之前作出了细化，如进一步明确纠纷中的损害时间、医院履行出示病历义务的时间等，并且增添了一些医院应承担责任的情形，但总体并未有明显改变。受限于条款数量，《民法典》未对医疗损害行为涉及的具体问题作出规定，在处理医疗纠纷时，还需参照《医疗损害司法解释》《民事证据规定》等相关法律规范。

第四节　现行法律制度下医疗损害鉴定委托管理的趋势

一、二元化鉴定机制的融合或优选

医学会组织的医疗事故技术鉴定和法医学鉴定机构开展的医疗损害司法鉴定并存的“二元化”鉴定机制，给中国医疗纠纷的解决带来诸多困惑。由医学会组织进行的医疗事故技术鉴定，成员皆为医学专家，专业性比较可靠，但制度设计的公正性受到质疑。医学会与医生有着千丝万缕的联系，在医疗事故技术鉴定中难以保持中立，同时医学会鉴定对鉴定结果采取的是集体负责制，不存在鉴定人负责制，鉴定专家不署名，无法追究其相关法律责任。

我国医疗损害鉴定二元化的客观原因主要是我国目前的相关法律法规之间相互冲突，且对医疗损害鉴定缺乏统一的立法规范加以明确规制。司法实务界仍没有确定统一的医疗损害鉴定主体，不同地区法院作出了不同的选择，也有法院认为两种鉴定形式的法律地位相同都予以采用。

事实上，鉴定机构的中立性更为重要，真正的科学一定是站在中立的立场上的，因此，在目前二元化的大前提下，立法可以优先启动司法鉴定，建立起一套统一的医疗损害鉴定人职业准入制度。

在北京，法院系统一般优先选取法医学鉴定机构进行司法鉴定；上海、江苏采取的是优先适用医学会组织的医疗事故技术鉴定；浙江、安徽、广州认为二者的地位相同都予以采用。北京地区法院优先选取法医类司法鉴定的原因是其中立性、程序性符合司法的要求，此点要比科学性重要。同时，北京地区长期以来一直有良好的医疗资源（医学专家充足），鉴定形成了较好的通行性操作模式。浙江、安徽、广州地区的法院的做法比较中庸，既可以委托医学会，又可以委托法医学鉴定机构进行医疗损害鉴定。

笔者建议，司法鉴定在涉及临床等专业的鉴定时，可以聘请相当数量的临床专家以保障鉴定质量（如 3 人及以上）。这样既保证了鉴定的科学性，又保证了鉴定的中立性。

二、强化鉴定过程管理

司法鉴定既是一种诉讼活动，也是一种科学技术实证活动，具有科学性和法律性相统一的基本属性。

我国的司法鉴定制度属于职权主义模式，在这种模式下，司法鉴定的启动程序由司法机关（含侦查机关）来完成，当事人无法参与其中（当然，一般情况下还是可以提出申请的）。我国的侦查机关和审判机关独自享有鉴定启动权与决定权，但诉讼当事人对上述鉴定程序得出的鉴定意见有请求补充鉴定和重新鉴定的权利。

在司法审判中，应将鉴定启动权赋予司法辅助办公室，同时给予当事人以司法鉴定申请权，明确患者可以自行启动司法鉴定。《民事证据规定》中有多个条款涉及鉴定的过程管理，详见表 9〔1〕。

表 9

条目	主要内容提示	解决问题
第 24 条	人民法院应当确保证据不被污染	鉴定材料真实性

〔1〕 王旭、刘诗麟："司法鉴定行政与司法视角的边界——民诉证据司法解释鉴定内容的思考"，载《证据科学》2020 年第 1 期。

续表

条目	主要内容提示	解决问题
第 27 条	人民法院可以采取鉴定方法进行证据保全，并制作笔录	鉴定的证据地位
第 30 条	人民法院在审理案件过程中认为待证事实需要通过鉴定意见证明的……并指定提出鉴定申请的期间	启动鉴定的前置程序
第 31 条	当事人应当在人民法院指定的期间内提出鉴定并预交鉴定费用	启动鉴定的前置程序
第 32 条	人民法院组织双方当事人协商确定具备相应资质的鉴定人	鉴定人遴选程序
第 33 条	鉴定人签署承诺书，并于虚假鉴定时承担法律责任	对鉴定人的约束
第 34 条	鉴定材料必须经过质证	鉴定资料的真实性
第 35 条	鉴定人承担在确定期限内完成鉴定的义务	鉴定人的义务——鉴定期限
第 36 条	人民法院对鉴定人出具的鉴定书，应当审查是否具有下列内容……并由从事鉴定的人员签名	鉴定意见的审查
第 37 条	人民法院收到鉴定书后，应当及时将副本送交当事人……可以要求鉴定人对当事人未提出异议的内容进行解释、说明或者补充	鉴定的补充

三、强化司法鉴定人出庭质证

近 10 年来，我国的各类诉讼规定一直在强化鉴定人出庭质证的制度。从对鉴定人出庭的要求来看，早在 2000 年发布的《司法鉴定人管理办法》[1]和 2001 年发布的《司法鉴定程序通

〔1〕 中华人民共和国司法部令第 63 号，第四章权利和义务中规定：司法鉴定人应当依法按时出庭。

则（试行）》[1]中就规定了鉴定人应当按时出庭，但未设置鉴定人出庭的义务。2001 年发布的《民事证据规定》对于鉴定人出庭接受当事人质询的义务作出了规定，[2]但是也规定了例外情形，即鉴定人因特殊原因无法出庭的，经人民法院准许后，可以书面答复当事人的质询。2005 年发布的《决定》首次明确规定了鉴定人出庭作证的义务。[3]2012 年《中华人民共和国民事诉讼法》明确规定了鉴定人应当出庭接受质询的法律义务，[4]同时还规定了不出庭作证的法律后果，这是我国《民事诉讼法》第一次明确规定鉴定人出庭的义务和不出庭的责任，引起了广泛关注。随之，2016 年司法部修订后的《司法鉴定程序通则》新增“司法鉴定人出庭作证”一章，明确规定了经人民法院依法通知，司法鉴定人应当出庭作证。总的来看，鉴定人出庭作证的规定目前虽然散落在各部法律规范之中，但表明了立法者在立法设计时，将鉴定人出庭制度作为一项司法鉴定活动的重要组成部分，来推动司法鉴定制度的完善与发展。但是上述规定较为粗犷，难以构建一个完整的鉴定人出庭制度，在司法实践中，其运行状况是规规矩矩走形式者多，[5]相关的程序和细节还有待进一步完善。2019 年 10 月 8 日，司法部研究起草了《鉴定人出庭作证规定（征求意见稿）》（以下简称《征求意见

---

〔1〕 司发通〔2001〕092 号，第 43 条规定：“司法鉴定人应当按照司法机关或者仲裁机构的要求按时出庭。”

〔2〕 2001 年发布的《民事证据规定》第 59 条规定：“鉴定人应当出庭接受当事人质询……”。

〔3〕 2005 年《决定》第 11 条规定：“在诉讼中，当事人对鉴定意见有异议的，经人民法院依法通知，鉴定人应当出庭作证。”

〔4〕《中华人民共和国民事诉讼法》（2012 年修正）第 78 条规定：“当事人对鉴定意见有异议或者人民法院认为鉴定人有必要出庭的，鉴定人应当出庭作证……”。

〔5〕 俞世裕等：“鉴定人出庭作证制度实施现状及完善——以浙江省为视角”，载《中国司法鉴定》2014 年第 5 期。

稿》），[1]发布了关于司法鉴定人出庭作证的操作规范，人民法院、法庭、法官对鉴定人的出庭作证的操作程序和措施，以及鉴定人出庭的诉讼权利和诉讼义务等。2020 年 5 月 14 日，《司法部关于进一步规范和完善司法鉴定人出庭作证活动的指导意见》（司规〔2020〕2 号）使鉴定人出庭这项司法程序演变为鉴定人的法定义务的意图，更加明晰。[2]

在质证中，为避免流于形式，当事人应当有权利要求鉴定人出庭质证，并对鉴定过程和内容予以说明，同时接受双方当事人的询问。《民事证据规定》中，有 8 个条款规定了鉴定人以及有专门知识的人出庭的内容，详见表 10。

表 10

条目	主要内容提示	解决问题
第 38 条	双方当事人对鉴定意见有异议时……鉴定人出庭费用的规定	鉴定人出庭作证与费用
第 39 条	鉴定人出庭作证费用的计算标准和承担主体	鉴定人出庭作证
第 79 条	法院通知鉴定人出庭作证的内容	
第 80 条	鉴定人在出庭作证中的规定	
第 81 条	鉴定人拒绝出庭作证的结果	
第 83 条	申请有专门知识的人出庭规定	有专门知识的人出庭作证
第 84 条	有专门知识的人出庭作证的规定	
第 99 条	对鉴定人的询问参照适用本规定中关于询问证人的规定	鉴定人出庭作证时的规则

〔1〕“对《鉴定人出庭作证规定（征求意见稿）》征求意见”，载《中国法医学杂志》2019 年第 6 期。

〔2〕王旭、刘诗麟：“司法鉴定行政与司法视角的边界——民诉证据司法解释鉴定内容的思考”，载《证据科学》2020 年第 1 期。

打官司就是打证据，证据必须经过法庭质证才具有证明力。医疗损害鉴定意见虽然仅仅是证据的一种，有时却直接决定着法庭审判的客观、公正与否，此点在医疗纠纷解决机制中尤为突出。由于在医学专门性知识方面的欠缺或限制，法官在面对鉴定意见时往往忽略其本质仍是证据的属性，从而忽略质证，过分信赖鉴定意见，存在“司法鉴定依赖症”。但是，司法鉴定意见作为一种传来证据或者次生证据，若忽略质证环节，会带来其证明力的根基不稳问题。鉴定人出庭作证是对鉴定意见作为言词证据，进行质证的一种必要的形式。目前在我国，有一部分医疗纠纷案件，鉴定人出庭作证仍属走过场，在法庭上常常缺乏对鉴定意见实质性的审查，[1]没有达到鉴定人出庭应有的目的和效果。在涉及医疗损害鉴定意见可采性及采信或认证规则时，鉴定意见常常对法官科学证据“守门人”的身份存在“双刃性”。理论上讲，法官不应被鉴定意见牵着鼻子走，而应不断提高自身审查判断鉴定意见的能力，特别是在面对两份互相对立的鉴定意见时，需要作出选择性裁判。另外，我们常说“科学不讲完整的故事”，鉴定意见限于鉴定资料的限制，通常是片断的、间接的证据，需要法官综合审查判断，才能成为定案的依据。

有关民事案件的鉴定人，违反出庭义务，《民事证据规定》第 81 条规定：“鉴定人拒不出庭作证的，鉴定意见不得作为认定案件事实的根据。人民法院应当建议有关主管部门或者组织对拒不出庭作证的鉴定人予以处罚。当事人要求退还鉴定费用的，人民法院应当在三日内作出裁定，责令鉴定人退还；拒不退还的，由人民法院依法执行。当事人因鉴定人拒不出庭作证

---

〔1〕 霍宪丹：“坚持以审判为中心 进一步健全鉴定人出庭作证制度的探索与思考”，载《中国司法鉴定》2017 年第 6 期。

申请重新鉴定的，人民法院应当准许。”该条明确了鉴定人拒不出庭作证的法律后果。

相比较《中华人民共和国民事诉讼法》，《民事证据规定》更加严厉与明确，有利于督促鉴定人履行出庭作证义务，通过面对面公开透明的方式，督促鉴定人接受法庭质证，使得鉴定意见易于被当事人接受，达到定分止争的目的，提高司法的公信力。〔1〕

〔1〕 王旭、刘诗麟：“司法鉴定行政与司法视角的边界——民诉证据司法解释鉴定内容的思考”，载《证据科学》2020 年第 1 期。

第四章 Chapter 4 医疗损害鉴定规范化

第一节 鉴定意见的属性

医疗损害鉴定意见书作为鉴定的最终表现形式，同时具备两重属性，即科学属性与证据属性[1]。要想同时满足上述要求，医疗损害鉴定意见须在鉴定中规范必要的实务操作。

一、关注鉴定资料的客观性/真实性

鉴定意见的科学属性主要是要求鉴定意见客观、真实。鉴定工作是医学经验、技术与法律的结合，既要遵守鉴定工作的基本要求和程序要求，又要遵循医学的规律。鉴定意见的客观性，不仅取决于所依据的材料基本客观真实，同时要求鉴定人不能把个人主观的想象、假设、臆断等作为鉴定的依据。例如，在鉴定中，既有当事人（病人）相对客观的病历资料，如临床症状和体征、实验室检查结果、诊疗措施（包括医嘱记录、麻醉记录、手术记录）等情况的记录，也有医师对病人病情的分析意见、会诊意见（包括临床诊断）等相对主观的病历。两者在医疗损害鉴定中，都属于病历，但客观病历的价值更值得关注。

〔1〕 朱广友："论司法鉴定意见的基本属性"，载《中国司法鉴定》2008 年第 4 期。

鉴定材料的真实性是鉴定意见客观性的重要保障，也是医疗纠纷案件中常常争议的部分，所以务必予以充分关注。打官司就是打证据，病历是书证，是法定的证件类型。虽然《司法鉴定程序通则》规定，委托方应对材料的真实性负责，但鉴定人也有责任和义务去伪存真。也因为如此，在医疗损害的委托受理环节，不建议鉴定机构接受当事人个人、律师或代理人的委托鉴定，因为无法保证鉴定材料的真实性。只有经过法庭质证过的资料，才是合格的资料。同时，在委托受理环节，鉴定人要认真审查资料的合法性，在鉴定环节，用复查等手段，印证材料的真实性。并要求原被告双方在接收资料的材料确认单中签字，以保障鉴定所依据的资料尽可能客观、真实，具体可参见附件 1。

二、关注专业知识（或专门知识）的可靠性

依据专业知识（或专门知识）而非单纯的观察，是区分鉴定意见与普通证言的重要内容之一〔1〕。医疗损害鉴定是依据专业知识而开展的鉴定活动。

专业知识的可靠性须关注鉴定方法的有效性和逻辑论证方法的可靠性。鉴定方法的有效性包括仪器设备或检测技术的有效性，以及逻辑论证方法的有效性。所谓仪器设备或检测技术的有效性，是指仪器设备或检测技术须达到检测的目的，否则就是无效的。如在临床上，听力检测时听力计需满足《电声学 测听设备 第 1 部分：纯音听力计》（GB/T 7341.1—2010）的技术指标要求；听力检测与功能障碍的判断，需要满足《听力障碍的法医学评定》（GA/T 914—2010）的要求。

---

〔1〕 杨建国：“论科学证据可靠性的审查认定——基于判决书中鉴定结论审查认定的实证研究与似真推理分析”，载《中国刑事法杂志》2012 年第 1 期。

逻辑论证方法的可靠性是指逻辑判断符合逻辑法则，还要关注逻辑判断的前提是否正确。医疗损害鉴定的“分析说明”部分特别强调论证的逻辑性，在进行逻辑推理的时候要关注推理的前提是否真实。如“被鉴定人右下肢股骨中段骨折，必然影响下肢功能致右膝关节运动活动度丧失达50%以上”这样的论述就存在逻辑问题，因为“右下肢股骨中段骨折”不累及关节面，“必然影响下肢功能”这一前提是有问题的。

三、关注医学理论/技术/方法的普遍接受性

对于依据经典的医学科学理论和方法而得出的鉴定意见，要考察其科学性是较为容易的，而对于新理论、新技术和新方法，在科学界尚未得到广泛认同或普遍接受的情况下，如何判断其科学性呢？在多伯特案的审判过程中，法官们认为，要判定某项理论或技术是否可以被检验或是否已经检验过、错误是否已经被检验过，“同行评议”是一个重要的参考因素。

所谓“同行评议”，是指某种理论或技术提出以后，过了同行专家的严格审查，尤其是那些公开发表的论文或著作、学术团体的专门报告，以及各种控制技术运作的标准中所主张的理论和技术，都是经过期刊编辑、学术权威们的严格审查的，是得到同行专家的认可和接受的。尤其是学术团体的专门报告和控制技术运作的标准，如国家标准（GB）、行业标准（GA），较之科学家们个人的观点，更具有证明价值，它们代表了特定论题中的“普遍接受”程度。

四、关注与待证事实的相关性

相关性又称“证据的关联性”，是指证据与案件事实之间要存在客观联系。证据对案件事实的证明作用来源于证据相关性，

不具有相关性的材料不得作为证据。应审查搜集到的证据材料，判明证据材料是否与案件事实有客观联系，从而确定是否对案件有证明作用。

英美证据法认为，当事人提出的证据须与其主张有关，与案件无关的应予排除。大陆法系国家诉讼中，法官在组织法庭调查时，应当明确指出待证事实，排除无关联的材料。

医疗损害鉴定意见作为证据的一种，鉴定意见须与案件中的待证事实有充分联系，以帮助法官（即裁判者）解决实际争议。同时，鉴定意见所依据的理论或技术亦应适用于争议中的事实。与待证事实的相关性还涉及鉴定意见的解释。

五、关注鉴定意见的可靠性

针对检验结果类的鉴定意见，其可靠性是指某种检测技术或检测方法测试结果所具有的预测价值，依赖于检测技术或检测方法灵敏度、准确性和基率（如某种疾病的感染率，相当于贝叶斯统计学的前概率）。例如：某男子的体检报告显示艾滋病病毒（HIV）检测为阳性，该项血液检查的灵敏度为81%（假阴性率为19%），特异度为74%（假阳性率为26%）。那么，阳性的检验结果是否意味着某男子有81%的可能性得艾滋病？要知道，81%是这个诊断方法的灵敏度，不是患病的概率。具体的计算方法是这样的：根据既往研究，在确实感染HIV的人群中，血液检查诊断阳性的概率P（检验阳性｜患病）= 81%，在未患病的人群中，错误诊断为阳性的概率P（检验阳性｜未患病）= 26%。全国范围的流行病学调查显示，HIV的感染率为5%（假定）［P（患病）= 5%，P（未患病）= 99.5%］所以，根据贝叶斯定理，在血液检查诊断阳性的人群中，确实感染HIV的概率为：

$$P（患病|检验阳性）=\frac{P（检验阳性|患病）\times P(患病)}{检验阳性}$$

$$=\frac{P（检验阳性|患病）\times P(患病)}{P（检验阳性|患病）\times P(患病)+P(检验阳性|未患病)\times P(未患病)}$$

$$=\frac{81\%\times 5\%}{81\%\times 5\%+26\%\times 95\%}\approx 14\%$$

也就是：某男子是否感染 HIV 这个结论不能仅仅基于血液检查结果（P（患病|检验阳性）≠ P（检验阳性|患病）），而应该结合疾病的发病率（先验概率），获得一个综合诊断。

再举个例子：假设有种疾病的发病率为 0.1%。现在有一种化验技术可以 100%检测出该病，但是有 5%的假阳性率（即，如果一个人真得了此病，一定会被检测出来。但是，未得此病的健康人做这种化验，有 5%的可能性被误诊为得此病）。现在，从人群中随机选取一人进行检测，化验结果为阳性。那么，仅根据这一化验结果（不考虑个人信息、病史等），这位受检者的得病概率为多少？答：95%。这是个常见的回答。

正确的答案是，根据贝叶斯公式：P（患病|阳性）= P（患病）× P(准确率)/[（P(患病)×P(准确率)+P（正常）×P（误诊率）］= 0.001 × 1/［（0.001 ×1+0.999 ×0.05）］。我们也可以把问题转化成频率表述，使用逻辑推理来解：这个病的发病率是千分之一，那么 1000 个里面会有 1 个得病，剩下的 999 个人去做化验，会有约 50 个人呈阳性（999×5%），也就是 1000 个人里面会有 51 个人检测呈阳性，而其中只有 1 个人真正得病，那么从人群中随机挑选的 1 个人检测呈阳性，其真正得病的概率是 1/51。这样也可以得到一个近似答案（要提示的是频率不等于概率，样本越大频率越接近概率）。所以正确答案是约 2%。

作为鉴定人，在使用这些技术或利用相应的检测结果时，应该对这些检测结果的可靠性有较为清晰的了解。必要的情况下，可以采用增加检测次数或改变检测方法，提高灵敏度和准确性，以提高检测结果的可靠性〔1〕。其他的检查方法也存在类似的问题。例如，在听力障碍评估中，纯音测听是一个非常科学且又有效的方法，但是由于被鉴定人存在有意夸大或伪装听力障碍的可能，单靠一次检查往往不能反映被鉴定人听力的真实情况。同样需要鉴定人在鉴定的过程中选择不同的时间进行重复检查，通过检查结果的比较来确定检查结果的可靠程度。又如，阴茎夜间勃起功能监测（NPT 试验）被认为是判断被鉴定人有无阴茎勃起功能障碍的一个有效的方法，但因为检测本身存在假阴性的情况，所以要求至少连续监测三个夜晚，以减少假阴性的发生，提高测试结果的可靠性。〔2〕

第二节　医疗损害鉴定意见的程序保障

医疗损害鉴定意见主要是专家意见，一般采取鉴定人加同行专家公议的方法，其程序保障对鉴定意见的科学性起着较为重要的作用。《预处条例》对医疗损害鉴定的模式和程序性问题给予了较好的规定。

一、设立并规范专家库的建立

在专业技术问题的判断上，日本、德国、荷兰、美国等国家的医疗损害鉴定模式都采取同行评议的原则。借鉴和融合我

〔1〕“诊断试验中的贝叶斯定理：检验阳性就一定患病了吗?”，载 http://www.sohu.com/a/204947267_489312，最后访问日期：2020 年 1 月 23 日。

〔2〕朱广友：“论司法鉴定意见的基本属性”，载《中国司法鉴定》2008 年第 4 期。

国两种鉴定模式的优势，对于构建我国医疗损害鉴定制度，使得鉴定专家半职业化，调整鉴定专家来源，完善鉴定程序，确定鉴定理论、鉴定方法，明确鉴定原则，均有重要意义。[1]

《预处条例》拟改变目前医学会所建专家库的现状，也改变了司法鉴定专家库建立不规范的现状，规定由设区的市级以上人民政府卫生、司法行政部门共同设立医疗损害鉴定专家库，也就是设立统一的专家库。这在很大程度上解决了在司法审判中因临床医学专业咨询不足而存在公正性偏倚的问题。《预处条例》规定由卫生、司法行政部门共同决定聘用专家人选，以行政机关行使权力的方式，来提升专家库咨询意见的中立性和权威性。

《预处条例》规定无论是医学会还是司法鉴定机构，均可从中抽取相关临床专家进行鉴定。意在借鉴医学会的医学专家"同行评议"的优势，结合司法鉴定的程序与实体"合法"的优势，建立统一的医疗损害鉴定体制，使得二元化的双方由对峙走向融合与统一。当然，需要指出的是，这也是我国的医疗卫生行政法规中，把司法鉴定机构作为鉴定机构的一个首次写入法律条文中并予以认同的尝试，是我国医疗卫生行政法规与侵权法律规范的良好对接。

二、医疗损害鉴定实行"同行评议"

鉴定意见作为科学证据的一种，需兼具科学性和公正性，公正性可以通过制度设计来保障，专业性一般由同行专家进行评议，即以国外医疗纠纷处理的同行评议（professional-peer）方式来保障。国外的文献显示：绝大多数的美国法院都认可相同

〔1〕 刘鑫、梁俊超："论我国医疗损害技术鉴定制度构建"，载《证据科学》2011 年第 3 期。

行业的专家出具的意见书，出具意见者应与所发生事件的行业相同，而且具有足够的经验。《预处条例》明确规定，医疗损害鉴定应当由鉴定事项所涉专业的临床医学、法医学等专业人员进行。

《预处条例》对咨询专家的选取也作出了规定，不论是人民调解、行政调解，需要鉴定的，从同一专家库中选取专家。这就确定了医疗纠纷案件处理中涉及专门性问题时，坚持同行评议的原则。

三、鉴定机构实行遴选制

《预处条例》第 34 条规定："医疗纠纷人民调解委员会调解医疗纠纷，需要进行医疗损害鉴定以明确责任的，由医患双方共同委托医学会或者司法鉴定机构进行鉴定……医学会或者司法鉴定机构接受委托从事医疗损害鉴定，应当由鉴定事项所涉专业的临床医学、法医学等专业人员进行鉴定；医学会或者司法鉴定机构没有相关专业人员的，应当从本条例第三十五条规定的专家库中抽取相关专业专家进行鉴定。医学会或者司法鉴定机构开展医疗损害鉴定，应当执行规定的标准和程序，尊重科学，恪守职业道德，对出具的医疗损害鉴定意见负责……医疗损害鉴定的具体管理办法由国务院卫生、司法行政部门共同制定……"。

四、统一赔偿标准

《预处条例》第 44 条规定："发生医疗纠纷，需要赔偿的，赔付金额依照法律的规定确定。"一方面，它改变了自 1987 年的《医疗事故处理办法》以来，行政法规仅规定给予患方经济补偿的状况；另一方面，《医疗事故处理条例》虽承认患者有获得赔偿的权利，但其规定的项目和标准与一般的人身损害赔偿相比明显过低，《预处条例》则明确：医疗损害赔偿的金额依照法律的规定确定，意味着医疗损害赔偿与一般人身损害赔偿适用相同的赔偿标准，即以医疗损害侵权责任予以诉讼的医疗纠纷案件，共同适用《民法典》的侵权责任编予以赔偿。

五、完善的司法鉴定流程

《预处条例》明确规定了同行评议的原则。《预处条例》作为行政法规，虽然无权干涉司法鉴定机构的鉴定活动，但诉前机制的建立无疑起到倒逼医疗损害司法鉴定完善鉴定流程的作用。这也是特殊时期，融合两类鉴定的优势，节约人力物力、优化鉴定资源，既驱动鉴定归为理性，又满足司法审判的现实之需的权宜之策。

六、进一步完善医疗纠纷尸检的流程

医疗纠纷尸检的流程需满足《预处条例》的要求，及时进行尸检查明患者死因。《预处条例》第 26 条规定了尸检时限、尸检机构资质及双方派员观察尸检，第 49 条规定了尸检机构的法律责任。《预处条例》特别规定，尸检应当经死者近亲属同意并签字，拒绝签字的，视为死者近亲属不同意进行尸检。不同意或者拖延尸检，超过规定时间，影响对死因判定的，由不同意或者拖延的一方承担责任。尸检的流程设计详见附件 6、7。

七、技术标准及标准体系建设

实践中，鉴定意见在医疗损害赔偿案件中，已成为非常重要的证据。一方面，它以专有的科学证据的形式展现了特有的证明价值；另一方面，它又给其他证据之真实性、可靠性的鉴别提供支撑。随着科学证据在司法证明中比重的加大，医疗损害鉴定意见对此类判决的影响力逐年攀升。但是业内始终没有形成可供参考的科学评判的标准或原则，在没有统一评判原则、没有统一的技术标准的情况下，难以形成重复性好、质量可控的鉴定意见。审判的“输赢”常由司法鉴定意见来决定。因缺乏必要的技术标准，鉴定结论的不确定性异常突出。

我国的医疗损害赔偿鉴定，于理论层面上，尚缺乏科学评判“医疗过错”的原则；于实务层面上，尚缺乏可供操作的、业内达成广泛共识的技术标准（详见图 1）。

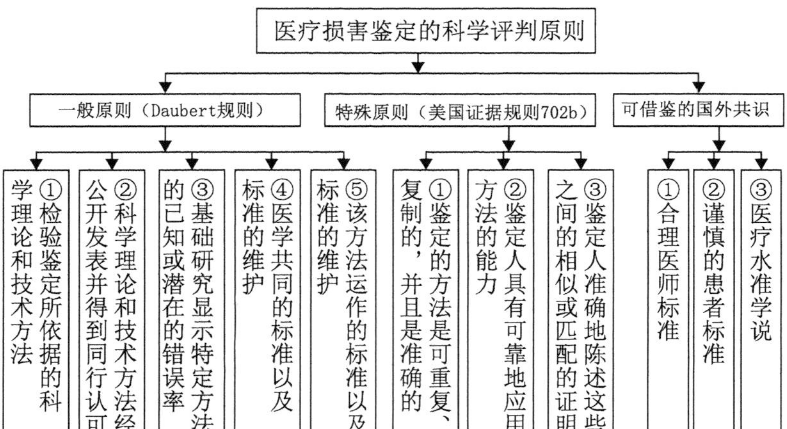

图 1

概括起来，科学标准的缺位带来了现实司法的困境。因此，需要把标准建设作为最紧要的工作来抓。

目前，我国的医疗损害鉴定标准体系略具雏形，包括程序性规定及实体性标准。程序性规定以北京、重庆为代表，形成了地方性“医疗损害司法鉴定程序指引”。实体性标准则以法医临床学为支撑，目前已形成的行业鉴定标准（GA）/技术规范（SF），约20项。目前，从司法实务的角度讲，医疗损害鉴定的委托事项，对于相应的技术标准——《人体损伤致残程度分级》《人身损害误工期、护理期、营养期评定规范》《人身损害护理依赖程度评定》等，均可以借鉴。而鉴定实践中的难点问题，医疗过错判断标准、因果关系参与度判断标准等，可以列入今后的立项研究中。

八、医疗损害鉴定的理论研究

医疗损害鉴定的理论方面，需要解决：①过错认定的标准；②因果关系判断的原则、学说、原因力大小划分问题。二者是医疗损害鉴定两大难点问题，后者更为疑难复杂，需要开展法学与医学交叉领域的理论研究。

国内外目前关于医疗过错的评判主流学说主要有三个：①合理医师标准，即博勒姆测试（Bolam test）标准。英美法系中，过失表现为对注意义务的违反，即被告若违反对原告负有的注意义务即构成过失。过失的认定通常采取“合理人”标准，它要求以一个正常理性的谨慎的人在类似情况下的行为作为标准。但在医患关系中，医师的注意标准应高于普通人，故演绎为“合理职业人员”标准即“合理医师标准”。司法实务中，法官对于“合理医师标准”的界定，往往尊重行业专家的意见，进而转化为采用“医疗行业普遍做法”的评判方法来判断，此做法得到法律的尊重，应首推博勒姆测试标准。该标准被一系列案件认可，包括“Barnett案”“Whitehouse案”“Maynard案”和“Wilsher案”等。总体来说，博勒姆测试标准体现了司法者对医疗行业观点的尊重，是一种对医疗行为相对较为宽松的标准，它强调“结果不保证”“避免后见之明”等。②谨慎的患者标准。该标准强调以患者需求为中心。一切影响患者合理性决定的危险均应予以说明。③医疗水准（日本松仓丰治教授的标准）。强调医务人员于医疗之际，其学识、注意程度、技术以及态度，均应符合具有一般医疗专业水准的医务人员在同一情况下所应具备的标准，即平均水平。

“Bolam 案”简介：

案情：Bolam 先生是一名精神病患者，1954 年 8 月入某医院治疗，一名资深的医生建议其采用电击疗法治疗，其签署了治疗同意书（未告知有骨折风险）。之后，采用电击治疗中发生骨盆骨折。采用电击的方式是：仰卧，背部下方枕头垫，男护士于两侧站立。1 秒 1 次电击，4 秒共进行了 5 次电击。

双方争议焦点：告知风险、治疗前是否应选择肌肉弛缓药、治疗中人工控制等方面。

原告认为：本可以决定是否冒险接受治疗；实际上可以排除骨折风险；人工控制措施未实施。

原告医师证人：常规告知风险，一般不影响患者决定，某些情形下也可能不利于患者。本例支持肌肉弛缓药使用，若不用弛缓药，给予人工控制是必要的。

被告：此种治疗方式骨折风险小；若告知骨折的风险则会被拒绝唯一有效的治疗方法；肌肉弛缓药也有生命危险；两害相权取其轻（这样的方式是基于专业判断——资深医生的建议）。

被告医师证人：医生没必要主动告知万分之一的风险。此种风险低于任何外科手术。适当的弛缓药固然能杜绝骨折，但也可能产生其他风险，乃至危及生命。因此不应作为惯例。人工控制易增加骨折风险，1951 年后不进行人工控制骨折风险未增加。

法院观点：首先，法律上的过失是指某人没有实施合理人在特定情形下将会实施的行为或实施了合理人不会实施的某一行为。其判断的标准是一般合理人的行为标准（man on the top of a Claphamomni bus）。在专门领域，其判断的标准是“一个通常合格的人的通常技能”。

在诊断和治疗领域，认定医师过失的真正标准是：其是否被证明应对自己的行为承担责任，对此，作为一个具有通常技能的医师，若行使了合理的注意，则不承担责任。如果医师是根据一群熟练掌握技能的医师接受之适当行为的做法行事，不应承担责任。(如果一个医师是按照这种做法行事，不能仅仅因为存在一种相反的观点而认定其存在过失。)

故此，法院判决：被告不构成过失。

本案的法律问题：

是否应告知电击疗法有导致骨折的风险？若告知会产生什么后果？原被告意见不同。法院认为，当医师治疗精神病患者时，强烈地认为只有接受电击疗法才是患者唯一的希望，如果医师没有向患者强调微乎其微的相关治疗风险，其不应当被指责。

为防止骨折，是否应使用弛缓药？若没使用，是否应采用人工控制措施？原被告意见不同。法院认为：存在强烈反对使用弛缓药作为惯例的普遍观点，所有证人都支持这一观点。

注意义务的认定标准：

具有该专门技能的通常技能的人员所应达到的注意，而非专业领域内最高水平专家的注意水平。不能因为仅仅存在相反的观点就认为存在过失。即所谓的博勒姆测试标准：①医师对患者具有特定的注意义务；②医师违反了该注意义务，即如果医师的行为低于一群负责任的医师所认可的惯例或标准，则考虑存在过失；③注意义务的违反与损害后果间存在因果关系；④证明损害不要过于遥远。

在我国，无论是医疗界还是司法鉴定领域，还没有形成医疗过错判断的主流学说，这是引起鉴定随意性的主要原因。至于因果关系、参与度（或原因力）的界定，更为疑难复杂。

当然，培养具有跨学科能力的医疗损害鉴定专门性人才，是解决鉴定困境的最终出路。应以学科建设的高度，构建医疗损害鉴定专业，培养医法兼修的人才，成立医疗损害鉴定专业委员会，解决未来鉴定人专业化的发展问题。并以一种跨学科、跨领域的视角，深入研究适应我国医疗损害鉴定的理论模型，以切实解决医疗纠纷解决机制中的鉴定难点。

第三节　医疗损害鉴定规范化

医疗损害鉴定的规范化是保证鉴定工作质量和鉴定意见公正性的制度设计。医疗损害鉴定工作的规范化需要注意如下方面：

第一，案件受理的规范化。受理医疗损害的鉴定工作需要司法机关或卫生行政部门的委托，这是进行医疗损害鉴定工作的前提，缺乏合法机关的委托，难以保证其鉴定的合法性，特别是资料的真实性、完整性。以司法鉴定为例，其鉴定委托程序，详见附件 1。

涉及被鉴定人需要进行活体检验的，需要遵循《司法鉴定程序通则》的相关规定，相关内容也凝练在附件 1 中。医疗纠纷涉及法医学尸体检验，需要签署相关知情同意书。

第二，准备工作规范化。审阅完整的病例资料非常重要。委托单位应向鉴定人员提供涉案纠纷完整的原始资料（包括病例资料、必要的影像学片、切片等），鉴定人员在作出鉴定前须认真仔细地审阅这些资料。

第三，医疗纠纷听证会。听取医患双方的陈述与意见表达，是凝练争议焦点的一个过程。认真听取医患双方的诉求和意见，了解整个医疗纠纷事件的始末，把各种争议的焦点问题、疑问、矛盾的各个环节听清楚、问清楚，使之为得出鉴定意见打下扎实、客观且公正的基础。听证的原意一般指行政机关在作出有关行政决定之前，听取行政相对人陈述、申辩、质证的程序。听证是听取利害关系人的意见的法律程序。听证被司法鉴定“借用”，特别强调听取医患双方的陈述与意见表达，凝练争议焦点。这也提示鉴定人重视鉴定材料移交清单的确认，以及参会人员名单及听证会注意事项的签署与告知，包括对鉴定人以及鉴定机构是否回避、对鉴定所用资料的确认等，详见附件 2、3。听证会的主持详见附件 4。

第四，鉴定风险的告知，详见附件 5。

第五，鉴定所用标准方法的告知，详见附件 6。

第六，医疗纠纷尸体解剖的相关告知，详见附件 7。

尸体解剖对于查明疾病的性质和死亡原因、澄清事实、消除嫌疑或发现临床上未曾发现的问题，具有重要作用。凡是死亡案件的医疗纠纷，理论上均应做尸体解剖。法医学尸体解剖一般要求对死者及时做全面、系统的解剖，不能仅做局部解剖。笔者在做文证审查时经常发现，有的医疗纠纷者之所以死因不明，其主要原因就是没有及时进行全面、系统的尸体解剖或取材不当。同时，为了增强尸体解剖的透明度，可以邀请医患双方委派的代表全程观看尸检。

第七，建立鉴定的合议程序。鉴定人员需根据案件需要，参阅医学著作及文献，并咨询有关医学专家，特别是主动咨询有关专业的专家进行研讨，以保障鉴定的科学性、公正性。同时严格按照《司法鉴定程序通则》的规定规范程序，严格遵守医疗损害鉴定的相关规定（特别是满足《预处条例》的规定）。法医学鉴定一般需2名以上鉴定人员共同完成，其中至少1名鉴定人员的技术职称是高级职称。

第八，建立严格的鉴定审批程序。严格按照《司法鉴定程序通则》的规定，规范审批程序，保障鉴定的公正性。

附件1

医疗损害司法鉴定委托书〔1〕

<table>
<tr><td>委 托 方</td><td></td><td>送 检 人</td><td></td></tr>
<tr><td>联系地址</td><td></td><td>联系人／
联系电话</td><td></td></tr>
<tr><td>司法鉴定
机构</td><td colspan="3">机构名称：　　　　许可证号：
地址：　　　　邮编：
本鉴定联系人：　　　　联系电话：</td></tr>
<tr><td>委托事项
及用途</td><td colspan="3">委托鉴定事项：　　　　用途：</td></tr>
<tr><td>委托鉴定
要求</td><td colspan="3">被鉴定人：　　　　性别：　　　　身份证号：</td></tr>
<tr><td>重新鉴定</td><td colspan="3">□否　□是，既往鉴定__次（需提供既往鉴定书复印件）</td></tr>
</table>

〔1〕引自法大法庭科学技术鉴定研究所。

续表

<table>
<tr><td>检案摘要</td><td></td></tr>
<tr><td>鉴定文书
发送方式</td><td>□委托方自取 □邮寄 地址：________________</td></tr>
<tr><td colspan="2">协议事项：
1. 鉴定时限：从 □协议签订 □补齐材料之日起____个工作日完成；□遇复杂、疑难、特殊的技术问题，或者检验过程确需较长时间的，延长____个工作日；□医疗纠纷鉴定自协议签订后____启动，资料补齐及听证后____工作日完成。需补充材料的，应在 30 日内完成，未按期补充的，本所有权终止鉴定。补充及重提鉴定材料时间不计入鉴定时限。
2. □ 委托人要求鉴定人回避。被要求回避的鉴定人姓名______。需提供书面回避理由。
3. 鉴定费共计（小写）__________元（收费明细及依据详见附件 5），可通过现金、刷卡、转账或支票支付。本费用不含外出鉴定、提取材料及出庭质证等费用，如需要，应另行支付。未按时支付，本所有权终止鉴定和不出庭质证。非本所原因导致终止鉴定的，根据工作开展情况酌情退还部分鉴定费。
4. 委托人保证未就同一鉴定事项同时委托其他司法鉴定机构。
5. 根据《司法鉴定程序通则》第 24 条，需要现场提取检材的，经通知委托方不到场见证的，视同委托方同意材料的相关保管方作为现场见证人员。</td></tr>
<tr><td>其他约定事项</td><td>□需补充以下材料或检查</td></tr>
<tr><td>双方确认的
协议变更
事项</td><td></td></tr>
<tr><td>委托方（机构）
（签名或者盖章）
年　月　日</td><td>接受委托的鉴定机构
（受理人签名和盖章，未签名的
委托书无效）
年　月　日</td></tr>
<tr><td colspan="2">说明：涉及选择项目的，确定后需在□打钩（√）</td></tr>
</table>

附件 2

鉴定材料移交清单〔1〕

案号或流水号：

<table>
<tr><td>案由</td><td colspan="6"></td></tr>
<tr><td rowspan="10">送检的案件材料</td><td>序号</td><td>名称</td><td>数量</td><td>类别</td><td>保存状况</td><td>备注</td></tr>
<tr><td>1</td><td>住院病历</td><td></td><td></td><td></td><td></td></tr>
<tr><td>2</td><td>门诊病历</td><td></td><td></td><td></td><td></td></tr>
<tr><td>3</td><td>影像学片</td><td></td><td></td><td></td><td></td></tr>
<tr><td>4</td><td></td><td></td><td></td><td></td><td></td></tr>
<tr><td>5</td><td></td><td></td><td></td><td></td><td></td></tr>
<tr><td>6</td><td></td><td></td><td></td><td></td><td></td></tr>
<tr><td>7</td><td></td><td></td><td></td><td></td><td></td></tr>
<tr><td>8</td><td></td><td></td><td></td><td></td><td></td></tr>
<tr><td></td><td></td><td></td><td></td><td></td><td></td></tr>
<tr><td colspan="2">根据初步审查需要补充以下材料</td><td colspan="5"></td></tr>
<tr><td>提供人/日期</td><td colspan="4">我同意提交上述案件材料，确保材料来源合法、真实有效。

签名：　　　　　　　　日期：</td><td>接收人日期</td><td></td></tr>
<tr><td colspan="7">重要事项告知：①本鉴定仅对送检材料负责；②如鉴定需委托人补充资料，请委托单位及时提供，如因委托单位原因造成案件延期，后果由委托单位自行承担。</td></tr>
</table>

〔1〕 引自法大法庭科学技术鉴定研究所。

附件 3

参加听证人员登记表〔1〕

××司鉴（201×）××鉴字第××号

诉讼地位	原告　　被告　　第三人		
姓　　名		性　　别	
出生日期		身份证号	
单　　位		职　　务	

诉讼地位	原告　　被告　　第三人		
姓　　名		性　　别	
出生日期		身份证号	
单　　位		职　　务	

诉讼地位	原告　　被告　　第三人		
姓　　名		性　　别	
出生日期		身份证号	
单　　位		职　　务	

听证注意事项：

第一，双方首次陈述时间为 15 分钟，原则上由原告方首先陈述。

第二，陈述重点应为存在争议的事实部分。患者方陈述的重点主要是自己认为医院医疗行为失误和存在的问题，以及损害后果与医疗过错行为之间的关系。医疗机构可以就自己在医

〔1〕 引自法大法庭科学技术鉴定研究所。

疗行为过程中的行为是否符合常规及针对病人具体情况做出的处理进行陈述，对自己医疗行为过程存在的问题进行如实阐述，对于医疗过程出现的问题及并发症的性质进行说明。

第三，双方由一人主要发言，其他人可以补充，但不要重复，所有发言人的发言时间均计入15分钟内。

第四，第一轮陈述完毕后，可以进行第二轮发言。

第五，陈述人发言时除发表自己的意见和主张外，还应针对对方提出的与鉴定有关的意见和主张进行陈述和举证、列证，同时，对自己的主张也应该举证和列证。

第六，一方陈述期间，他方不得干扰。

第七，所有在场人不得鼓掌、喧哗、接打电话。

第八，注意保持听证室内整洁。

请参加听证人员填写以下内容：

1. 对承担本案的鉴定人是否回避？否，是（提出书面理由）

2. 对听证后确定的鉴定材料核实如下：

（1）病历文字材料＿＿＿＿＿＿＿＿＿＿＿＿＿＿＿＿

（2）病理材料＿＿＿＿＿＿＿＿＿＿＿＿＿＿＿＿＿＿

（3）影像学资料＿＿＿＿＿＿＿＿＿＿＿＿＿＿＿＿＿

（4）其他＿＿＿＿＿＿＿＿＿＿＿＿＿＿＿＿＿＿＿＿

3. 您对听证活动有何意见？

＿＿＿＿＿＿＿＿＿＿＿＿＿＿＿＿＿＿＿＿＿＿＿＿

＿＿＿＿＿＿＿＿＿＿＿＿＿＿＿＿＿＿＿＿＿＿＿＿

＿＿＿＿＿＿＿＿＿＿＿＿＿＿＿＿＿＿＿＿＿＿＿＿

当事人代表签名：

附件 4.

(一) 医疗损害鉴定的听证及专家咨询会流程[1]

鉴定人自我介绍。

如：我机构受××人民法院的委托，对××诉××医疗纠纷一案进行医疗损害鉴定。我是本案的鉴定人××，职称××，××为第二鉴定人，职称××。担任本次听证会记录的是技术助理××，这是患方代表××，这是医方代表××（请双方介绍一下自己的身份）。

我们已对参加鉴定会人员的合法身份进行确认、记录在案。

履行告知、回避的程序。双方当事人是否要求本机构及本鉴定人回避？请在告知同意书中签字。

当场宣读委托鉴定要求。

主持双方交换病历资料，对法院提交的病历资料予以确认并签字。

双方当事人陈述。

双方当事人需提交书面的意见。患方陈述的重点放在医方在哪些方面存在医疗过失（过错），该过失（过错）如何造成了患者的损害后果，以及责任程度如何；医方陈述的重点应放在医疗行为是否符合医疗常规，以及过失（过错）行为与后果的因果关系分析，同时，针对患方提出的意见作出解释。

本例鉴定的受理日期为××年××月××日，鉴定时间自本次听证会（或缴纳鉴定费后，或材料补集后）60个工作日之内出具鉴定书。

---

[1] 引自法大法庭科学技术鉴定研究所。

(二) 医疗过失(过错) 专家咨询会注意事项

很多时候,医疗过失(过错)技术鉴定除需要听证会外,还需要举行专家咨询会,在专家咨询会上,需强调如下注意事项:

为使医疗过失(过错)技术鉴定会顺利进行,参加专家咨询会人员应自觉遵守下列要求:①参加医疗损害司法鉴定的双方当事人每一方人数不得超过3人,任何一方当事人无故缺席、自行退席或拒绝参加鉴定的,不影响鉴定的进行。②为保证会场秩序,参加人员均应在会前关闭手机或改为震动模式,会场内不得接听或拨打电话,不得喧哗。注意保持会场整洁,不得吸烟。③为保证鉴定科学、客观、公正,鉴定听证会未经允许不接受采访,不允许录音、摄像、拍照。④各方有一人主要发言,其他人可以补充,但不要重复,所有发言时间均计入15分钟内。⑤听证会医患双方应保持冷静,认为对方所陈述内容与事实有出入时,不得打断对方发言,待其发言结束后,经主持人允许方可发言。⑥为保证鉴定人及专家有充分的分析和讨论时间,主持人有权阻止对已陈述过的内容重复发言。双方当事人必须如实回答专家的询问。

附件5

医疗损害鉴定风险提示/告知书[1]

(一) 鉴定意见是否被采信取决于办案机关

鉴定意见是司法鉴定人受委托方的委托,根据相关学科的专业知识,科学、独立、客观、公正地提出的专业性意见,属于法律规定的证据之一。是否成为定案的根据取决于办案机

[1] 引自法大法庭科学技术鉴定研究所。

关的审查和判断，鉴定机构及鉴定人无权干涉。因此本所鉴定人根据委托事项和要求出具司法鉴定意见书后，任何一方当事人有异议，应当向委托方提出，由委托方与鉴定机构联系解决。

（二）法医学鉴定一般需要检查被鉴定人的身体

法医学鉴定除需要审查送检的鉴定材料之外，一般需要对被鉴定人的身体进行必要的检查或者要求被鉴定人到有条件的医疗机构重新做必要的辅助检查（费用由被鉴定人自行承担），特殊情况才实施文证审查鉴定。

（三）鉴定可能得不出明确的鉴定意见

鉴定人只能根据现有的送检材料和检验情况得出鉴定意见，在没有得到办案机关授权的情况下，不能自行调取鉴定材料，也不能采用举证责任的分配方式要求当事人提供新的鉴定材料。因此，由于鉴定材料的限制或者受客观条件的制约，有时可能得不出明确的鉴定意见。

（四）鉴定意见可能对任何一方当事人有利或不利

鉴定需要解决的问题是办案机关处理案件的疑难专业问题，鉴定人遵循科学、独立、客观、公正的原则，鉴定活动也是围绕委托方提出的鉴定委托事项来进行的。此鉴定意见对案件任何一方当事人（参与人）而言，可能有利，也可能不利。

（五）鉴定费用的承担

鉴定活动由办案机关启动，鉴定需要交纳费用，无论是任何一方支付鉴定费都属于垫付，最终由哪一方承担，由审判机关决定。如果需要鉴定人出庭质证，申请出庭质证的一方还需支付相关的出庭费用。

（六）终止鉴定活动的情形

根据《司法鉴定程序通则》的相关规定，在鉴定过程中，有下列情形之一的，司法鉴定机构或鉴定人可以终止鉴定：

①发现有违反《司法鉴定程序通则》第15条第2—7项规定情形的；②鉴定材料发生耗损，委托人不能补充提供的；③委托人拒不履行司法鉴定委托书规定的义务、被鉴定人拒不配合或者鉴定活动受到严重干扰，致使鉴定无法继续进行的；④委托人主动撤销鉴定委托，或者委托人、诉讼当事人拒绝支付鉴定费用的；⑤因不可抗力致使鉴定无法继续进行的；⑥其他需要终止鉴定的情形。

（七）鉴定活动具有严肃性

鉴定人出具的鉴定文书一经发出，不得随意撤销。鉴定人可以就鉴定委托方或当事人提出的有关鉴定文书中的问题进行解释。当事人有疑问时，需要向委托单位提出书面意见，本案鉴定人员将对相关疑问进行书面答复。如果当事人仍然有意见或者异议，需通过庭审质证或者向委托机关申请其他鉴定机构重新鉴定来予以解决。

被告知人声明：以上条款已阅读并理解，同意以接受上述条款为前提委托××鉴定机构进行鉴定。

当事人甲：　　20　　年　月　日

当事人乙：　　20　　年　月　日

委托人/单位：　　　　　　　　20　　年　月　日

备注：①由当事双方和委托方分别签名；②当事人无阅读能力的，由鉴定机构诵读告知；③本件由鉴定机构存档备查。

附件6

法医病理鉴定方法告知及鉴定材料交接单〔1〕

流水号：________或案号：________

<table>
<tr><td rowspan="5">鉴定方法告知</td><td colspan="4">□《法庭科学尸体检验照相规范》（GA/T 1198-2014）</td><td colspan="3">□《新生儿尸体检验》（GA/T 151-1996）</td></tr>
<tr><td colspan="4">□《法医学尸体解剖》（GA/T 147-1996）</td><td colspan="3">□《中毒尸体检验规范》（GA/T 167-1997）</td></tr>
<tr><td colspan="4">□《法医学尸表检验》（GA/T 149-1996）</td><td colspan="3">□《猝死尸体的检验》（GA/T 170-1997）</td></tr>
<tr><td colspan="4">□《机械性窒息尸体检验》（GA/T 150-1996）</td><td colspan="3">□《道路交通事故尸体检验》（GA/T 268-2019）</td></tr>
<tr><td colspan="4">□《机械性损伤尸体检验》（GA/T 168-1997）</td><td colspan="3">□《法医病理学检材的提取、固定、包装及送检方法》（GA/T 148-1996）</td></tr>
<tr><td rowspan="9">送检案件材料</td><td>序号</td><td>名称</td><td>标识</td><td>数量</td><td>种类</td><td>类型</td><td>保存状况</td></tr>
<tr><td>1</td><td></td><td></td><td></td><td></td><td></td><td></td></tr>
<tr><td>2</td><td></td><td></td><td></td><td></td><td></td><td></td></tr>
<tr><td>3</td><td></td><td></td><td></td><td></td><td></td><td></td></tr>
<tr><td>4</td><td></td><td></td><td></td><td></td><td></td><td></td></tr>
<tr><td>5</td><td></td><td></td><td></td><td></td><td></td><td></td></tr>
<tr><td>6</td><td></td><td></td><td></td><td></td><td></td><td></td></tr>
<tr><td>7</td><td></td><td></td><td></td><td></td><td></td><td></td></tr>
<tr><td>8</td><td></td><td></td><td></td><td></td><td></td><td></td></tr>
</table>

〔1〕 引自法大法庭科学技术鉴定研究所。

续表

<table>
<tr><td></td><td>送检标本明细</td><td colspan="7">□脑______□心______□双肺______□肝______□胆______□脾______□胰______□双肾______□双肾上腺______
□咽喉、气管______□食管______□胃______□肠______
□膀胱______□子宫、附件______□其他______</td></tr>
<tr><td colspan="9">以上第__________项材料退回 □委托人/□材料持有人；退回方式：□自取/□邮寄（EMS）
如要求邮寄退回材料的，材料丢失风险和邮寄费由要求人承担；如要求自取鉴定材料的，需在鉴定意见书出具后 90 天内取走；法医病理尸体解剖案件，脏器标本需在鉴定意见书出具后 6 个月内取走。以上材料，逾期未取走的，同意法大法庭科学技术鉴定研究所自行处理。</td></tr>
<tr><td colspan="2">根据初步审查需要补充材料</td><td colspan="7"></td></tr>
<tr><td>提供人/日期</td><td colspan="3">我已知悉本案鉴定方法，并同意提交上述案件材料，确保材料来源合法、真实有效。
签名：
年　月　日</td><td colspan="2">接收人/日期</td><td colspan="3">年　月　日</td></tr>
<tr><td colspan="9">备注：</td></tr>
<tr><td rowspan="9">补充材料</td><td>序号</td><td>名称</td><td>标识</td><td>数量</td><td>种类</td><td>性状</td><td colspan="2">保存状况</td></tr>
<tr><td>1</td><td></td><td></td><td></td><td></td><td></td><td colspan="2"></td></tr>
<tr><td>2</td><td></td><td></td><td></td><td></td><td></td><td colspan="2"></td></tr>
<tr><td>3</td><td></td><td></td><td></td><td></td><td></td><td colspan="2"></td></tr>
<tr><td>4</td><td></td><td></td><td></td><td></td><td></td><td colspan="2"></td></tr>
<tr><td>5</td><td></td><td></td><td></td><td></td><td></td><td colspan="2"></td></tr>
<tr><td>6</td><td></td><td></td><td></td><td></td><td></td><td colspan="2"></td></tr>
<tr><td>7</td><td></td><td></td><td></td><td></td><td></td><td colspan="2"></td></tr>
<tr><td>8</td><td></td><td></td><td></td><td></td><td></td><td colspan="2"></td></tr>
</table>

续表

<table>
<tr><td></td><td>送检标本明细</td><td colspan="3">□脑______ □心______ □双肺______ □肝______ □胆______ □脾______ □胰______ □双肾______ □双肾上腺______
□咽喉、气管______ □食管______ □胃______ □肠______
□膀胱______ □子宫、附件______ □其他______</td></tr>
<tr><td colspan="5">以上第________项材料退回 □委托人/□材料持有人；退回方式：□自取/□邮寄（EMS）
如要求邮寄退回材料的，材料丢失风险和邮寄费由要求人承担；如要求自取鉴定材料的，需在鉴定意见书出具后 90 天内取走（病理解剖标本在鉴定意见书出具后 180 天内取走）。以上材料，逾期未取走的，同意法大法庭科学技术鉴定研究所自行处理。</td></tr>
<tr><td>提供人/日期</td><td colspan="2">本人同意提交上述案件材料，确保材料来源合法、真实有效。
签名：
年 月 日</td><td>接收人/日期</td><td>年 月 日</td></tr>
<tr><td rowspan="4">粘贴快递单处</td><td colspan="4">鉴定结果及鉴定材料发还记录</td></tr>
<tr><td colspan="4">□被通知人： 电话：
通知人/日期： 年 月 日</td></tr>
<tr><td colspan="4">第一次送检案件材料第________项、补充材料第________项及鉴定报告____份，已全部取走，核对无误。
领取人： 证件号：
日期： 年 月 日</td></tr>
<tr><td colspan="4">□被通知人： 电话：
通知人/日期： 年 月 日</td></tr>
</table>

续表

<table>
<tr><td rowspan="2">粘贴快递单处</td><td>第一次送检案件材料第________项、补充材料第________项及鉴定报告____份，已全部取走，核对无误。
领取人：　　　　　　　　证件号：
日期：　　　　年　月　日</td></tr>
<tr><td>已收到死者________尸体解剖全部标本（组织器官）。特此说明！
标本领取人：
与死者关系：
证件号：　　　　　　　　标本发放人：
联系电话：
年　月　日</td></tr>
</table>

附件 7

法医病理尸体解剖知情同意书〔1〕

现经死者（姓名）__________家属__________同意，由我机构按照有关法律、技术规范的要求进行尸体解剖。尸体解剖前，我所对尸体解剖工作说明如下：

死者家属可以指定1—2人参与解剖现场见证，见证人可以是医学或法医学专家等，见证人员需持有死者家属书面授权材料及有效身份证明原件。见证人员必须遵守解剖场所的各项规章制度，不得在现场评论以及干扰解剖工作，禁止拍照、录音及摄像，并保证不向外界泄露案件信息。

尸体剖验为初步检验工作，鉴定结果以鉴定意见书为准。

〔1〕 引自法大法庭科学技术鉴定研究所。

尸体解剖通常需要对死者头颅、胸腔以及腹腔进行剖验，并提取必要的组织、器官以备进行病理学检查。必要时，需对脊髓腔、会阴及四肢等部位进行解剖。鉴定人可以根据鉴定需要决定尸体解剖范围。

委托方或死者家属要求进行尸表检验或局部解剖时，由于对尸体检验不全面，可能对损伤、疾病等的检验以及最终鉴定意见造成不利影响。委托方或家属请予以知晓和理解，并承担未能全面尸检对鉴定影响的责任，我机构原则上不受理局部解剖。

尸体解剖会对死者的体貌有所损坏。解剖会提取部分组织、器官，以备进一步检验。

尸体解剖虽然是目前明确死因最重要的手段之一，但受尸体腐烂、自溶、毁坏及现有医学技术水平限制等因素影响，客观上仍有一些需要待查的问题不能完全解决，即使通过系统、规范的尸体解剖和病理检验，仍然存在无特征性病理改变以及不能明确死亡原因的情形，即有阴性解剖的可能（解剖后死因无法确定）。

解剖提取的组织器官，鉴定书出具后半年内，委托方或死者家属可向我机构申请取回。若逾期不申请取回，我机构将自行处理。鉴定期间，根据需要进行取材、制作病理切片等检验工作，有时因提取组织块较小及检验消耗，可能存在鉴定结束后无法退还或无法全部退还之情形。鉴定过程中制作的组织蜡块和病理切片不属于退还范畴。

尸体解剖工作结束后，由死者家属做好遗体的善后工作，或者按照有关法律规定与有关方面协商处理。

其他：□无/ □有

对于上述说明内容，已向我们明确解释和说明，对此我们表示理解并同意，同时我们保证积极配合，使解剖工作顺利实施。

是否申请领取解剖标本：

告知人： 委托方/家属签字：

日期： 与死者关系：

身份证号：

联系电话：

日期：

……………………………………………………………………

解剖标本领取申请

本人申请领取__________（病理号：FD__ -__）解剖标本，以便处理后事。同时声明，因此出现的任何涉及法律等问题与贵所无关，由我们死者家属负责。

申请人： 日期： 年 月 日

……………………………………………………………………

法医临床鉴定方法、适用标准告知及材料审查确认单[1]

被鉴定人：__________　　案号或流水号：__________

<table>
<tr><td>鉴定方法告知</td><td colspan="6">□《法医临床检验规范》（SF/Z JD0103003-2011）
□《法庭科学 视觉功能障碍鉴定技术规范》（GA/T 1582-2019）
□《听力障碍的法医学评定》（GA/T 914-2010）
□《男性性功能障碍法医学鉴定》（GB/T 37237-2018）
□《精神障碍者司法鉴定精神检查规范》（SF/Z JD0104001-2011）
□《法医临床学视觉电生理检查规范》（SF/Z JD0103010-2018）
□ 其他</td></tr>
<tr><td>适用标准告知</td><td colspan="6">□《人体损伤程度鉴定标准》
□《劳动能力鉴定 职工工伤与职业病致残等级》（GB/T 16180-2014）
□《人身损害误工期、护理期、营养期评定规范》（GA/T 1193-2014）
□《人身损害护理依赖程度评定》（GB/T 31147-2014）
□《人体损伤致残程度分级》
□其他</td></tr>
<tr><td rowspan="9">送检的案件材料</td><td>序号</td><td>名称</td><td>数量</td><td>类别</td><td>保存状况</td><td>备 注</td></tr>
<tr><td>1</td><td>住院病历</td><td></td><td>复印件</td><td>正常</td><td>住院号：</td></tr>
<tr><td>2</td><td>影像学片</td><td></td><td>原片</td><td>正常</td><td></td></tr>
<tr><td>3</td><td></td><td></td><td></td><td></td><td></td></tr>
<tr><td>4</td><td></td><td></td><td></td><td></td><td></td></tr>
<tr><td>5</td><td></td><td></td><td></td><td></td><td></td></tr>
<tr><td>6</td><td></td><td></td><td></td><td></td><td></td></tr>
<tr><td>7</td><td></td><td></td><td></td><td></td><td></td></tr>
<tr><td>8</td><td></td><td></td><td></td><td></td><td></td></tr>
</table>

[1] 引自法大法庭科学技术鉴定研究所。

续表

<table>
<tr><td colspan="7">以上第＿＿＿＿＿＿项材料退回□ 委托人/□材料持有人；退回方式：□自取/□邮寄（EMS、顺丰等）
如要求邮寄退回材料的，材料丢失风险和邮寄费由要求人承担。如要求自取鉴定材料的，需在鉴定意见书出具后90天内取走，逾期未取走的，同意法大法庭科学技术鉴定研究所自行销毁处理。</td></tr>
<tr><td colspan="2">根据初步审查需要补充以下材料</td><td colspan="5"></td></tr>
<tr><td colspan="3">我已知悉本案鉴定方法、适用标准及重要事项告知，并同意提交上述案件材料，确保材料来源合法、真实有效，自愿承担材料退还的相关风险。
签名：　　　　　　　　　　日期：</td><td colspan="4">鉴定人经过审查，认为本案上述鉴定材料：□尚不充分（详见委托书其他约定事项），分析意见存在一定的局限性。
□基本充分，可以基本满足鉴定条件。
材料审核人签名：

日期：</td></tr>
<tr><td rowspan="6">补充的案件材料</td><td>序号</td><td>名称</td><td>数量</td><td>类别</td><td>保存状况</td><td>备 注</td></tr>
<tr><td>1</td><td></td><td></td><td></td><td></td><td></td></tr>
<tr><td>2</td><td></td><td></td><td></td><td></td><td></td></tr>
<tr><td>3</td><td></td><td></td><td></td><td></td><td></td></tr>
<tr><td>4</td><td></td><td></td><td></td><td></td><td></td></tr>
<tr><td>5</td><td></td><td></td><td></td><td></td><td></td></tr>
<tr><td colspan="7">以上第＿＿＿＿＿＿项材料退回□ 委托人/□材料持有人；退回方式：□自取/□邮寄（EMS）</td></tr>
</table>

续表

<table>
<tr><td>同意提交上述案件材料，确保材料来源合法、真实有效，自愿承担材料退还的相关风险。
签名：　　　　　　　　日期：</td><td>材料审核人签名：
日期：</td></tr>
<tr><td colspan="2">领取人姓名：________________　电话：__________________
本所通知日期：______年____月____日，通知人：____________，通知电话：________________

材料领取记录：第一次送检材料中第________项，补充材料第________项，已全部取走，核对无误。
领取人签字：　　　　　证件及证件号：　　　　　日期：　　　年　　月　　日</td></tr>
<tr><td colspan="2">粘贴快递单处</td></tr>
<tr><td colspan="2">备注：</td></tr>
</table>

第五章
Chapter 5

医疗过失认定的原则与标准

医疗损害民事赔偿的四个构成要件之一是医疗行为存在过错。过错分为故意与过失，民事领域的医疗过错主要指的是医疗过失，而非故意（若为故意，则一般属于刑事处罚的范畴）。故此，本书所指医疗过错，精准地讲，应称为医疗过失。但在实践中，一般常用医疗过错的概念，故此，本书中或本章中，针对医疗过错与医疗过失，两个概念是互通的、一致的。

近年来，医患纠纷大幅增加，已成为影响社会和谐稳定的严峻问题。在这些纠纷事件的解决机制中，无论是诉讼还是非诉解决方式，医疗过错鉴定都起到了重要的技术支撑作用，甚至成了事件处理的核心环节，越来越多的学者认为，为了弥补法官在医学知识及技能方面的匮乏，在认定医疗行为是否存在过错时，需借助鉴定来完成专业判断。

目前，关于医疗过错的概念及性质、认定标准等问题，已成为鉴定领域研究的重点。在医疗侵权纠纷的诉讼中，法官通过对医疗责任的认定，将医疗损害后果在原被告间进行分配，其中，医疗责任的认定是以医疗过错的认定为前提的，而医疗过错的认定标准常常是决定行为人是否承担医疗损害赔偿责任的关键所在。应该说，医疗过错是一般侵权法上的过失在医疗活动领域的特殊体现，其认定是以医疗注意义务的违反为判断基准，而医疗注意义务的违反又以医生的注意能力为前提。所谓善良管理人（医师）标准、合理医师标准、医疗水准以及其他考量因素等，本质上是关于医师注意能力的考量标准〔1〕。

第一节　医疗过失的基本理论——专家注意义务

医疗过失的鉴定意见，因其在证据体系中的特殊功能和地位，常常被视为“证据之王”而被法官“拿来”使用，有学者对法官此种处理现象称为“司法鉴定依赖症”。〔2〕其中有法官在医学知识方面缺失的问题，也有鉴定原则及标准缺失的原因。〔3〕应该说，任何一种鉴定都需要理论的支撑以及标准、程序的规范，而医疗纠纷的技术鉴定工作，到目前为止仍缺乏系统的理论体系，缺乏鉴定必备的原则或标准，也缺乏规范的程序要求。下面，在谈到医疗过错鉴定中应遵循的原则问题之前，笔者将谈一谈医疗过失的基本理论。

认定民事过失的核心在于判断是否存在违反注意义务并造成对他人的损害，也就是说，行为人对受害人应负的注意义务的违反是行为人负“过失责任”的根据。因此，“过失”是行为人违反了其应尽的对他人的注意义务。这种注意义务包括两种：一种是疏于一般注意义务，即法律对一般人在通常情况下内心状况的要求。另一种是疏于特别注意义务，即法律对于从事特别职业的人在特别情况下的内心状况的要求。它要求对于从事较高专业性、技术性的活动必须达到专业技术人员通常应

〔1〕 强美英：“医疗过失认定标准研究”，中国政法大学 2008 年硕士学位论文。

〔2〕 刘鑫、张宝珠、陈特主编：《侵权责任法“医疗损害责任”条文深度解读与案例剖析》，人民军医出版社 2010 年版，第 278 页。

〔3〕 王旭：“医疗过失鉴定需遵循的原则”，载《证据科学》2010 年第 4 期。

有的注意标准。大陆法系民法依据注意程度的不同，把过失分为两种：一种是重大过失，表现为行为人的极端疏忽或极端轻信的内心状况；另一种是轻过失，表现为行为人违反善良管理人的注意义务。[1]

过失程度的这种区分对认定行为人造成的损害后果及是否应当承担法律责任具有重要的意义。因为有些诉讼案件要求行为人的过失达到一定的程度才需承担责任（如医疗事故罪的认定）。

在医疗过失责任中，医疗过失（过错）是医生在诊疗活动中违反必要的注意义务，从而引起对患者生命、身体伤害的情形。首先，医生属于专家而患者是欠缺基本医学知识的人；其次，医疗行为直接对患者的生命健康产生重大影响。故此，要求医生在诊疗行为中要高度注意，对医疗过失规定的程度较低也可能使医疗过失责任成立。其过失标准基本上属轻过失范畴。[2]

医疗注意义务的关键在于对注意义务的界定，它包括两种情形：一是结果预见义务，即医生在施行医疗行为时对患者可能产生的损害后果有预见的义务；二是结果避免义务，即医生在预见到其诊疗行为可能会造成患者损害时，应提高注意并采取有效措施避免损害后果发生的义务。

由于医生的诊疗行为以治疗患者的疾病和恢复其健康为目的，且具有一定的侵袭性和复杂性，易引起对患者的损害。为了避免损害，医生在治疗之前须对可能发生的损害有所认识，并采取措施防止损害发生。如果已经预见到或应该预见到此种损害结果而没有采取应有的避免措施，就可以认定其存在医疗

---

〔1〕 王旭："医疗过失鉴定需遵循的原则"，载《证据科学》2010 年第 4 期。

〔2〕 龚赛红：《医疗损害赔偿立法研究》，法律出版社 2001 年版，第 167 页。

过失（过错）。

医疗注意义务另一个核心问题是有无注意能力，特别是预见能力的判断标准问题。对注意能力的有无以及应如何判定，学术界主要有主观说、客观说、主客观统一说等学说。主观说因其注意能力的不确定而影响注意义务的高低，对注意能力较高的行为人要求超出一般人标准的注意义务，所以存在明显的不公。而依据客观说来判断医生有无注意能力时，具有可操作性。因为医生所从事的医疗职业是与患者生命健康息息相关的，这就要求医生必须具备高度的医学知识与医疗技术，否则不得从事医疗服务工作。国家规定医务人员均须经考试合格获得国家主管机关批准授予执业资格方可执业，其意义就在于保证其达到高度的知识和技能，从而具备与其职业相称的医疗水平与注意能力。

需要强调的是，因为医疗行为是在合法的形式下进行的，故此，它不具有违法性。从医疗过失（过错）所致的损害结果来看，其违法性体现在过失（过错）上，即行为人违反了应尽的注意义务，致使诊疗结果不能达到正常预期的医疗行为的目的性。〔1〕

第二节　医疗损害鉴定需遵循“专业判断”的原则

法官依法而有权威，鉴定人则因具备专门知识而有权威。〔2〕遵循“专业判断”的原则是医疗损害鉴定需遵循的最基本原则。

〔1〕 艾尔肯：“论医疗过失的判断标准”，载《辽宁师范大学学报（社会科学版）》2007 年第 3 期。

〔2〕 朱富美：《科学鉴定与刑事侦查》，中国民主法制出版社 2006 年版，第 34 页。

对医疗行为得与失的判断，要充分尊重医学科学自身的规律与特征，应主要进行医学上的专业判断，避免过多地应用法学原理作法律判断，避免考虑社会影响、媒体导向等因素，秉持客观中立的立场。

我国司法鉴定人的地位、属性基本与大陆法系的鉴定人相接近，身份上是法官事实审的科学助手。在大陆法系[1]国家，鉴定人的职责范围只包含对案件的要件事实进行判断与鉴定。鉴定程序中主观归责性要件属于法律上的判断，鉴定人无权进行认定，否则鉴定人就侵犯了法官的法律适用权，超越了鉴定人的职责。

医学是一门高度专业化的学科，且现代医疗技术正日趋高度专门化。因此，在现实中对各项不同的医疗技术很难找到一个统一适用的判断标准。

在实践中需要注意的是，对于非专科医生在特定情形下从事了某项专科领域的诊疗时，将如何认定其是否存在医疗过失的问题。对此，一般认为因职业的特殊性，医生通常应在专门的科室从事治疗，对其专攻领域之外的医疗技术了解不深，故技术水平无法与专科医生相比。严格来说，医生不应从事专门领域之外的诊疗活动。特殊情况下，医生从事了专门领域之外的诊疗活动，应结合该医生的具体情况加以认定，若情形合理，法律不宜要求其应达到的注意程度等同于该领域的专门医生的程度。

在我国，医疗损害鉴定常常出现“司法鉴定意见”与“法庭审判”的边界之争，即司法鉴定人越权探究法律问题，表现为：从法理上认定行为人存在过错，如认定“某医务人员不具

---

〔1〕 宋平：“医疗侵权过错司法鉴定之缺陷与改革”，载《中国司法鉴定》2010年第1期。

有某类行医资格，故其医疗行为存在过错，并与患者的不良后果存在直接因果关系”。此种情况下，鉴定人越权行使了法官的权力，使医疗损害鉴定失去了其对专门性问题进行专业判断的意义。

“鉴定”存在的价值在于帮助法官进行事实认定。在普通法国家，法官在排除专家证人意见时，使用最多的规则之一就是“普通知识规则”。“如果一个专家的意见能够给法官或陪审团提供其知识或经验范围以外的科学知识的话，那么这种意见就具有可采性。如果法官或陪审团在没有别人的帮助下就能对某些事实作出自己的准确判断，那么，法庭就不需要这方面的专家意见，在这种情况下，如果使用那些用专业行话装饰起来的专家意见的话，只会使得判断变得更加难”。〔1〕司法鉴定意见是回答案件中“超出常人（包括法官）经验和知识以外的专业问题”的，作为鉴定人，需要紧紧围绕专门性问题展开鉴定。

法官判断鉴定意见是否具有可靠性，涉及两点：一是科学原理的普遍接受（如前所述）；二是达到了实质证明标准，即用客观方法证明了其可信赖性〔2〕。例如：在各类性侵害案件中，关于混合斑的成分分离，应用单细胞激光捕获与分离技术可以实现精子细胞的收集及其与常规上皮细胞的分离，从而实现高效率进行不同细胞成分的DNA检验，此方法即具有可信赖性。

笔者所说的事实问题，即医学的专业技术问题。但在医疗损害鉴定中，有些问题是属于法律问题与事实问题的边界性问题。如“告知的问题”，它主要是一个法律问题，但当告知与

---

〔1〕 常林：“司法鉴定意见问题研究”，载常林主编：《司法鉴定案例研究——首届“鼎永杯”优秀司法鉴定文书精选》，中国人民公安大学出版社2008版，第32—34页。

〔2〕 朱晋峰等：《鉴定意见证据评价实践考察》，法律出版社2017年版，第193页。

不良后果存在因果关系时，则在一定程度上，它又是一个技术性判断。如白内障手术，术前视力 0.3，术前没有充分告知手术可能带来的角膜内皮失代偿的后果，术后发生大泡性角膜病变而失明，此时，告知不当与不良后果存在因果关系，就属于技术问题，应由医疗损害鉴定来解决。但如果某项告知从事实的层面上与后果无关，而鉴定时不去深究技术层面上的问题，单纯就告知而作法律上的判断，其解决的不是“专门性问题”，此种情况，鉴定人不宜作过多的表述，以免干扰法官的审判。

[延展阅读] 某司法鉴定中心法医学鉴定意见书

××［××市］医鉴字第×××号

一、基本情况

委托单位：××市某区人民法院

委托事项：××市某区医院对被鉴定人李某的诊疗行为是否存在过错。若存在过错，与李某的损害后果之间有无因果关系？责任程度如何？

受理日期：2019 年 10 月 11 日

鉴定材料：

①××市某区医院李某住院病历 1 册；

②××市某区医院门诊病历 50 页；

③××市某区医院胎心监护单 10 页；

④××市某区医院诊断书及住院病历复印件 31 页；

⑤××市某区医院检验结果报告单 35 页；

⑥××学院××医院门诊、检验报告单、超声报告单 4 页。

鉴定及会诊日期：2019 年 10 月 11 日

鉴定地点：××市

被鉴定人：李某，女，1989 年 5 月 28 日出生，身份证号：略，住××市××县××镇。

二、基本案情

被鉴定人李某因“孕 1 产 0，孕 40+6 周，无产兆”于 2016 年 3 月 4 日入院待产。入院诊断：宫内孕 40+6 周，头位待产，孕 1 产 0，纵隔子宫。入院后经阴道上药、缩宫素静点等引产治疗后，患者拒绝继续阴道分娩，要求行剖宫产术。于 2016 年 3 月 7 日行子宫下段剖宫产术，术娩一足月新生儿，术中宫缩乏力，行 B-lynch 缝合术+子宫动脉上行支结扎术+宫腔内球囊压迫止血后，子宫仍无收缩，予行子宫次全切除术，并输血治疗。现原告方认为××市某区医院的诊疗行为存在过错，致其子宫次全切除的不良后果，要求予以赔偿。

三、资料摘要

××市某区医院李某住院病历（住院号 287341）载：

入、出院日期：2016 年 3 月 4 日，2016 年 3 月 12 日。

［2016-3-4］9：55，首次病程记录：

育龄女性，26 岁。平时月经规律，末次月经 2015 年 5 月 23 日，预产期为 2016 年 2 月 27 日。停经 7 周。我院行产科彩超示“纵隔子宫，左侧宫腔见胎囊 1.9cm×1.3cm，胎芽长 0.3cm”，胎儿大小与实际孕周相符，孕 4 个月开始自觉胎动至今，核对预产期准。孕期规律，产检无异常。现孕 40+6 周，无下腹痛、阴道流水、阴道见红等不适。既往体健，否认药物过敏史，2000 年于××县医院行阑尾切除术。孕 1 产 0。查体：腹软，肝脾未及。腹膨隆，未触及宫缩。产科检查：宫高 33cm，腹围 100cm，胎儿头位，胎心 140 次/分，未触及宫缩，骨盆正常，宫颈质中，宫颈未消，宫口未开，先露 S-2cm。辅助检查：产科彩超：宫内单胎头位，BPD（双顶径）9.2cm，HC（头围）32cm，FL（股骨长）7.2cm，AC（腹围）33.3cm，前壁胎盘Ⅱ°，羊水指数 9.3cm，胎心（+），脐动脉血流 S/D2.0。提示：宫内单活胎头位。初步诊断：宫内孕 40+6 周，头位待产，孕 1 产 0，纵隔子宫。

［2016-3-4］11：22，入院胎心监护：基线 150 次/分，变异窄幅，NST 反应型，偶有宫缩。分析：患者骨盆正常，估计胎儿体重 3.3kg，若产力好、枕位正可经阴道分娩，但阴道分娩过程中可能因产力异常、枕位异常、胎心异常等情况出现难产、胎儿窘迫等需手术结束分娩；患者已过预产期 6 天，随孕周增加易发生胎盘功能减退、胎儿窘迫等风险，不宜继续等待，建议明日引产。患者及家属对上述情况表示理解，愿意阴道分娩，同意目前处理。

［2016-3-5］8：05，目前患者无宫缩，未破水，查宫颈条件不成熟，胎位头位，无头盆不称，有明确引产指征，故今日予欣普贝生阴道上药，促宫颈成熟。

［2016-3-5］10：21，患者放药后 2 小时，听胎心偏快，患者偶感腹胀，无明显腹痛，无阴道见红及流液，自觉胎动如常，未诉不适。胎心监护示：基线 140 次/分，变异窄幅，偶有宫缩，无胎心减速。

［2016-3-5］12：49，患者诉阵发腹胀，无明显腹痛，无阴道见红及流液，自觉胎动如常。行胎心监护示：基线 140—145 次/分，变异窄幅，胎动反应型，宫缩 5 分钟—6 分钟一次，强度弱，无胎心减速。消毒内诊：宫颈居中，质中，宫颈未消，宫

口未开，先露 S-2cm，宫颈评分 3 分。因宫颈不成熟，无规律腹痛，继续用药促宫颈成熟。送产房观察胎心及宫缩情况。

[2016-3-5]

产时记录单

时间	血压（mmHg）	胎心（次/分）	宫缩（次/分）	外口张（cm）	胎膜	先露（cm）	附注、用药
13：25	110/70	143	30/2—3	未开	存	S-2	孕妇因“阴道上欣普贝生，有规律宫缩”，于 13：20 步入产房待产，行胎心监护，做入室宣教
13：26	/	140	30/2				因胎心变异平直，宫缩密，遵医嘱间断面罩吸氧
13：40	/	148	30/2				12：20—13：38 胎心监护示：基线 140 次/分，变异平直+窄幅，宫缩 30 秒/2 分钟，胎心无减速，协助孕妇自行排尿一次，排尿畅
13：55	/	165	30/1—2				因胎心快，遵医嘱给予间断面罩吸氧
14：25	/	186	30/1—2				因宫缩密，遵医嘱继续观察宫缩情况
14：55	/	156	30/1—2				
15：20	105/70	150	30/1—2	容 1 指	存	S-2	阴检宫颈消 30%，宫口容 1 指 S-2
15：50	/	143	30/2				

续表

时间	血压（mmHg）	胎心（次/分）	宫缩（次/分）	外口张（cm）	胎膜	先露（cm）	附注、用药
16：20	/	136	30/2				
16：50	/	141	30/2				
17：20	119/74	149	30/1—2				因胎心监护变异平，遵医嘱予面罩间断吸氧
17：45	/	160	30/1—2	未开	存—破	S-2	孕妇主诉自然破水，消毒阴检查：宫颈未消，宫口未开，S-2，见清亮羊水流出，量约 10mL，未触及脐带及血管搏动，胎心 160 次/分，阴道上药
18：00	/	148	30/1—2				16：57—17：56 胎心监护示：基线 145—140 次/分，变异平直+窄幅，胎动反应型，宫缩 30 秒/1 分钟—2 分钟，胎心无减速
18：15	/	145	30/2				遵医嘱送孕妇回病房休息

缩宫素点滴监护表

日期	时间	胎心（次/分）	宫缩		滴速（滴/分）	先露（cm）	宫口	附注、用药
			持续（秒）	间歇（分）				
2016-3-6	10：15	150	偶有		8			于 10：15 遵医嘱静点 0.9%氯化钠 500mL，催产素 2.5u 引产
2016-3-6	10：30	145	偶有		12			
2016-3-6	10：45	142	不规律		16			
2016-3-6	11：00	156	30	3—4	16			
2016-3-6	15：00	140	30	2—3	16	S-2	容 1 指尖	宫颈消 20%—30%，宫口容 1 指尖，S-2，未见羊水流出
2016-3-6	18：15	142	30	2—3		S-2	容 1 指	宫颈消 30%，宫口容 1 指，S-2，见少量清亮羊水流出，遵医嘱停催产素静点，送回病房休息

续表

日期	时间	胎心（次/分）	宫缩		滴速（滴/分）	先露（cm）	宫口	附注、用药
			持续（秒）	间歇（分）				
2016-3-7	9：30	145	不规律		8			遵医嘱静点 0.9% 氯化钠 500mL，催产素 2.5u 引产
2016-3-7	10：00	156	30	5—6	16			
2016-3-7	10：15	148	30	5—6	20			
2016-3-7	10：30	155	30	5—6	24			
2016-3-7	10：45	156	30	4—6	28			
2016-3-7	14：30	140	30	2—3	28			
2016-3-7	18：20	145	30	2—3		S-2	容 2 指	宫颈近全消，宫口容 1 指松，羊水清，S-2，未触及脐带搏动，遵医嘱停催产素，送回病房休息

［2016-3-5］17：57，患者于 17：45 自然破水，取出欣普贝生，胎心监护：基线 145—140 次/分，变异窄幅，胎动反应型，宫缩间隔 2 分钟，胎心无减速。消毒内诊：宫颈后位，质中，未消，宫口未开，先露棘上 2cm，羊水色清。指示：患者现宫缩考虑药物作用结果，宫颈不成熟，继续待产，严密观察宫缩及胎心变化。

［2016-3-6］11：09，患者夜间睡眠好，今晨精神状态佳，感不规律腹痛，阴道少量见红，仍有阴道流水，自觉胎动如常。查体：腹膨隆，偶及宫缩，胎心 145 次/分；查可见清亮羊水流出，宫颈后位质韧，宫颈未消，宫口未开，先露棘上 2cm；骨盆

各径线正常。

分析：患者骨盆正常，头盆评分 8 分，如产力好、枕位正可阴道分娩。但患者胎膜早破，易发生脐带脱垂、宫内感染等情况，且随破水时间延长，宫内感染概率增加，故应尽快终止妊娠。目前患者尚无规律宫缩，嘱现送入产房行胎心监护，予缩宫素静点加强宫缩。

［2016-3-6］19：12，患者于产房静点催产素中，诉阵发腹胀，无明显腹痛，伴阴道流液，自觉胎动如常，未诉不适。胎心 143 次/分。嘱其停用催产素，返回病房。

［2016-3-7］8：39，患者夜间偶感腹痛，自觉胎动好，余无不适。查体：体温、脉搏正常，心肺未查及异常，腹软，膨隆，肝脾未查及，胎心 145 次/分，阴道可见少量清亮羊水流出，伴少许血性分泌物。分析：患者骨盆正常，宫颈质软，居中，未消，宫口未开，先露棘上 2cm，估计胎儿中等大小，如产力好、枕位正可阴道分娩。患者胎膜早破，随破水时间延长增加母子感染概率，注意监测体温、血常规等感染指标，并予静点抗生素预防感染。目前患者尚无规律宫缩，今日继续缩宫素引产。

［2016-3-7］18：46，夜班在房：患者于产房静点缩宫素引产，感阵发腹痛，胎动如常。查：宫颈质软，宫颈消 90%，宫口可容 1 指，先露棘上 2cm。查看胎心监护：基线 140—145 次/分，正常变异，胎动反应阳性，宫缩规律，胎心无减速。患者今日引产一天，感疲惫，现尚未临产，嘱停缩宫素引产，送回病房休息。继续监测胎心变化。但患者拒绝继续阴道分娩，强烈要求今日行子宫下段剖宫产术。

目前诊断：宫内孕 41+2 周，头位，先兆临产，孕 1 产 0，纵隔子宫。分析：骨盆正常，根据宫高腹围及 B 超估计胎儿体重3.3kg，如产力好、枕位正可阴道分娩，现引产有效，胎心监护正常，无明确手术指征。患者及家属对以上情况表示知情理解，商量后仍拒绝阴道分娩，要求剖宫产。向患者及家属交代：阴道分娩是自然的生理过程，自然分娩对母子均有利，再次向患者及家属交代现无手术指征，剖宫产手术有一定风险，如麻醉意外、脏器损伤、心脑血管意外、新生儿窒息、损伤骨折、肠粘连、肠梗阻、下肢静脉血栓、羊水栓塞、产时产后大出血、感染、子宫内膜异位症等情况，若术中出现产后出血，如经按摩子宫、使用宫缩剂仍无效，则行B-Lynch缝合术，术后有可能发生子宫缺血坏死、肠梗阻等，如有失血性休克表现，为挽救生命，需要输血；如果各种止血措施均告失败，可能会需要行子宫切除术来止血……患者及家属对上述情况均表示理解，经反复劝阻仍拒绝阴道分娩，坚决要求今日剖宫产终止妊娠，并签署手术知情同意书。指示定于今日行子宫下段剖宫产术，手术指征社会因素，行术前准备。遵嘱执行。

手术记录：

手术时间：2016-3-7 21：31，开始：2016-3-8 1：30

术前临床诊断：宫内孕41+2周，头位先兆临产，孕1产0，纵隔子宫。

术后临床诊断：产后大出血、宫缩乏力、失血性休克、宫内孕41+2周，LOP-LOA（左枕后—左枕前），手术分娩孕1产1，纵隔子宫。

手术适应症：产后大出血、宫缩乏力。

手术名称：子宫下段剖宫产术+子宫动脉上行支结扎术+B-lynch缝合术+宫腔内球囊压迫止血术+子宫次全切除术。

事件：21：00入手术室，21：10开放右侧上肢外周静脉，21：20硬膜外穿刺蛛网膜下腔穿刺注药，21：39剖一女婴，

22：38 改全身麻醉，22：40 宫腔球囊置入，22：55 开放左侧上肢外周静脉，22：59 放尿 150mL，23：10 桡动脉穿刺并置管，23：43 子宫切除手术开始。

手术经过：……切开子宫下段肌层，并弧形向两侧延长、破膜、羊水清亮，量 200mL，切口处见胎儿脸部，胎方位 LOP，手托胎儿顺利，于 21：39 娩出新生儿，哭声好，无窒息，新生儿性别女，体重 3.15kg，胎盘于 21：42 分排出，新生儿评分 1 分钟 10 分，5 分钟 10 分，10 分钟 10 分。胎盘、胎膜娩出完整。子宫体注入催产素 20 单位，查子宫收缩差，见大量鲜血自切口处涌出，子宫收缩欠佳以左侧宫底及宫角为重且此处子宫肌层极菲薄，台下予缩宫素 10u 入壶及 10u 入液静点，以卵圆钳提起子宫下段之切缘，大纱垫清理宫腔两次，子宫收缩仍差，立即持续按摩子宫，安列克 500μg 宫体注射后，子宫收缩无明显好转，行双侧子宫动脉上行支结扎后子宫出血有所减少，但仍有活动性出血。再次予安列克 500μg 宫体注射，行子宫B-Lynch 缝合术，并予米索前列醇 600μg 入肛促进子宫收缩，子宫收缩仍差且出血仍多，再次安列克 500μg 宫体注射，自此估计出血量为 900mL，通知血库配悬浮红细胞 2 单位补血治疗。因子宫收缩欠佳且出血多，保守治疗效果差，故请××主任来院抢救。××主任到场后指示继续催产素 20 单位入液静点，继续按摩子宫，但子宫收缩仍欠佳，此时阴道出血约 1500mL。向患者家属交代后，拆除子宫 B-Lynch 缝合线，行宫腔内放置球囊压迫止血，放置球囊过程中阴道出血 400mL，并通知血库配悬浮红细胞 5 单位及血浆 800mL。放置球囊后观察阴道出血：40 分钟内阴道仍有活动性出血共约 300mL，至此估计阴道出血量共 2200mL。向患者家属交代术中情况：术中宫缩乏力，已予各种促进子宫收缩药物，并行 B-lynch 缝合术+子宫动脉上行支结扎术+宫腔内球囊压迫止血，现宫缩仍差、出血多，阴道出血共约2200mL，目前各种止血措施无效，为确保病人生命安全，建议行子宫次全切除术。××主任向家属交代上述病情，家属理解，同意行子宫次全切除术并签字。遂行子宫次全切除术。切除子宫过程中逐渐放出宫腔压迫球囊中生理盐水，将子宫托出切口外……沿子宫下段环形剪除子宫……术中出血共计 2500mL，尿 700mL，清亮，术中共输悬红 7 单位，血浆 800mL，补晶液 3000mL，术后血压 140/80mmHg，脉搏 95 次/分，患者清醒转 ICU 病房。

[2016-3-10] 8：29，术后第 3 天，患者饮食睡眠正常，已排气排便，查体：腹软，轻压痛，腹部切口对合良好，无渗出，阴道无明显出血。中度贫血，已予速力菲口服纠正贫血治疗。产后 24 小时出血约 2510mL。

[2016-3-12] 9：26，出院记录：患者李某，女，26 岁，因“孕 1 产 0，孕 40+6 周，无产兆”于 2016 年 3 月 4 日入院待产。入院诊断：宫内孕 40+6 周，头位待产，孕 1 产 0，纵隔子宫。入院后行胎心监护了解胎儿宫内情况，因“社会因素”于 2016 年 3 月 7 日在硬膜外腔阻滞麻醉+全麻下行子宫下段剖宫产术，术娩一足月新生儿，新生儿无窒息，手术顺利，术中宫缩乏力，行 B-lynch 缝合术+子宫动脉上行支结扎术+宫腔内球囊压迫止血，后子宫仍无收缩，予行子宫次全切除术，并予悬红 7 单位，血浆 800mL 纠正贫血治疗，统计产后 24 小时出血量 2510mL。术后予抗生素静点预防感染，予中成药口服促产后恢复，予速力菲口服纠正贫血治疗，经上级医师查房准予出院。

出院诊断：产后大出血（2510mL），宫缩乏力，失血性休克，宫内孕 41+2 周，LOP-LOA，手术分娩，孕 1 产 1，纵隔子宫，中度贫血（82g/L）。

××市某区医院李某超声诊断报告载：

[2015-7-11] 超声所见：子宫前位增大，横切可见两个宫腔，左侧宫腔内见胎囊 1.9cm×1.3cm，胎芽长约 0.3cm，可见胎心搏动，右侧宫腔见 2.9cm×1.9cm 不均质回声。超声提示：纵隔子宫，左侧宫内早孕。

四、鉴定过程

（一）简要过程

接受鉴定委托后，我所鉴定人对送检材料进行了文证审查，于 2019 年 10 月 11 日组织医患双方当事人进行听证并召开专家咨询会，会上，向医患双方告知了本案鉴定人、鉴定相关事项及鉴定风险，听取了双方的陈述意见，并针对鉴定中涉及的技术问题向双方进行提问。依据《法医临床检验规范》（SF/Z JD0103003-2011）对被鉴定人李某进行了体格检查。经鉴定人认真分析、讨论，达成一致意见，制作本鉴定文书。

（二）双方陈述意见归纳

患方认为：①医方检查、检验不充分，对患者特殊体质未准备诊疗方案，以预防大出血的发生；②患者属于引产的绝对禁忌证，且引产失败后仍未更换产式，导致患者过度疲劳，增加大出血风险；③医方剖腹产指征把控过严，未及时更改产式、终止妊娠；④患者引产失败，对催产素不敏感，医方理应预估产后宫缩乏力的可能，尽早做出准备和措施；⑤患者大出血后治疗不充分。

综上，医方的诊疗行为不当，增加了患者妊娠分娩并发症发生的风险，一系列不妥当处置使患者在剖宫产前处于极度疲惫的状态，与患者发生产后大出血有直接的因果关系。

医方认为：①患者具备引产指征，其子宫纵隔不是引产禁忌证，经患者及家属知情同意并签字后予以引产；②产妇术中出现子宫收缩乏力，出血不止，我院采取了积极的救治措施，术中用药、补液、输血处置得当，最终为确保病人生命安全而行子宫次全切除术，手术指征明确；③在整个诊疗过程中，充分履行了告知义务，保障了患方的知情权。

综上所述，我院的诊疗行为符合诊疗规范，不存在过错。子宫切除是因患者自身子宫收缩乏力所致，宫缩乏力是分娩过程中难以避免的并发症，与我院的诊疗行为不存在因果关系。

（三）活体检查

被鉴定人李某自诉目前情况：子宫次全切除术后，产后无月经。

检查所见：步入检查室，一般情况可，神志清楚，查体合作。下腹部正中可见 12.5cm×0.1cm—0.2cm 横行手术瘢痕，局部压痛（-）。右下腹可见 6.0cm×0.2cm—0.4cm 斜行手术瘢痕（阑尾切除）。腹平软，未及包块，压痛、反跳痛（-），移动性浊音（-），肠鸣音可闻及。

五、分析说明

根据现有鉴定资料，结合专家会诊意见，现就鉴定委托事项进行分析。

（一）被鉴定人李某的诊治经过简述

被鉴定人李某因“孕 1 产 0，孕 40+6 周，无产兆”于 2016 年 3 月 4 日入××市某区医院待产。入院诊断：宫内孕 40+6 周，头位待产，孕 1 产 0，纵隔子宫。入院后于 2016 年 3 月 5 日行经阴道上药引产，当日 17：45 发生自然破水，于 2016 年 3 月 6、7 日分别静点缩宫素引产，无明显产兆，患者拒绝继续阴道分娩，要求行剖宫产术。于 2016 年 3 月 7 日 21：00 入手术室行子宫下段剖宫产术，术娩一足月新生儿，术中宫缩乏力，行 B-lynch缝合术+子宫动脉上行支结扎术+宫腔内球囊压迫止血后宫缩仍差，予行子宫次全切除术，并输血治疗，术后恢复可。

（二）××市某区医院的诊疗行为评价

1. 入院后拟行阴道分娩及其后引产，指征掌握得当

被告医院于 2016 年 3 月 4 日以“宫内孕 40+6 周，头位待产，孕 1 产 0，纵隔子宫”诊断，收患者入院。入院后病历显示患者无产兆，宫颈条件不成熟，胎位头位，无头盆不称，提示被鉴定人李某有阴道分娩及引产指征；其 2015 年 7 月 11 日（孕 7 周）B 超诊断“纵隔子宫”，但未描述纵隔的部位和程度，其余孕期 B 超均未记载纵隔子宫及产道异常等情况，提示其子宫纵隔不显著、程度较轻，未累及产道，因此可考虑本例不存在引产的绝对禁忌证。医方予以欣普贝生阴道上药引产，处置得当，无明显过错行为。

2. 医方在产妇发生胎膜早破后的处理存在明显不当

目前临床上关于胎膜早破的相关规范指出[1]，足月胎膜早破的主要并发症为宫内感染，破膜时间越长，临床绒毛膜炎的风险越大，进而可能导致母体产褥感染、新生儿感染、败血症等。破膜后 2—12 个小时内应积极引产，良好的规律宫缩引产 12—18 个小时后仍在潜伏期阶段应考虑诊断引产失败，行剖宫产分娩。

①被鉴定人李某 2016 年 3 月 5 日 17：45 发生胎膜早破；②医方于患者破水后 16 小时余（2016 年 3 月 6 日 10：15）开始予其静点催产素引产，引产时间持续 8 小时，至 2016 年 3 月 6 日 18：15，患者宫颈消 30%，宫口容 1 指，先露 S-2，此时患者已破水 24 小时余，仍未临产；③医方于 2016 年 3 月 7 日 9：30 至 18：20 继续予以催产素引产并加用抗生素，此后病历记载“宫颈质软，宫颈消 90%，宫口可容 1 指，先露棘上 2cm，患者

---

〔1〕 时春艳、漆洪波、杨慧霞：“胎膜早破的诊断与处理指南（2015）”，载《中华妇产科杂志》2015 年第 1 期。

感疲惫，现尚未临产，嘱停缩宫素引产，送回病房休息，患者拒绝继续阴道分娩，强烈要求今日行子宫下段剖宫产术”；④医方于 2016 年 3 月 7 日 21：31（破膜后 51 小时）行剖宫产手术。

上述病历显示，医方在被鉴定人李某发生胎膜早破后未能予以积极引产；在长时间引产仍处于潜伏期的情况下未能及早诊断引产失败；本例虽未发生宫内感染等情形，但医院未能及时终止妊娠，直至破膜 51 小时。医方的上述处置不符合相关规范要求，存在明显处理延迟，以至于丧失了更好的剖宫产手术时机，同时导致产妇体力衰竭，是宫缩乏力的原因之一。

另需要指出的是：破膜后的引产需持续进行，被告医院的处理不符合相关规范的要求。

3. 剖宫产术中处理无明显过错，手术记录存在缺陷

被鉴定人李某于 2016 年 3 月 7 日 21：39 剖宫产娩出新生儿，此后手术记录载“子宫收缩差，见大量鲜血自切口处涌出，子宫收缩欠佳以左侧宫底及宫角为重且此处子宫肌层极菲薄”。医方予行“B-lynch 缝合术+子宫动脉上行支结扎术+宫腔内球囊压迫止血”等相关处置后，患者宫缩仍差、阴道出血较多，医方予行“子宫次全切除术”及输血补液治疗。

上述术中操作无明显医疗过错，与同级别医院的医疗水平基本相当。

本例医方手术记录中未见关于子宫纵隔的相关描述，手术记录存在一定医疗缺陷。

（三）被鉴定人李某损害后果的因果关系分析

被鉴定人李某在××市某区医院剖宫产一女婴，新生儿出生后各项指标正常，李某因产后大出血接受子宫次全切除术治疗。根据现有病历，经请专家会诊，考虑被鉴定人李某发生产后大出血的主要原因为子宫收缩乏力。

××市某区医院在对被鉴定人李某的诊疗行为中，存在“未予积极引产、未能及早诊断引产失败、未能适时终止妊娠”之医疗过错行为，造成产妇体力衰竭，明显增加了子宫收缩乏力、产后大出血的概率。故此，我们认为××市某区医院的上述医疗过错行为与被鉴定人李某子宫次全切除的不良后果之间存在一定程度的因果关系。

但需指出的是，宫缩乏力可由多因素参与，包括自身因素、药物、产程因素、产科并发症、羊膜腔内感染等。同时考虑到，手术时机的合理掌握与医院的医疗条件、医生的经验水平等因素有关，此非医疗过错。故此，综合分析，我们认为：被告医院的医疗过错行为在被鉴定人李某子宫次全切除的不良后果中的责任程度，考虑以同等责任为宜。

六、鉴定意见

第一，××市某区医院在对被鉴定人李某的诊疗行为中，存在“未予积极引产、未能及早诊断引产失败、未能适时终止妊娠”等医疗过错行为，致使产妇体力衰竭，明显增加了子宫收缩乏力、产后大出血的概率，并与被鉴定人李某子宫次全切除的不良后果之间存在一定程度的因果关系。

第二，医方上述医疗过错行为，考虑在被鉴定人李某子宫次全切除的不良后果中的责任程度，以同等责任为宜。

鉴定人：主任法医师　　×××
司法鉴定人执业证证号：110006098×××
主检法医师　×××
司法鉴定人执业证证号：110006098×××
二〇××年××月×日

第三节 “注意义务”是判断医疗过失的客观标准

医疗过失（过错）的本质属性就是对注意义务的违反，审查注意义务是医疗损害鉴定的核心，关于注意义务各项内容的审查，是判断医疗过错存在与否的鉴定条件。

什么是注意义务？它是一种法律上的义务，是指法律、法规及社会日常生活所要求的“为”一定行为或者“不为”一定行为时，应当慎重行事，以避免危害结果发生的责任。一般侵权法上，把过失定义为对注意义务的违反。在对医疗过失认定标准的实务研究中，有医疗过失的抽象认定标准和具体认定标准之分。也有把医疗水准作为医疗过失判断的抽象标准。

医疗过失认定标准应以医疗行业的特殊性为前提，结合临床医疗实践水准、医疗者适当的裁量权以及影响医疗水准的专门性因素、地域因素、紧急性因素等加以确定。〔1〕

医疗行为的特殊性决定了应当依据客观标准来衡量医疗过失。对医疗注意义务，相关法律有明文规定的，以具体标准进行认定，反之则以抽象标准进行认定。医疗损害赔偿责任作为一种特殊的民事责任，主要是指医方的医疗过失责任，它是一种违反客观注意义务的行为。

日本最高裁判所昭和三十六年 2 月 16 日对东大医院输血梅毒感染一案的判决，对医方的注意义务的内容进行了抽象性的概括。该判决认为：从事人的生命及健康管理业务的人，与其业务的性质相对照，要求负有为防止危险而在实际经验上必要的最善注意义务。“最善注意义务”即成为医务人员注意义务的

〔1〕 强美英：“医疗过失认定标准研究”，中国政法大学 2008 年硕士学位论文。

抽象概括。日本最高裁判所昭和四十四年2月6日，对国立东京第一医院某皮肤癌案件的判决，对“最善注意义务”作了进一步的阐述，即作为医生，对于患者的症状，应予以充分注意，并依当时的医学知识，在综合考虑效果及副作用的前提下，确定治疗方法及程度，在万全的注意下实施治疗〔1〕。

上海市高级人民法院于2005年出台的《上海市高级人民法院医疗过失赔偿纠纷案件办案指南》（沪高法民一〔2005〕17号）第3条第1款明确指出：“医方是否履行其应尽的注意义务是认定医疗过失行为的客观标准……”。

医疗过失的认定标准就是“注意义务”的认定标准。在法律和规章对医生的注意义务有明确规定的情况下，认定医疗过失比较容易，这种法律和规章规定的注意义务是认定医疗过失的具体标准。如果法律和规章没有明文规定的医疗行为，造成患者伤亡的情况，该如何进行认定有无医疗过失，这就涉及医生注意义务的基准问题，也就是医疗过失的抽象标准的认定问题。〔2〕

医疗过失的具体标准是医生施行医疗行为时法律和规章规定的程序、方式和规则。其注意义务又分为两种：一种是一般注意义务，即在医疗过程中医生必须履行的依据法律和规章所规定的操作规程的义务。它包括在诊断、治疗、手术、注射、麻醉、输血、用药、护理过程中，以及在医院内的感染预防等方面的预见义务。另一种是特殊注意义务，是从一般的注意义务中分化出来的，并在内容上、名称上具有一定特殊性的独立的注意义务，主要包括说明义务、转医义务、问诊义务以及关于特异体质的充分注意义务。

---

〔1〕 臧冬斌：《医疗犯罪比较研究》，中国人民公安大学出版社2005年版，第113页。

〔2〕 王旭：“医疗过失鉴定需遵循的原则”，载《证据科学》2010年第4期。

一般注意义务和特殊注意义务均属于医生具体的注意义务，是注意义务的具体内容。特殊注意义务的违反一般是被单独加以认定的。但在法律地位与价值取向方面，两者是相同的。[1]

在鉴定中，鉴定人可遵循如下的鉴定思路与流程：

医疗卫生管理法律、行政法规、部门规章、诊疗护理规范中规定的医方的注意义务是判断医疗过失行为的具体标准，是判断医疗过失的依据。

针对不同类型的医疗行为，上述标准略有不同，分为一般注意义务和特殊注意义务，前者包括就诊、诊疗、治疗、手术、注射、抽血、输血、放射线治疗、麻醉、调剂药物、护理等过程中的注意义务；后者包括说明义务、转医义务、问诊义务等。

医方的注意义务除来源于卫生管理法律、法规、部门规章、诊疗护理常规外，还来源于医学文献的记载。

医学文献是指符合医学水准的医学、药学书籍、文章、药典等，其中有关各种治疗方法的记载、药品使用的说明等，是医方在实施医疗行为时所必须要遵守的。

上述卫生法律、法规、诊疗护理常规规定的注意义务，以及医学文献规定的注意义务，共同组成了医疗业务上的注意义务。在医疗注意义务的组成部分中，以鉴定的视角，应以诊疗护理常规和医学文献所规定的注意义务为主，以卫生法律等规范性法律文件所规定的注意义务为补充。当然，它们所规定的注意义务在法律上、在鉴定中具有同等价值，对任何一种注意义务的违反均构成医疗过失。

在鉴定中，评判医方的注意义务时，还需要注意以下几点：

第一，在医疗诊断和治疗领域里，有可能出现真正的不同

---

〔1〕 艾尔肯："论医疗过失的判断标准"，载《辽宁师范大学学报（社会科学版）》2007年第3期。

意见。一名医生不能仅仅因其所作出的结论与该医学部门的其他医生的意见不同而被认为有过失，即不同医学学派的争论不能成为判断是否违反注意义务的标准。

第二，医方对于医学新知识的无知不影响对其未履行注意义务的确认（即过失的确认），一名医生不能顽固地继续用陈旧的被淘汰了的技术进行治疗。

第三，医学上的危险已被合理证实时，虽未普及为一般医生所明知，如果实行医疗行为的医生处于能够知悉之状态时，亦有预见义务，也即医方应尽最大的注意义务为患者提供医疗服务，如果一名医生未能施展其具有的或声称具有的医术，就违反了对治疗病人的注意义务，这样其便被认为有医疗过失。

第四，注意义务有时在于预见结果发生的可能性，损害结果的发生本质上属于概率问题，发生的概率越高，应注意的程度越高。例如，医方在为患者伤口做手术时，未对医疗器械进行消毒，此种情况发生感染的概率极高，此种做法即属于违反注意义务。

第五，医疗行为包括诊断、治疗前的检查，治疗方案的选择，治疗后的管理行为，各种行为对患者的人身均有可能产生危险，因此注意义务的范围应及于医疗行为之全部。

第六，医生需放弃导致危害结果发生的危险行为，这是结果避免义务的基本内容。比如：当医方在自身及客观条件均不具备的情况下，对患者实施高难度的医疗行为，即属于未放弃导致危害结果发生的危险行为的情形。

第四节 医疗过失判断的抽象标准

《民法典》第 1221 条明确规定：“医务人员在诊疗活动中未尽到与当时的医疗水平相应的诊疗义务，造成患者损害的，医疗机构应当承担赔偿责任。”也就是说，“是否尽到与当时的医疗水平相应的诊疗义务”是判断医方医疗过失的抽象标准。

无论如何表达，其核心仍然是对“注意义务”的审查，这一原则可以被认为是“注意义务”具体标准的延伸，是“注意义务”标准中的软标准。我们知道，医疗过失的抽象标准又称为医生注意义务的基准，它主要指的是医疗水准。医疗水准学说的产生是医疗过失理论发展史上的一次革命。医疗水准的概念最早是由日本学者松仓丰治教授提出的，他认为，医疗水准可分为两种：一种是“学术上的医疗水准”，是指研究水准或学界水准，其核心由学术界的一致认定（专家共识）形成；另一种是“实践中的医疗水准”，是指经验水准或技术水准，它是医疗界普遍施行的技术。

医方对患者进行的医疗活动是否达到与其资质相应的医疗水准，是否尽到符合其相应专业要求的注意、学识及技能，是判断医疗过失行为的抽象标准。作为判断医疗过失的抽象标准，是指“一般注意程度”的标准。一般注意程度的标准即是日本松仓丰治教授提出的“医疗水准”，在美国称之为医护人员职业行为标准，即医务人员于医疗之际，其学识、注意程度、技术以及态度均应符合具有一般医疗专业水准的医务人员在同一情况下所应具备的标准，它是医务界公知公认的诊疗标准。

决定医疗水准的因素包括学术界的不断尝试、实践经验的积累以及医疗技术设施的改善等。日本的司法判例在这一概念的基础上加以运用，形成了司法判例中医疗水准的初步理论，此后经过上百例的早产儿视网膜病变的事件，使这一理论的地位最终得到确立，形成了医疗过失的抽象判断标准〔1〕(在我国，

〔1〕 艾尔肯：“论医疗过失的判断标准”，载《辽宁师范大学学报（社会科学版）》2007年第3期。

原卫生部在2004年特制定颁布了《早产儿治疗用氧和视网膜病变防治指南》）。日本在讲早产儿视网膜病变疗法的适当、适时、具体方法等内容时作了阐述，使该疗法最终在日本医疗界得以普及。法院依此在判决中采用这样的处理方法：对发生于研究报告（或指南）发表前的事件，以“疗法”未达医疗水准为由判定医方不存在过失，对发生于报告发表后的事件则认定该疗法已获医疗界普及——达到医疗水准，从而医生有依该方法加以治疗的义务（或在不具备治疗条件时的说明义务），不履行上述义务，则认为医方存在过失而承担法律责任。医疗水准学说的产生为医疗行为确立了一项统一标准——成为法律对医疗行为的统一规制，为相对公正地解决医患纠纷起到了重要的作用。

鉴定中，需要注意以下几个方面：

第一，医疗水准与说明义务、转医义务之间的关系。当医方确定以其现有的医疗水平及医疗技术不能进行具体操作时，则有说明义务或转医义务。

第二，医疗水准与医学科学发展的关系。当医生依据现已达到的一般医疗水准下的治疗方法对患者加以治疗后，医学科学的进一步发展否认了这一方法，此时不应认定存在医疗过失，即医学科学发展与法律评判上出现冲突时将如何解决的问题。对此一般认为，医学科学的进一步发展否定了以前的治疗方法，并不能据此认为在当时所采用的治疗方法存在过失。[1]此点属于《民法典》第1221条“医务人员在诊疗活动中未尽到与当时的医疗水平相应的诊疗义务”的反面。

第三，医疗水准与期待权的关系。当患者所患疾病直接危

〔1〕 艾尔肯：“论医疗过失的判断标准”，载《辽宁师范大学学报（社会科学版）》2007年第3期。

及其生命时，患者享有对医方寄予最高希望愿意尝试任何医疗手段来救治自己的权利，这在法律上称为患者的期待权。与该权利相对应的是医方的最善注意义务，即在实践中已经认可的医方尽最大努力使患者得到最好治疗的义务。但是，以医疗水准作为判断医生抽象过失的基准时，与患者期待权之间在价值取向上会产生矛盾。因为医疗水准是着眼于公正解决医方的责任问题，而患者期待权是出于最大化保护患者本人利益的考虑，两者都具有一定的合理性。对此，在实践中，若医方的诊疗义务严格遵循医疗水准的基准，对于超出一般水准之上的技术，医方经认真考虑之后有权选择是否对患者进行使用。或尽到说明义务，说明时对优劣性不作评价，是否选择此种疗法完全交由患者自己决定，由此产生的后果完全由患者自己承担。

需要指出的是，医疗水准不同于医学水准。医学水准也称学问水准，是指某种医疗行为在将来应予一般化的目标下，现在不断出现的基本研究水准，它不能成为判断医疗过失的标准。而医疗水准是某种医疗行为的观点现在业已一般化和普遍化，并且是医疗上正在加以施行的实践水准。[1]

鉴定中，还需要注意以下内容：[2]

第一，诊疗行为与其资质相适应，即“合理性原则”。“合理性”指合理的注意与技能，强调的是“通常的注意”，即通常的技能、知识、经验。因此，在鉴定中，不能用专科医生的水平来要求普通医院医生或者其他非本专科医生的诊疗水平，不能用高级别医生的诊疗水平来要求低级别医生的诊疗水平，而应以医疗常规为准。然而，医生不可忘记，在遇到困难时有请教更有经验的上级医生或其他医生的义务。

---

〔1〕 艾尔肯：《医疗损害赔偿研究》，中国法制出版社2005年版。

〔2〕 王旭：“医疗过失鉴定需遵循的原则”，载《证据科学》2010年第4期。

至于医务人员专攻领域的认定，应以其执业登记注册的范围为标准。非该科医生对患者的病况不具有足够的能力自己判断的，对患者有说明及转诊的义务。比如，实际鉴定中会遇到这样的情形：某建筑工人在工作期间，眼睛被铁屑崩伤，就诊于乡村一诊所，经简单处置（如点眼药水、打消炎针），检查视力好，眼睛发红（结膜下出血），回家休养，多数情况几天后治愈。但是也有例外，如铁屑等异物崩入眼内造成眼球内异物存留。此种情况在患者初次就诊时没有明显的症状，同时，乡村诊所限于条件，没有 X 光、CT 等检查设备，不具备发现眼球内异物的条件。再者，即便是发现了球内异物，也不具备处理的能力。因此，其简单的处置即属合适范畴，但该乡村医生应告知患者可能的情形，如不排除“球内异物”的可能，并要求其转诊或必要时到专科医院就诊。需注意的是，鉴定时，对待乡村医生的诊疗行为，虽然在注意程度的要求上不高，但仍应要求其具备一般医务人员所应具备的最基本的注意能力。有的时候，乡村医生没有做到这一点，比如：患者多次就诊（主诉症状明显加重、病情加重），仅给予简单处置，未履行转院等义务，而使患者病情延误，发生严重的眼内炎而失明，此时乡村医生就存在过失。

对于某一特定医疗领域内的专门医务人员，法律所要求的注意能力程度是相同的。以该领域的一般医疗水准，即作为该领域医务人员所通常应具备的知识与技能作为判断基准，若医务人员水平低于该医疗水准即可认定过失的存在。

第二，充分考量地域上的差异，即“地域性原则”。“地域性”指不同地区由于经济、文化发展状况存在巨大差距，医疗机构的硬件设施以及医务人员的技术或知识水平、医疗经验等也存在相当的差异。因此，不能以发达地区尤其是大城市的医疗机构医务人员的技术或知识水平、医疗经验为依据，而应以同地区或类似地区（指发展水平大致相当，环境、习俗相似的地区）的医疗机构医务人员的技术知识水平、医疗经验为准。

一般来说，偏远地区的医生在医学知识、技术水平和设备条件上与大城市无法比拟，对先进医疗设备和药品的引进速度常常也比经济发达地区要慢。大城市中先进的医疗技术普及率较高，因而医疗水准也更高。相反，农村地区的医疗水准则较低。因此，在医疗损害鉴定时，应当放宽对农村医务人员实施医疗行为时所考量的注意义务的水准。当然，这也并不是意味着乡村诊所或乡村医生就不需要尽必要的注意义务，至少其在人员水平、物质配置不足的情形下，有转诊的义务，而违反此义务导致延误诊断、延误治疗时，应承担相应过错的责任。另外，需要强调的是，“地域性原则”不应涵盖医生责任心的内容，即经济发达地区与经济落后地区的医生，仅在医疗技术的层面上有地域性的考量，在医疗责任心方面不应有地域的差异。

第三，诊疗行为与医院等级相适当，即“相当性原则”。原卫生部 1989 年 11 月 29 日颁布的《医院分级管理办法（试行草案）》第 4 条第 1 款规定：“医院按功能、任务不同划分为一、二、三级：一级医院：是直接向一定人口的社区提供预防、医疗、保健、康复服务的基层医院、卫生院。二级医院：是向多个社区提供综合医疗卫生服务和承担一定教学、科研任务的地区性医院。三级医院：是向几个地区提供高水平专科性医疗卫生服务和执行高等教学、科研任务的区域性以上的医院。”第 5 条规定：“各级医院经过评审，按照《医院分级管理标准》确定为甲、乙、丙三等，三级医院增设特等，共三级十等。”

那么，很显然，在教学医院或大医院从业的医生，他们有相对充裕的医疗设施，有更多的研习机会。等级愈高的综合性大型医疗机构的设备愈精良、人才愈丰富，与此条件相对应的是，当患者到这些医疗机构内就诊时，期待在合理的程度内获得更佳的医疗服务的诉求越明显。反之，在小型医疗机构内，治疗水平低下也是正常的。这种治疗能力上的差距，在认定医疗过失时应予以充分考虑。尤其是小医院的医务人员依自己的能力充分地履行了注意义务，就只能依其实际医疗水准而不是大型医疗机构的医疗水准来认定其医疗过失的存在。

第四，"时间性原则"。即审查"注意义务"时，应以医疗纠纷事件发生当时的医疗水平为基准来审查，以"当时的"医务人员所应具备的知识、技能、经验来作为判断依据，引用的文献也应以"当时"事发前所公开发表的为准。

第五节　医疗紧急处置的宽泛性原则

医疗行为与其他业务活动相比，常常具有紧急性的特点。在对患者进行急救时，时间短暂，医务人员在技术上不可能作出十分全面的考虑与安排。在医务人员需要迅速决定采取何种急救措施时，他们常常难以对患者的病情进行全面细致的检查，此时，不能要求医务人员的注意能力与平常时期相同。故此，在判断医疗过失时，需遵循"医疗紧急处置行为的宽泛性原则"，即在紧急状态下，对医务人员的注意能力的要求应有所降低。

医疗的紧急性一般是指时间紧迫，此时常常伴有病情危重的情况，医生对患者的病症无法作出详细的检查和诊断。医疗的紧急情况一般包括两种情形：一是时间上的紧急性。即医生的诊疗时间非常短暂，并在技术上不可能作出全面的考虑和安排，比如对急症患者需要紧急治疗的情形。二是事项上的紧急性。即医生采取的治疗措施关系到患者的生死存亡，需要迅速作出决断，如对重症患者治疗手段的选择上，存在重大困难。在医疗实践中，紧急与重症又常常相伴，对于这种情形，法律在对医生注意程度上的要求通常要低于一般的医疗情形。

医务人员在抢救生命垂危的患者等紧急情况下已尽到合理诊疗义务，此时发生不良后果，医疗机构不承担赔偿责任。除上述情况之外，在紧急情况下，对患者实施了非本专业的医疗行为，这种特殊情况下，对过失的判断标准也应比照该专业领域内的标准有所降低。例如，日本三宅岛〔1〕一位眼疾患者至妇产科医生处就诊，而岛上并无专门的眼科医生，该妇产科医生要求患者到岛外专门的眼科医生处就诊，患者执意在此就诊，结果该医生未能查出患者患青光眼。东京地方法院判决认为，对该妇产科医生不能要求与眼科医生同样的注意义务，且该医生已履行了转医说明义务，因患者自身的原因未能及时前往专门医生处就诊，致使其所患眼疾未能及时被查出，因而认定该医生的医疗行为不存在过失。

那么，非本专业的医务人员在特殊情况下从事该专业领域的医疗行为时，如何认定过失的存在呢？一般认为，专科医生之业务范围无排他性，但因其注意程度较高，故此，某医生对于非本专业的病症，在难以适当诊断及治疗时，应有告知及协助转诊的义务。如果处于边远地区必须紧急治疗时，如缺乏该专科的医生，实施紧急医疗行为的医生之注意义务则应考量当时的具体情况，依一般全科医生水准的注意义务为判定的标准。

对于某些特定的新发疾病，因病情过于罕见，医学界尚未掌握对该疾病的诊断与治疗方法，缺乏现成的医疗水准，所以

---

〔1〕王旭："医疗过失鉴定需遵循的原则"，载《证据科学》2010年第4期。

无法以医疗水准判断医务人员在此情况下其医疗行为是否存在过失。此时，医生自应本着于现阶段各科医疗发展之最高条件予以诊断、治疗。在鉴定时，应从医务人员是否尽到“最善注意义务”的角度来考虑医疗过失是否成立。同时，容许具有尝试性特点的治疗方式存在，因而对医务人员的注意能力的要求自然应比普通疾病有所降低。

但是，现实生活中有些医院为了经济效益抢病人，收入院的病人不转走，进而延误治疗，此时将认定其存在医疗过失。

第六节　“告知—知情—同意”的审查

有学者研究显示：对患者权利的研究，以知情同意权为主，隐私权次之。研究从2002年至今，2011年达到顶峰。[1]究其原因，为2002年《医疗事故处理条例》的颁布实施，以及2010年《侵权责任法》实施后，对患者权利的立法保护逐年增加，对于医患纠纷的解决具有划时代的指导意义。

现实中，2007年“李某云事件”等典型案例的出现，使得患者知情同意权与生命健康权、医方特殊干涉权的冲突更加尖锐。《侵权责任法》针对有关医务人员告知说明义务和患者知情同意权的内容等加以规范。此外，在《中华人民共和国执业医师法》《医疗机构管理条例》《中华人民共和国药品管理法》《中华人民共和国母婴保健法》《中华人民共和国精神卫生法》等法律法规中，均有涉及知情同意权的法条。

知情同意权是指患者有权获得自己的病情信息，并对医务人员所采取的治疗措施给予取舍的权利。“知情同意”作为患者

---

〔1〕 朱婧睿等：“1996—2018年患者权利研究综述”，载《医学与法学》2018年第4期。

权利的重要组成部分，目前已被医学界广泛采纳。同时，告知义务履行的情况也成了医疗纠纷诉讼中重点考核的内容。笔者作为鉴定人，长期从事医疗损害鉴定工作，感觉“告知”是医患关系的死穴。有研究者统计了2014年度广东省的医疗损害责任纠纷案件，将纠纷原因分为八类：治疗、手术、检查、诊断、麻醉、告知、药物、文书，结果发现，因告知问题引发的纠纷占21.6%，位列第二。而司法鉴定机构的统计显示，十年来涉及知情同意争议的鉴定申请占23%左右。可见知情同意的问题在鉴定中非常普遍。〔1〕

有关知情同意权的起源，一致观点是，知情同意最早出现于18世纪，该原则针对医学人体实验中的受试者，最后在《纽伦堡法典》中被确立，此后，由人体实验扩大到治疗，并被包括在病人权利之中。20世纪中叶以后，在美国一系列判例的基础上，确立和发展起真正制度意义上的患者知情同意权和作为其逻辑前提的医师说明义务。

对于“知情同意权”，主要强调的是对患者自主选择的尊重、对其主体价值和生命神圣不可侵犯的承认，内容上包含三个基本要素，即患者具有知情同意的能力、充分知情及同意。

我国对患者知情同意权的立法保护，主要有如下条款：《民法典》第1219条、《中华人民共和国执业医师法》第26、37条、《医疗事故处理条例》第11条、《医疗机构管理条例》第33条、《医疗机构管理条例实施细则》第62条、《中华人民共和国精神卫生法》第43条、《中华人民共和国母婴保健法》第19条及《中华人民共和国药品管理法》第21条等。其中：

《医疗事故处理条例》第11条规定：“在医疗活动中，医疗

〔1〕 杨天潼等：“505例医疗损害责任纠纷司法鉴定分析”，载《中国法医学杂志》2014年第5期。

机构及其医务人员应当将患者的病情、医疗措施、医疗风险等如实告知患者，及时解答其咨询；但是，应当避免对患者产生不利后果。”

《医疗机构管理条例》第33条规定：“医疗机构施行手术、特殊检查或者特殊治疗时，必须征得患者同意，并应当取得其家属或者关系人同意并签字；无法取得患者意见时，应当取得家属或者关系人同意并签字；无法取得患者意见又无家属或者关系人在场，或者遇到其他特殊情况时，经治医师应当提出医疗处置方案，在取得医疗机构负责人或者被授权负责人员的批准后实施。”

《中华人民共和国执业医师法》第26条规定：“医师应当如实向患者或者其家属介绍病情，但应注意避免对患者产生不利后果。医师进行实验性临床医疗，应当经医院批准并征得患者本人或者其家属同意。”〔1〕

2017年12月，《医疗损害司法解释》颁布实施。该司法解释明确了鉴定人的选任、鉴定材料的提交、鉴定内容和要求等，但上述制度安排主要围绕医疗损害鉴定展开，核心是医疗过失之有无、损害结果之大小、因果关系之有无及原因力大小。而知情同意与医疗技术过失（过错）有本质的不同，如归责原则、侵权行为方式、损害结果和因果关系的判断等。理论上，不同类型的案件，鉴定的具体要求也应有所区别。

一、知情同意权是否属于鉴定的范畴

学者从立法方面观察，研究了我国知情同意权是否属于鉴

〔1〕 王旭、常林：“从一起医疗纠纷鉴定案例谈我国手术同意书的共性缺陷”，载《中国卫生法制》2009年第1期。

定的范畴的问题[1]，长期以来并不明确。早在1987年《医疗事故处理办法》第2条“……因医务人员诊疗护理过失，直接造成病员死亡、残废、组织器官损伤导致功能障碍的”关于医疗事故的定义中，鉴定似乎不涉及违反告知义务的问题。到《医疗事故处理条例》时代，亦未明确知情同意是否属于鉴定的事项。司法鉴定领域在2000年前后开始开展医疗损害鉴定的工作，2005年《决定》实施后，第1条中就规定：司法鉴定是对诉讼涉及的专门性问题进行鉴别和判断，在实务的层面上，鉴定机构在进行医疗纠纷鉴定时，对“告知”问题是给予鉴定的。2009年《侵权责任法》出台后，患者知情同意权成为患者的基本权利，有关纠纷的鉴定工作由社会性鉴定机构广泛开展。2017年《医疗损害司法解释》出台后，首次明确规定可鉴定的事项包括医疗机构是否尽到了说明义务、取得患者或者患者近亲属书面同意的义务，提示知情同意纠纷属于技术鉴定的范畴。[2]

理论上，法官行使裁判权，除非必要不应依赖专家意见。因医疗损害案件的专业性，要求专家帮助法官作出某些专业判断，若完全依赖鉴定意见裁判案件，则难以摆脱专家判决的质疑。理论上，知情同意权纠纷案件涉及的专业知识相对较少，同时，它属于法律问题，为法官自行裁决奠定了基础。在这方面，德国法的观点是：知情同意属于违法的阻却事由，一旦侵犯患者知情同意权的事实被确认，医师的行为视为过错行为，承担全部的不利后果。按照上述理论，法官可不依赖医学专家

---

〔1〕 马辉：“侵犯患者知情同意权责任纠纷的鉴定问题研究——兼评最高人民法院《关于审理医疗损害责任纠纷案件适用法律若干问题的解释》”，载《中国卫生法制》2018年第4期。

〔2〕 马辉：“侵犯患者知情同意权责任纠纷的鉴定问题研究——兼评最高人民法院《关于审理医疗损害责任纠纷案件适用法律若干问题的解释》”，载《中国卫生法制》2018年第4期。

对医疗损害案件作出裁决。现实中，关于知情同意权问题，中国的法官常常从鉴定的角度，给违反知情同意权一个参与度，作出一个让医患双方均可接受的判决结果。

审查是否是专门性问题，即是否属于鉴定问题，笔者建议，有如下考量：

①鉴定的对象是事实问题而不是法律问题；

②鉴定的问题是医学问题；

③该专门性问题需通过鉴定才能查清，其他方式不能解决。

从对实际鉴定中的观察来看，医疗过失主要表现为两种情形：①不履行告知义务；②告知不充分。以第二种最为多见。

按照前面的判断标准，“医师未履行告知义务”是法官能够自行判断的一般性问题，不属于专门性问题的范畴。而“对于告知是否充分，或者不实的告知”，涉及具体诊疗行为，可能造成风险和替代性医疗方案，是典型的医学问题和事实问题，应属鉴定事项。

二、无需鉴定解决的情形

第一，损害结果是知情同意书列明的事项。

按照《医疗损害司法解释》第 5 条第 2 款的规定：“……医疗机构提交患者或者患者近亲属明确同意证据的，人民法院可以认定医疗机构尽到说明义务……”，即损害结果已经明确列举于知情同意书之上，无相反证据当可认定被告已经履行了告知义务，未侵犯患者知情同意权。最高人民法院从可操作性的角度出发，承认知情同意书的列举等同于已经取得患者的知情同意。

第二，无明确的损害后果或损害后果过于轻微。

知情同意是违法的阻却事由，未经患者同意的诊疗行为均被视为存在医疗过失。但过失不等于有后果。根据《医疗损害司法解释》，侵犯知情同意权但未造成人身损害后果的，医疗机构不予赔偿，也就是否认了对单纯精神损害的赔偿责任。

三、鉴定时的操作建议（共识性）

以上法律、法规明确规定了在医疗行为中，赋予患方知情同意权，即真实告知、充分知情、自行选择、同意或拒绝以及保护性医疗等内容。

知情同意原则主张患者是医疗的主体，医生应该尊重患者的自主权，医疗措施要得到患者的知情、同意后方可实施；医生应该将重要的医疗资讯如病情、可能的治疗方案、各方案的治愈率、可能出现的并发症、不良反应，以及不治疗的后果等与患者分享，以帮助患者选择最合适的医疗方案。这个原则应用于医患关系，特别是在医疗手术、麻醉等重大治疗措施时，医方都会要求患者或其家属签署一张知情同意书，以保证“告知”一事形式上或程序上的合法性。

医疗行为一般具有侵袭性。小到为患者打一针，大到切除患者的患肢，都是对患者人体的“侵害”。而医生的行为之所以具有合法性，来源于以下两方面：一方面来源于职务授权，医生的行为是一种职务行为，系依照法律的授权或规定而取得；另一方面，医生行为的合法性因其履行了告知义务，获得了患方的承诺而具有“违法的阻却事由”。

医方在履行告知义务时，其目的是对患者人格权的尊重，患者行使知情权，则是对医疗行为的理解和约束，两者共同的原则体现在疗效更佳、安全无害、痛苦最小、经济实惠等目的中。

在鉴定时，审查医方是否履行了告知义务，知情同意书包括如下内容[1]：

①所患疾病的诊断；

②不治疗的后果；

③所建议使用的处置措施的目的和方法；

④采用所建议的处置措施的预期效果及风险，可能出现的并发症、不良反应，等等；

⑤除所建议的处置外，可供选择的其他处置方法，各方案的治愈率；

⑥拒绝接受所建议的处置的利与弊；等等。

根据我国目前的临床实践，下列诊疗活动应充分告知，并征得病人及家属的同意[2]：

①构成对人体侵袭性伤害的治疗方法及手段；

②需要病人承担痛苦、风险的检查项目；

③使用的药物的毒副作用大和个体反应的差异性大；

④需暴露病人的隐私部位；

⑤从事医学科研和教学活动的；

⑥需对病人实施行为限制的；等等。

在医疗损害鉴定时，有关知情同意的论述，除了要指出被告医院对于患者术后可能出现的结果是否预估不足、术前与患者沟通是否充分、是否存在医疗过失，以及综合考虑原告的疾病严重程度、医疗技术过失的严重程度及沟通不充分等情况，被告医院的告知缺陷在原告损害后果的责任程度一般也需要作出判断——这是法官鉴定委托事项中的常见内容。当然，在涉知情同意的医疗损害鉴定时，相当多的事实问题是一般性的事

〔1〕 王旭："医疗过失鉴定需遵循的原则"，载《证据科学》2010 年第 4 期。

〔2〕 王旭、常林："从一起医疗纠纷鉴定案例谈我国手术同意书的共性缺陷"，载《中国卫生法制》2009 年第 1 期。

实问题，鉴定人需遵循“专业判断”的原则，避免对非专门性问题进行判断。

第七节　针对并发症的处理原则

有作者从医疗鉴定的角度，浅析医疗纠纷发生的原因及防范〔1〕，结果显示：某医院2015年及2016年医疗投诉中，急诊、外科科室投诉占比较大，其中，急诊科、泌尿外科、普外科、骨科发生纠纷例数较多，这可能与手术科室的手术操作复杂、容易出现术后并发症，尤其是部分手术治疗效果没有达到患者或其家属的期望等有关。从2015年及2016年鉴定案例占比分析可以看出，涉及手术的科室的鉴定较多，而未涉及手术的科室的鉴定例数相对较少。宋健文等人对45例手术并发症致死医疗损害责任纠纷司法鉴定回顾性分析〔2〕显示：医疗纠纷案例大多发生在三级医院，占比86.7%，最常见为普外科；认定医疗过错108处，其中术前30处、术中23处、术后55处；判定医方存在过错并担责43例，占比95.6%，起根本因素作用14例；Ⅰ类并发症19例，Ⅱ类并发症23例，Ⅲ类并发症3例。由此可见，并发症是医疗损害鉴定必须面对的问题。

并发症是临床上常用的词汇，也是医疗损害赔偿中最常提及的问题。〔3〕那么，什么是并发症？世界公认的权威《韦氏医学词典》中解释，所谓“并发症”（complication），是指在某种

〔1〕谢宇航等：“从医疗鉴定的角度浅析我院医疗纠纷发生原因及防范”，载《江苏卫生事业管理》2017年第3期。

〔2〕宋健文、谭晓辉、钟政：“45例手术并发症致死医疗损害责任纠纷司法鉴定回顾性分析”，载《汕头大学医学院学报》2020年第1期。

〔3〕参见陈志华主编：《医疗纠纷案件律师业务》，法律出版社2007年版，第278—280页。

原发疾病或情况（condition）发展进程中发生的、由原发疾病或情况，或其他独立原因导致的继发疾病或情况。

从该并发症的定义可以看出并发症的发生原因是多方面的：①可能是某原发疾病所致，如肠梗阻导致小肠坏死；②可能是因为诊断、治疗措施所带来的手术风险，如甲状腺手术导致喉返神经损伤；③可能是不当的医疗行为所导致，如处理肩难产时手法不当造成的新生儿臂丛神经损伤。

并发症有如下特点：

第一，可预见性。从临床实践来看，绝大部分并发症是可以预见的。比如说，翻开外科学，即可看到胃大部切除的术后并发症（术后出血、十二指肠残端破裂、胃肠吻合口破裂或瘘、术后梗阻、低血糖综合征、反流性胃炎、吻合口溃疡、贫血、脂肪泻等）。那么，既然在书中明确写到的问题，其一定具有可预见性。同时，可预见性也是并发症与医疗意外的主要区别之处。

第二，并发症的发生具有不确定性。并发症是否发生与现代医学科学技术发展水平、医务人员的诊疗水平、医疗条件、患者的自身体质及地域等诸多因素密切相关，这也正是并发症较之医疗意外更为复杂的原因之一。并发症的发生虽然具有可预见性，但其发生又确实具有不确定性。

第三，相对可避免性。并发症并非完全不可避免。随着医学科学技术的发展、人们对疾病认识程度的提高，愈来愈多的并发症通过医务人员的积极努力得以避免，使患者病情得到缓解或康复，实现医学追求的终极目标。正是因为这一特点，国外有学者甚至将并发症归入“可防范的医疗风险”之列。

在鉴定中，对并发症的审查，仍然为注意义务问题。具体可从以下四个方面分析[1]：

第一，医务人员是否尽到风险预见义务。并发症一般情况下是可以预见的，如甲状腺手术可能会损伤喉返神经等。如果应当预见而未能预见到并发症的发生，则说明医务人员未能尽到结果预见的注意义务而构成医疗过失。具体鉴定时，常常反映在对可能出现的并发症在术前讨论中没有显示、病历中鉴别诊断不充分等。

第二，医务人员是否尽到风险告知义务。在医疗关系中，患者享有两项基本权利：①充分了解医疗活动所含风险的权利；②获得适当、合理治疗的权利。

医院相应地负有两项义务：①详尽告知患者手术及特殊治疗的风险，并征得患者对该治疗手段的同意；②进行适当、合理的治疗。

医方在履行告知义务时，其目的是对患者人格权的尊重，患者行使知情权则是对医疗行为的理解和约束，两者共同的原则应体现在疗效更佳、安全无害、痛苦最小、经济实惠等目的。如果医务人员未能向患者或家属告知其治疗措施可能带来的医疗风险，则可以认定其违反了法定的告知义务而构成医疗过失。

第三，医务人员是否尽到风险回避的义务。在现实工作中，医务人员履行风险回避义务的形式主要体现在“知情同意书”的形式要件。但是，应当注意的是，并发症的可避免性是相对的。例如，在腹腔手术后出现的肠粘连等并发症则是临床难以避免的。在上述情况下，只要医务人员能够证明其在手术中严格遵守了技术操作规范，并对不良后果的发生给予了充分的注意，那么即使发生了并发症，医务人员也不存在过失。

---

〔1〕 王旭：“医疗过失鉴定需遵循的原则”，载《证据科学》2010年第4期。

第四，医务人员是否尽到了医疗救治的义务。在并发症发生后，医务人员是否采取积极的治疗措施以防止损害后果的扩大。以甲状腺手术中喉返神经损伤为例，因切断、缝扎导致的喉返神经损伤属永久性损害，而因挫夹、牵拉、血肿压迫所致者多为暂时性的，经过适当的理疗等处理后，一般可能在3—6个月内逐渐恢复。因此，对于后者，医务人员应当采取积极有效的治疗措施，以最大限度地减少并发症的损害后果。

第八节 “医疗意外”的判断与免责

医疗意外〔1〕是指在诊疗护理工作中，因无法抗拒的原因，导致患者出现难以预料和防范的不良后果。意外事件在民法上指非因当事人故意或过失而偶然发生的事件。

由于医疗意外常常突然发生，出人意料，不良后果让患者及其家属不能接受、不能理解，这种情况在医疗损害鉴定中占极少比例。根据《医疗事故处理条例》第33条，医疗意外包括两种情况：①在医疗活动中由于患者病情异常或者患者体质特殊而发生医疗意外；②在现有医学科学技术条件下，发生无法预料或者不能防范的不良后果。

医疗意外一般具有以下特点：①发生快、出现后果严重；②患者体质特殊或病情特殊；③难以预料和防范。判断医方在诊疗活动中是否存在过失，所考量的依然是注意义务。

首先，是否履行了危险结果预见的义务。包括是否按诊疗常规对患者的身体健康状况进行了相应询问和检查，特别是患者既往的过敏状况、特殊疾病等，需要全面地询问、体检和记

〔1〕 参见王旭：“医疗过失鉴定需遵循的原则”，载《证据科学》2010年第4期。

载；是否了解使用的药物和诊疗措施可能出现的意外危险性状况。必须查明医方是否履行了相关的注意义务。

其次，是否履行了防止危险结果发生的义务。包括是否严格检查了所使用的药物、器械的性状与品质；是否对意外危险性进行了必要的急救准备；是否按照医学规范与标准进行了过敏试验；是否作出了正确的观察判断；等等。

最后，所实施的医疗行为是否符合诊疗常规。如果患者的病情根本没有必要施行手术、麻醉、输液治疗等，而医务人员或医疗机构由于一方的目的、误诊误治的因素，实施治疗行为致使了医疗意外发生，这种医疗意外必须承担民事责任，而不属于免责范畴。根据“最佳判断原则”还有其他手段加以诊治，没有必要选择危险性大的诊疗手段，而医务人员由于其他目的而采取这些措施，与患者的特殊体质或特殊病情结合，发生了人身损害的后果，也不能认定为医疗意外。

在鉴定过程中，要充分审查上述三项要求，决定医疗意外是否可免责。此处，不得不承认，在法律判断与技术判断之间，存在着互相重叠的地带。没有技术的支撑，法官将对此问题无从下手。

由此可见，主张成立医疗意外事件的医方，须证明两个事实：其一，医疗损害的发生归因于医疗机构和医务人员自身以外的原因，即非医方的过失行为，而是因患者自身体质或病情的原因；其二，医疗机构和医务人员已经尽到他们在当时应当和能够尽到的注意义务。

延展阅读【案例】

某 2 岁患儿，因发热咳嗽 4 天入院。检查：体温 37.8℃，脉搏124次/分，呼吸30次/分。一般情况尚好，无紫绀。心率124次/分，心律常，未闻杂音。右肺呼吸音低，双肺未闻水泡音。实验室检查：白细胞12.4×10^9/L，中性粒细胞83%。胸透：右肺下肺纹理紊乱。诊断：肺内炎症。给予庆大霉素肌肉注射一日2次及口服药治疗。当晚8时，注射第二次庆大霉素时，患儿哭闹并剧烈咳嗽，继而出现呼吸困难、面部及口唇发绀。立即采取输氧、注射洛贝林及安钠咖、人工呼吸等抢救措施。20分钟后，抢救无效死亡。患儿死后，家属提出申诉，认为“打错针致死”。为查明死因，家属同意尸检，尸检发现：气管内有一被浸泡胀大的豆粒，右侧肺内有炎性改变，左气管内有少许混浊分泌物。患儿死后，医生又进一步追问家属，问出患儿10余天前曾有食黄豆并一度出现剧烈咳嗽的病史。

本案中，根据患儿症状、体征、辅助检查及尸检，经治医生所作“肺内炎症”的诊断是正确的，注射庆大霉素符合医疗常规，病儿窒息后的抢救也是积极和正确的，因此，不存在医疗过失。患儿10余天前曾有食黄豆并一度出现剧烈咳嗽的病史，与后来尸检结果吻合，也符合气管异物导致继发感染而形成肺内炎症的机理。病儿注射时哭闹造成负压，使豆粒从支气管冲入总气管，堵塞呼吸道而产生窒息，导致病儿死亡。

第六章 Chapter 6 医疗损害鉴定中"超说明书用药"问题

超说明书用药又称"药品说明书外用法""药品未注册用法"，是指药品使用的适应证、剂量、疗程、途径或人群等未在药品监督管理部门批准的药品说明书记载范围内的用法。临床药物治疗中，超说明书用药普遍存在。[1]

超说明书用药问题引发的医疗纠纷并不罕见，由于超说明书用药没有规范性标准，在法律界和医学界众说纷纭，也成了鉴定的一大难题。法律界一般认为：药品说明书作为诊疗规范，超出说明书用药的行为一定是违反诊疗规范的行为。在实际案例的判决中，也多以此作为判案依据。而医学界则认为：超说明书用药有其合理性，在一定证据支持的情况下，是被允许的。在鉴定领域，对于超说明书用药的行为也并无确定的评判标准。

第一节 媒体广泛关注的吗啡医疗案

一、吗啡医疗案基本情况

2015 年 5 月 4 日，张某进行胃癌根治术后，因胸闷、憋喘在北京某医院接受住院治疗。该院诊断其为胃癌术后复发、胸

〔1〕 张镭、谭玲、陆进："超说明书用药专家共识"，载《药物不良反应杂志》2015 年第 2 期。

腔积液、间质性肺炎、急性冠脉综合征以及左上肢深静脉血栓。医方予抗炎、平喘、化痰中药扶正等姑息治疗。2015 年 5 月 9 日，张某口服替吉奥，有恶心、呕吐症状，医方停止其口服化疗药。对张某的咳嗽气喘予雾化吸入及激素平喘治疗。2015 年 5 月 13 日，张某一般状况差，仍有胸闷、憋喘症状，9 时 40 分心率增至 200 次/分，心电图示快速房颤，予西地兰 0.2mg 静点，吗啡 10mg 入壶，盐酸胺碘酮备用。11 时左右心律转为窦性心律，血压平稳，心率约 100 次/分。2015 年 5 月 14 日 3 时及 17 时，予吗啡 10mg 皮下注射。张某日间憋喘明显，伴烦躁不安，考虑心功能衰竭、呼吸衰竭，予对症治疗后无缓解，于当日 22 时 35 分出现意识丧失，心率下降、呼吸减慢，反复予以心三联、呼吸兴奋剂抢救，后抢救无效死亡。

患者家属认为，医院存在超剂量、多次对患者注射盐酸吗啡注射液，最终导致患者因呼吸衰竭死亡。医方则认为，诊断明确，治疗符合相关规范，对患者的抢救及时，履行了积极的抢救义务以及告知义务。医院在吗啡的使用上符合相关用法、用量，医方对张某的诊疗不存在过错，与张某的死亡无因果关系。北京某鉴定机构依法出具的鉴定意见认为在张某明显缺氧和没有给予呼吸机辅助通气的情况下，医院应用吗啡不够慎重，医方应负轻微责任。

此案在北京市东城区人民法院一审判决，本案的亮点也是争议点——最后法院未采纳鉴定机构出具的鉴定意见，判决认为医院在对张某使用吗啡的过程中方法、用量并无不妥，并认定医院对张某实施的诊疗行为不存在医疗过错，驳回了患者家属的诉讼请求。法院认为，患胃癌晚期的张某，在住院期间多次注射吗啡，其死亡与吗啡的使用并无因果关系，因此驳回家属索赔近24万元的诉讼请求。[1] 2018年1月25日，北京市高级人民法院与新京报联合评选的2017年度十大媒体关注案例揭晓，此案榜上有名，被称为国内首例吗啡医疗纠纷案。

法院意见：患者死亡与吗啡无因果关系。[2]本案在鉴定意见作出后，医院对该结论不服，申请鉴定人出庭质询。两名鉴定人出庭接受质询。主审法官认为，质询过程中，发现鉴定存在一些疑点。他们（鉴定人）不能明确说明患者在使用吗啡时，须有辅助呼吸机支持的相关依据，以及患者是否存在使用吗啡的适应证等，而这些是判决本案需要厘清的关键问题。法官因此在被告医院外组织医学及法医学专家论证患者死亡与吗啡使用的因果关系问题。

法院还对张某的用药时间和症状进一步分析：第一次使用吗啡后，要严格监测患者是否出现呼吸减慢等症状，如无不良反应，则考虑之后使用同等剂量。张某在第一次用药后并无不良反应，随后的用药均为皮下注射，也没有出现不良反应。法官表示，张某是癌症晚期，呼吸困难、烦躁不安，而吗啡具有镇痛和镇静作用，其具有使用吗啡的适应证，且在使用时无需辅助呼吸机支持。

法院经审理认为，张某意识丧失、心率下降、呼吸减慢直至死亡，已是距其最后一次使用吗啡5个多小时后，因此可认定该情况与吗啡的使用并无因果关系。案件审理没有使用司法鉴定意见，而是从临床医学实操出发通过法律手段厘清是非，摒弃以鉴定替代判决。此为本案的亮点。

---

〔1〕 冷冰凝："医疗损害赔偿中超说明书用药问题研究"，中国政法大学2018年硕士学位论文。

〔2〕 "国内首例吗啡医疗案 判决关乎'安宁疗护'事业发展 | 2017北京法院十大案件"，载 https://m.sohu.com/a/219689407_410494，最后访问日期：2020年5月22日。

法官表示，医院在慎重采取医疗措施的前提下，一旦出现患者伤亡情况，法院需要充分听取医患双方的意见与辩解，在医院无过错的情况下，一旦让其“过度”承担责任，则损害的很可能是广大患者的利益。毫无疑问，该案中患方、医疗机构以及鉴定机构都不约而同地无法回避一个问题——吗啡的超说明书用药的合法性问题。

患方认为，医疗机构在使用吗啡时存在超剂量。患方在诉讼中认为医方于 2015 年 5 月 13 日壶入 10mg，次日皮下注射 2 次各 10mg，存在超剂量使用吗啡的情况。医疗机构认为吗啡超适应证使用是国内外通用行为，不存在任何违法，治疗过程中不存在医疗过错。医方辩称，在治疗过程中，应用吗啡是为了缓解患者呼吸困难的症状，并着重强调该患者是终末期癌症患者，属于临终病人，对其使用吗啡是姑息疗法，可以缓解疼痛。鉴定机构认为医疗机构存在吗啡超禁忌证使用的问题，且未尽到相应的注意义务。鉴定机构在鉴定意见中明确提出急性左心衰竭晚期并出现呼吸衰竭者属于忌用吗啡范畴。

法院在最后判决中虽然对诸方观点逐一予以阐释，但并没有对超说明书用药的行为进行法律定性，我国在超说明书用药的问题上缺乏明确的法律规定，造成了在临床用药过程中患者负担风险，诉讼时医疗机构承担责任的窘境。

现实中，医疗机构超药品说明书用药情况普遍，在诊疗过程中监管不力，超说明书用药的行为在立法上也无明确的法律定位，鉴定机构也缺乏统一的标准或原则的情况下，对于超说明书用药进行鉴定时，无论怎样评判，均有想当然之嫌。

医疗实践中，合理用药是一个很难评价的问题，需要综合评价用药的有效性、科学性、合理性等。在临床实践中，说明书滞后情形时有发生，带来诊疗活动的法律风险，即吗啡案所展现的样子，那么，因超说明书用药引起纠纷，该如何评价超说明书用药问题就成了鉴定界迫切需要解决的问题，特别是评定标准问题。此问题不仅涉及法学、医学、药学、管理学以及司法鉴定等多个领域，同时也关系到我国临床用药安全，关系到我们每个人的生命健康。即目前最被关注的环食药问题之“药”的问题。

二、吗啡医疗案超说明书用药合理性判断

（一）本例超说明用药是否存在

1. 吗啡超剂量用药问题不成立

患方在诉讼中认为医方超剂量使用吗啡，分别于 2015 年 5 月 13 日壶入 10mg，次日皮下注射 2 次各 10mg。根据盐酸吗啡注射液的说明书[1]对于用法用量的描述，皮下注射成人常用量为 1 次 5mg—15mg，1 日 10mg—40mg；极量 1 次 20mg，1 日 60mg。静脉注射，成人镇痛时常用量 5mg—10mg；对于重度癌痛病人，首次剂量范围较大，每日 3—6 次。根据药品说明书的用法，医院的用法用量符合要求，所以超剂量使用吗啡一说并不成立。

2. 吗啡超禁忌证使用问题可疑存在

医方称，在治疗过程中，应用吗啡缓解患者呼吸困难。而在该药品说明书中盐酸吗啡注射液的适应证为“强效镇痛药，适用于其他镇痛药无效的急性锐痛，如严重创伤、战伤、烧伤、晚期癌症等疼痛。心肌梗死而血压尚正常者，应用本品可使病人镇静，并减轻心脏负担。应用于心源性哮喘可使肺水肿症状暂时有所缓解。”在药品说明书中并无可以缓解呼吸困难的适应

〔1〕 冷冰凝：“医疗损害赔偿中超说明书用药问题研究”，中国政法大学 2018 年硕士学位论文。

证。另外，中国药典临床用药须知与药品说明书相同，吗啡适应证中均无缓解呼吸困难的记载〔1〕。同时，鉴定机构在鉴定意见中明确指出，被鉴定人急性左心衰竭晚期并出现呼吸衰竭者属于忌用范畴。盐酸吗啡注射液药品说明书〔2〕中明确指出“呼吸抑制已显示紫绀……病人禁用。”而法院认为，在病历材料中的“甲床紫绀”与该禁忌证中的“紫绀”概念并不相同，故认为医院并不存在禁忌证下使用吗啡的情况。同时该药品说明书中明确表示老年人应慎用该药。此点，从技术的角度，是否属于吗啡禁忌证下使用的情况难以确定，存疑。

综上所述，该案总体上超说明书用药的问题可疑存在。

（二）本案用药合理性的证据来源

美国国家癌症综合网络（National Comprehensive Cancer Network，NCCN）《姑息治疗临床指引》中明确指出：对预期生存时间较短的晚期癌症患者出现呼吸困难，处理重点是提高患者舒适感，使用阿片类药物是缓解症状的重要措施，吗啡是唯一被推荐使用的有效药物。我国国内也有相关文献报道，但国内的报道不能作为吗啡治疗呼吸困难的证据来源。一般认为，《姑息治疗临床指引》作为国外晚期癌症患者临床指南，属于循证医学的研究成果，具有相对较高的证据价值。综上所述，吗啡

〔1〕 国家药典委员会编：《中华人民共和国药典临床用药须知（化学药和生物制品卷）》（2015 年版），中国医药科技出版社 2015 年版，第 133 页载：适应证：适用于急性痛，尤其中、重度痛，如严重创伤、战伤、烧伤等疼痛。可缓解心肌梗死和左心室衰竭以及心源性肺水肿。用于麻醉和手术前可保持患者适当的镇静。口服制剂用于癌痛和慢性重度疼痛。禁忌证：未成熟新生儿、呼吸抑制、脑外伤颅内高压、支气管哮喘、肺源性心脏病失代偿、甲状腺功能减退、皮质功能不全、前列腺肥大、排尿困难等患者。注意事项：慎用于婴幼儿和老年人。用法与用量：皮下注射，极量，一次 20mg，一日 60mg。

〔2〕 东北制药集团沈阳第一制药有限公司，国药准字 H20013351，盐酸吗啡注射液药品说明书。

超适应证用法，即缓解呼吸困难的用法有其合理性。[1]

三、技术分析：不排除医疗机构存在医疗缺陷

本例纠纷中医师在超说明书用药时，应明确其用法有证据来源，需满足超说明书用药前的注意义务。但在给患者使用吗啡时，未对相关事项予以足够注意，如对老年人应慎用，而在应用时却给予了最大剂量。药理上，吗啡可能引起呼吸抑制，加重患者呼吸困难。另外，本例由于缺少更为详细的资料，仅从庭审记录来看，超说明书用药的过程中存在药师缺位、护士监测不到位以及医疗机构监管不力等问题，笔者作为鉴定专家，认为上述情况医疗机构存在一定的医疗缺陷。

本案未见任何关于超说明书用药的知情同意的书面资料，只在穿刺时告知了相关风险，故医师用药时，不排除一定程度地侵犯了患者的知情同意权，在未经患者或者患者家属同意的情况下实施了超说明书用药。

当然，上述医疗缺陷并不必然与患者死亡存在因果关系，这是医疗界的共识。患者最终死亡的结果主要属其自身癌症晚期的自然转归，笔者认为，某鉴定机构给出的轻微责任的鉴定意见有一定道理。本案折射出另一个问题——超说明书用药需要双方沟通、明确法律上的责任与义务。也可以看出关于超说明书用药问题，理论研究任重而道远。

第二节 “超说明书用药”的临床现状

我国现阶段超说明书用药的情况在临床中普遍存在，《侵权

〔1〕 冷冰凝：“医疗损害赔偿中超说明书用药问题研究”，中国政法大学 2018 年硕士学位论文。

责任法》实施以来，对于超说明书用药是否违法的讨论也时有发生，以“超说明书用药”为检索词，在2010—2020年间，可检索到文献43篇。

有学者以北大法宝检索的2010—2017年间127个超说明书用药案件为研究对象，通过对案件数量情况、责任赔偿情况以及适用法律情况分析，来了解超说明书用药的现状，结果显示：①案件数量方面呈增长趋势且分布范围广；②案件责任方面存在多种鉴定情形，其中司法鉴定更多地得出医院有过错的结论；③案件赔偿的影响因素方面主要是医院责任大小与伤残等级，共同决定了赔偿数额的高低；④存在鉴定模式混乱以及法律适用不明确的问题。通过研究，于明秀认为，为了规范超说明书用药行为，应从立法机构、学术协会与医疗机构及医务人员三方面予以改进。[1]

冷冰凝的研究综述显示：超说明书用药发生率较高，发生率居前三位的年龄段为幼儿期（29.8%）、学龄前期（29.5%）和婴儿期（29.2%），超说明书用药类型最多的为超年龄和超适应证。多研究一致显示，新生儿、婴儿或青少年超说明书用药发生率最高；呼吸系统用药、全身用抗感染药、感觉器官和皮肤用药列为超说明书使用频率前三位，提示了国家亟需出台相关政策规范超说明书用药以保障儿童用药安全。[2]

于明秀的研究探讨了不同地区的超说明书用药案件数量分布[3]：全国大部分省市存在超说明书用药现象，不同等级的医

〔1〕于明秀：“超说明书用药民事赔偿问题研究”，北京中医药大学2018年硕士学位论文。

〔2〕冷冰凝：“医疗损害赔偿中超说明书用药问题研究”，中国政法大学2018年硕士学位论文。

〔3〕于明秀：“超说明书用药民事赔偿问题研究”，北京中医药大学2018年硕士学位论文。

院均存在超说明书用药现象，并且医院等级越高，发生超说明书用药的概率越大。在引起的纠纷中，发生率最高的是内科，其次是外科。自《侵权责任法》实施后，医疗纠纷案件数量呈增长趋势，其中2013—2014年增势最为明显，在超说明书用药的案件中，医务人员根据最新的临床文献，基于对患者病情的考虑而超说明书用药，导致患者出现损害的情况时，法院往往以药品说明书的适应证以及用法用量为指标，判定医疗行为是否存在过错。由此可见，在我国超说明书用药现象普遍存在，法院处理难度大。

第三节 “合理的超说明书用药”之国内外规定〔1〕

一、国外规定的情况

在英国，英国医学总会对医生的诊断和处方行为进行管理。1983年通过的《医疗法案》中明确赋予英国医学总会管理医疗从业者的医疗指南和行为准则。英国医学总会定时更新《优良处方和医药器械管理准则》(*Good Practice in Prescribing and Managing Medicines and Devices*)，特别就未注册用药和超说明书用药准则作出了说明。该准则指出在以下几种情况下医生可以处方未注册用药和超说明书用药：①在特定医疗需求的情况下，如市场上无针对特定疾病的药品或无针对儿童某疾病的药品，而该成人用药品在用于儿童时也有效，或某些药品增加剂量、改变剂型后可以满足某些患者的医疗需要；②市场上已有上市药品被批准用于治疗某种疾病，但由于某些原因患者无法获得该药

〔1〕冷冰凝、王旭：“医疗损害鉴定中超说明书用药问题的研究现状”，载《法医学杂志》2018年第2期。

品，如药品库存短缺；③作为某种已被批准的医疗研究项目的一部分。同时英国药物和保健产品监管署（Medicines and Healthcare Products Regulatory Agency，MHRA）明确规定了具有超说明书用药处方权的人员资质，临床医师和牙医均可开具超说明书用药处方，另外还允许经所在医疗机构批准的药师、护士、放射科医师在特定情况下开具超说明书用药的处方。

日本厚生劳动省文件指出：超说明书用药可以国外实例及国外药品说明书或相关政府机构发布的最新药品安全性信息为依据，并规定：有医学研究的学术论文资料，且在海外已被证实的超说明书处方，可酌情免除修改说明书所需进行的临床试验。

为保障患者用药安全，同时规避医疗机构和医务人员的执业风险，我国须尽快出台相应规章，以规范“合理的超说明书用药”行为。

二、国内法律规定的情况

我国有《中华人民共和国药品管理法》《中华人民共和国药品管理法实施条例》《处方管理办法》等法律法规及诊疗规范。根据《处方管理办法》第 6 条第 9 项规定，药品在特殊情况下可以超剂量使用但应注明原因并再次签名。因此，当没有违反诊疗规范时，在特殊情况下，超剂量使用药品的超说明书用药行为在注明原因并再次签名后，属于合法行使处方权的行为。《中华人民共和国药品管理法》第 58 条第 1 款中规定：对有配伍禁忌或者超剂量的处方，应当拒绝调配；必要时，经处方医师更正或者重新签字，方可调配。医师如果认为有必要突破药品说明书中的剂量，须经过严格的签字手续可以行使处方权，药剂人员可以进行调配。法律对于超药品说明书用药的处方权虽然没有一概禁止，但也表达出需要严格审核程序的立法意图。

目前有如广东省药学会组织药学专家编写的《药品未注册用法专家共识》、原北京市卫生局制定的《北京市医疗机构处方专项点评指南（试行）》，同时还有部分专业特殊用药的《DPP-4抑制剂超药物说明书用法专家共识》《风湿免疫疾病超药品说明书用药专家共识》等文件。这些专家共识发布了有关超说明书用药的相关行业规范，具有指导性意义。《肝素诱导的血小板减少症中国专家共识》解读等与用药有关的指南类文献，也对相关法律法规的修正有所裨益〔1〕。

第四节　超说明书用药问题在各界的争议

医学界本身对于超说明书用药就褒贬不一。中国工程院院士、中国医学科学院肿瘤医院孙燕教授呼吁，医生超说明书用药的行为应该受到严厉惩罚，以免使患者承担风险。并认为，医生为患者提供的应该是最安全、有效的治疗方式，而不能随意尝试新的治疗方法。药物的新的适应证应该由科研人员在经过基础理论研究，掌握循证医学充分证据的情况下，经相关部门审核批准，将其写入药品说明书后才可用于临床。〔2〕多数学者认为我国现行法规对药品说明书定性不明，认为药品说明书存在自身漏洞和不全面性，其内容更新滞后，超说明书用药的现象在临床上普遍存在。

在司法实践中，按照药品说明书规定的正常用法用量使用药品所发生的有害反应一般属于药品不良反应，既不是医疗过

〔1〕许俊堂："肝素诱导的血小板减少症中国专家共识解读"，载《中国循环杂志》2018年第A2期。

〔2〕冷冰凝、王旭："医疗损害鉴定中超说明书用药问题的研究现状"，载《法医学杂志》2018年第2期。

失也不是药品质量事故，假使药品说明书存在缺陷，只要该药品说明书经过国家核准，所发生的损害都可以归入药品不良反应，这是药品说明书的质量层面甚至标准层面上的问题。

在国内，绝大部分超说明书用药管理的规定仅仅是医院内部的规章制度及法律效力较弱的行业专家共识。当涉及用药纠纷案的鉴定与审判时，《中国药典》、药品说明书、《临床诊疗指南》及《临床技术操作规范》等是技术与法律判定的主要参考依据。

第五节 医疗损害鉴定中的评判标准推荐

邢沫等人提出可以将超药品说明书用药分为五种情况[1]，以合理理论、实践依据为主要标准，以知情同意为补充，对应不同的法律责任，对于司法鉴定具有借鉴意义，具体见表1。

表1 超说明书用药的法律评价标准

等级	情况假设	法律责任
1	存在效力强的理论依据，通过临床检测证明安全的超说明书用药	直接认定为合理用药，视同未超说明书用药的药品管理
2	存在合理理论依据，但未取得临床监测证据	需要特别告知并取得患者同意，才可认定合规
3	理论证据效力较低，实践证据不足，但在难以替代或紧急的情况下，为了患者利益超说明书用药	应当特别告知取得知情同意，可免除或减轻责任
4	仅有部分效力较低的理论依据，但其依据仍存在合理性	可以根据证据效力，酌情减轻责任

〔1〕 邢沫等：“超说明书用药法律评价标准探讨”，载《中国医院管理》2015年第3期。

续表

等级	情况假设	法律责任
5	如不满足上述情况	不得认定其为合理用药，对于此类超说明书用药应当禁止

张良辉等人就建立超说明书用药的分级管理制度，提出了“超说明书用药”证据等级标准（见表2），并指出：药品说明书不属于法律文件，在现行法中找不到其属于法律文件的根据。[1]这个观点一方面提出了管理的边界，另一方面代表和维护了医方的权益。

表2　超说明书用药的分级管理评价

等级	含义
1	国外说明书批准的用法
2	国际指南用法
3	国内指南用法
4	专家共识（包括诊疗常规、专著）
5	其他循证支持用法（包括文献报道）等

多数学者从循证医学、循证证据的角度，考察超说明书用药的行为，认为：过于低等级的证据不能作为超说明书用药的直接证据。而在医疗损害鉴定过程中主要对三个问题进行鉴定，即是否存在医疗过错、是否存在损害结果和医疗过错与损害结果之间是否存在因果关系。超说明书用药本身又分为不合理用

〔1〕张良辉、王丹、张关敏：“超说明书用药分级管理与立法完善”，载《中国卫生法制》2016年第5期。

药和有根据的合理用药。不合理用药当然可以认为存在医疗过错。但是有根据的合理用药行为，应该如何进行判定与界定，一般影响着司法鉴定意见的结果。一般认为，在鉴定实务中，需达到表 1 中的 1—3 级，或者达到表 2 中的 1—4 级，可以认定属于“合理用药行为”，同时考量告知的情况，以体现医患双方风险共担，也展现了医方是否尽到了“最善注意义务”。

[延展阅读] 某司法鉴定中心法医学鉴定意见书

××［××市］医鉴字第×××号

一、基本情况

委托单位：河北省××市中级人民法院

委托事项：河北省××妇幼保健医院对×××的诊疗行为是否存在过错？如存在过错，该过错与×××的目前后果是否存在因果关系？参与度如何？

受理日期：2012 年×月×日

鉴定材料：

①河北省××妇幼保健医院住院病历复印件 1 份；

②门诊病历复印件 1 份。

听证及会诊日期：2012 年 6 月 27 日

鉴定地点：法大法庭科学技术鉴定研究所

被鉴定人：×××，女，1991 年 8 月 12 日出生（身份证号：略），现住址：略。

二、检案摘要

（一）案情摘要

据本案相关材料载：被鉴定人×××因“间断失神发作一

年”，于1998年3月2日就诊于河北省××妇幼保健医院，门诊诊断为“癫痫，失神发作”，予以丙戊酸钠（VPA）抗癫痫治疗1年余，后仍有失神发作。1999年5月6日再次来院，医方予以加用利必通口服抗癫痫药物，其后（1999年5月24日），×××发热5天，出皮疹2天在该院住院治疗，诊断为“上呼吸道感染，重症渗出性多形红斑”。住院期间停用上述药物，予以激素抗炎、抗生素预防感染等治疗，1999年5月25日×××出现睁眼困难等表现，经眼科会诊后予对症治疗，1999年6月29日出院。此后，×××双眼视力下降，经多次就诊及治疗后，诊断为“右角膜上皮缺损，双角结膜干燥症”，于2005年在北京××医院行“右眼羊膜移植术”。目前双眼视力低下。

原告方认为：被告医院在诊治“癫痫”过程中存在超剂量用药等医疗过错，造成×××“重型药疹”，并导致目前双眼视力低下等损害后果。故起诉至河北省××市中级人民法院，要求赔偿。

（二）资料摘要[1]

河北省××妇幼保健医院×××门诊病历载：

［1998-3-2］儿内，主因间断失神发作1年。失神发作无规律，未予重视，近两月发作频繁。查体（PE）：心肺腹未见异常，神经系统阴性。脑电图：异常脑电图。脑CT：正常。诊断：癫痫，失神发作。取（R）：VPA 0.2g-0.1g-0.1g 3次/日；10天后来看周四专家门诊。

［1998-3-5］服药已3天，未见效来就诊。R：VPA 0.2g 3次/日；两周后来复查。

［1998-3-19］发作明显减少来复诊，脾气好转。PE：一般

---

〔1〕 病历资料摘抄仅供了解患者治疗过程使用，详细情况以原始病历资料为准。

情况好，体重23kg，学习成绩有进步，心肺腹无异常。R：VPA 0.2g-0.3g-0.2g；3次/日；一个月后来查肝功能。

［1998-4-9］未完全控制，数日犯1—2次。R：VPA 0.25g-0.5g 2次/日。

［1999-5-6］两年来有失神及点头样发作，一天发作多次，做脑电图诊为失神小发作，一年前开始用VPA 0.2g-0.3g-0.2g 3次/日失神减少，约1个月后发作如旧，现用VPA 500mg/d+CB2 50mg 3次/日。PE：一般情况好，体重24kg，心肺腹无异常，四肢及N系无异常。R：VPA 0.2g-0.3g-0.2g 3次/日；利必通25mg 2次/日；一周后来复查。

［1999-5-13］仍有发作未见轻，来咨询。R：VPA用量同上；利必通25mg 3次/日。

［1999-5-20］仍有失神发作、点头，一日发作数次，来咨询。R：VPA 0.2g-0.3g-0.2g 口服3次/日，合近30mg/kg/日；利必通50mg-25mg-50mg 3次/日。观察反应，有变化随诊。

河北省××妇幼保健医院×××住院病历（病案号：071011）载：

入、出院日期：1999年5月24日，1999年6月29日。

主诉：发热5天，出皮疹2天。现病史：患儿于入院前5天无明显诱因出现发热，体温在39.5℃—40℃之间，无寒战、抽搐，无咳嗽及喘息，无腹痛及吐泻，即到当地医院就诊，考虑“上呼吸道感染”给予“青霉素480万u、双黄连40mL，利巴韦林0.3g及能量合剂静点1次/日”治疗3天，并间断应用退热药物。但体温一直持续在39℃—40℃之间，化验血常规：白细胞计数（WBC）2.5×10^9/L，淋巴细胞计数（L）45%，中性粒细胞计数（N）43.3%，血红蛋白浓度（HGB）124g/L，血小板计数（PLT）81×109/L。近2天发现颜面有散在红色皮疹，即转入××县医院诊治，考虑“上呼吸道感染、药疹”，给予“青霉素 640 万 u、哌拉西林 3g，利巴韦林 0.3g，双黄连 1.8g”静点 2 天，热不退，且皮疹迅速蔓延至躯干及四肢，部分融合成片，为求进一步诊治，来我院，门诊以“发热原因待查”收入院。既往史：患儿 2 年前诊断“失神小发作”并口服 VPA 治疗，近 2 周加用利必通 25mg 2 次/日未控制，5 天前加量至早 50mg、中 25mg、晚 50mg，口服至昨日。

体格检查：体温 40.3℃，呼吸 30 次/分，脉搏 140 次/分，血压 13/9KPa，体重 23kg，身高 130cm，头围 51cm，胸围 60cm。发育正常，营养中等，急性热病容，神志清，对周围环境反应灵敏。颜面及躯干部可见较密集直径 2mm—2cm 不等的红斑，呈暗红色，部分红斑中央发生水泡，皮疹高出皮肤，压之不褪色……双眼睑无浮肿，球结膜充血，巩膜无黄染，双内眦可见黄色分泌物，双侧瞳孔正大等圆，对光反射灵敏。口唇溃破，口腔粘膜红肿，可见散在溃疡面，部分有灰白色假膜。咽充血，扁桃体不大……四肢肌力、肌张力正常，双肱二、三头肌反射、双膝腱反射、跟腱反射正常，布氏征、克氏征及巴氏征阴性。

初步诊断：上呼吸道感染；重症渗出性多形红斑。

［1999-5-25］10：00，患儿持续发热，体温在 37.8℃—39.8℃，晨呕吐 3 次，为黄绿色胆汁……神志清，面部、颈部、躯干部可见大面积紫癜样红斑丘疹、水疱及大疱，面部及颈部皮疹融合成大片，其下有渗出物，眼部、口周部皮疹破溃，有黄色渗出物，口腔粘膜广泛糜烂，张口困难，外阴及四肢可见散在红斑丘疹及水疱，球结膜充血，双肺呼吸音粗，心率 98 次/分，心音有力，无杂音，腹软，肝脾不大，神经系统无异常。据患儿发热、出皮疹病史，门诊化验血象低，首先考虑上呼吸

道感染，因血象低，支持病毒感染，其次据患儿病毒感染史及典型的皮肤、粘膜损害，考虑重症渗出性多形红斑，病因考虑病毒感染，但患儿有服用抗癫痫药物 VPA 及利必通的病史，故不完全排除药物所致。治疗原则：停用可能引起该病的药物 VPA 及利必通，激素抗炎治疗，抗生素预防感染，加强皮肤、眼部、口腔、外阴护理，维持水电解质平衡……

［1999-5-25］15：30 眼部及咽可见较多渗出物，睁眼、张口受限明显……请眼科会诊，嘱予斑马眼药水、一滴灵眼药水交替滴眼。请口腔科会诊，嘱华素片溶液漱口。请皮肤科会诊，嘱病室内避光，皮肤暴露疗法，1%硼酸液涂皮肤……

［1999-5-26］10：30 ××医院皮肤科主任会诊意见：据患儿病史及查体所见，渗出性多形红斑诊断明确，目前表皮松弛，有大疱，皮肤护理给予 0.02%呋喃西林或 0.3%硼酸敷患处，红外线烤，使保持干燥，可避免感染，无菌单一天一换，余治疗同意我院处理，但激素应加量，目前体温恢复正常，皮肤、粘膜破损，一周左右渐好转，今加用西咪替丁静点，抑制胃酸分泌，保护胃肠粘膜。

［1999-5-27］颈面部、躯干、四肢可见较密集的大小不等的水疱，其中有部分表皮已剥脱，露出鲜红的创面，渗液不多，口周、眼部破溃创面部分结痂，分泌物仍较多……

［1999-5-28］双眼仍不能睁开，眼部分泌物减少，口唇糜烂部分已干燥结痂，口腔粘膜广泛糜烂……

［1999-5-29］因患儿拒绝睁眼，结膜及角膜情况不详，若角膜受损过重，将来可能影响视力，甚至失明，病情已向家属交代……

［1999-5-31］眼科会诊查体发现：眼睑水肿、皮肤剥脱，结膜充血，伪膜存在，眼球混合性充血，角膜弥漫灰白色混浊，

附以坏死组织，无溃疡。建议予氯霉素眼药水及1%阿托品眼药水点眼，素高捷疗眼膏涂眼，另外患儿激素长期大量应用不利于眼部恢复，且皮疹好转，故停地塞米松，遵嘱执行。

［1999-6-2］双眼经眼科大夫会诊，剥离眼内假膜，已能视物，无角膜溃疡……

［1999-6-20］阶段小结：患儿主因发热5天，出皮疹2天入院……给予下病重，一级护理，头孢曲松钠静点抗感染、氢化可的松减少渗出，改善中毒症状，单间隔离，进行眼部及口腔护理。第2天皮疹较前增多，面部、颈部皮疹融合成片，其下有渗出液，口腔粘膜广泛糜烂，张口困难，并拒绝睁眼。即请眼科、口腔科、皮肤科会诊，同意我科诊断及治疗方案，加用丙种球蛋白静点增强机体抵抗力，并静点两次血浆。因患儿不能进食，于第6天给予静脉营养，严格进行无菌护理。第9天病渐好转，激素减量，破损皮肤大部分干燥、结痂。第10天双眼经眼科大夫会诊处理后，已能视物，但口腔粘膜仍较糜烂。第14天，口腔分泌物培养回报表皮葡萄球菌，环丙沙星、先锋Ⅴ敏感，停用头孢曲松钠，改为环丙沙星、甲硝唑静点抗感染。因患儿能进食，静脉营养已逐渐减量并停用。目前患儿皮肤已完全恢复正常，双眼球结膜仍充血，眼科已多次会诊，停用氯霉素眼药水，改为利福平及色甘酸钠眼药水滴眼，口腔粘膜仍可见黄白色分泌物。于第22天停用甲硝唑静点，现仅用环丙沙星治疗口腔感染，甲硝唑、红霉素间隔涂口腔，局部治疗。下阶段治疗原则重点是口腔及眼部护理，按时点眼药水，勤漱口，继续抗感染治疗。

［1999-6-28］患儿无发热，饮食睡眠好，大小便正常。PE：神志清，精神好，呼吸稳，双眼视物清楚，无分泌物，球结膜、睑结膜均无充血，口腔粘膜光滑，舌面及口唇内侧面黄

白色分泌物基本消失。心肺腹查体无异常，神经系统查体无异常。主治查房意见：患儿重症渗出性多形红斑已痊愈，明日出院。嘱院外避免受凉及滥服药物。

××眼科医院×××门诊病历载：

[1999-10-13] 癫痫 2 年，服 VPA、利必通后全身水泡、粘膜脱落，在医院抢救 40 天，视力低。查：右眼 0.6+2，左眼 0.6+2。双下泪小点已闭锁，左下睑倒睫，双近睑缘部睑结膜灰白粗糙，余睑结膜充血，口上已出现瘢痕。诊断（IMP）：剥脱性皮炎（累及结膜及睑缘）。

北京××医院×××门诊病历载：

[2000-6-2] 右眼 0.7，左眼 0.6，双基础泪液分泌：右眼 15mm，左眼 4mm。主诉：2 年前于服利必通后感双眼红、怕光。PE：双睑结膜充血，右角膜上皮缺损，浅层混浊，左角膜清，双 KP（-），前房中深，Tyn（-），双瞳圆，晶体清。IMP：右角膜上皮缺损，双角结膜干燥症。

××医院×××出院志（住院号 D0004292）载：

入、出院日期：2005 年 2 月 28 日，2005 年 3 月 5 日。

入院情况：右眼视物模糊 2 年余。视力：右眼 0.05、矫正 0.1，左眼 0.7、矫正 1.0。眼压：右眼 16mmHg，左眼 15mmHg。右眼上、下睑内翻倒睫，睑球轻粘连，泪道冲洗通畅，下泪点处瘢痕，结膜无充血，角膜云翳，可见血管翳上周向中央部生长，前房中深，虹膜纹清，瞳孔约 3mm 大小，圆形，对光反射正常存在。住院经过：入院后于 2005 年 2 月 28 日在手术室局麻下行“右眼羊膜移植术”，术中顺利，术后予局部抗炎、激素、对症治疗。

出院情况：患者精神好。查：右眼结膜轻充血，羊膜移植片位可，中央切开区光滑、透明，固定缝线在位，前房清，深浅正常，瞳孔正大、圆形，对光反应敏。

出院诊断：右眼羊膜移植术后，右眼角膜血管翳，右眼上下睑内翻。

××医学会于2006年9月28日×××医疗事故技术鉴定书（××医鉴2006-021号）载：

分析意见：①按1999年当时对难治性癫痫的治疗，医方在利必通的使用上无违规行为。②该患者皮疹发生后，入院的诊断、治疗正确，出院时病历记录双眼无异常。③重症渗出性多形红斑可由多种原因引起，包括感染、药物过敏等。该患者出皮疹前曾发热，并应用青霉素、双黄连、退热药等，×××医院病案首页记载青霉素过敏。④过敏性药疹的发生与药物剂量无相关性，与患者体质相关。结论：综上分析，根据《医疗事故处理条例》第2、33条，本病例不属于医疗事故。

三、鉴定过程

（一）简要过程

我所于2012年6月27日组织双方当事人进行听证并召开专家咨询会，会上，向医患双方告知了本案鉴定人员及鉴定相关事项，同时听取了医患双方各自的陈述意见，我所鉴定人员及临床专家针对相关问题向医患双方提问，双方给予了回答。

同时，本所按照《人体伤残程度鉴定作业指导书》（FDFSS-C-02-2007）及《视觉功能检查操作规范》（FDFSS-C-04-2007）对被鉴定人×××进行了眼科查体及视觉诱发电位等检查。结合专家会诊情况，经过鉴定人认真分析、讨论，达成一致意见，制作本鉴定文书。

现将双方陈述意见归纳如下：

患方认为：河北省××妇幼保健医院在对×××进行抗癫痫药

物治疗时，应用“利必通”药物的初始剂量过高、随后增加的剂量过快，并与VPA合用，加大了药物的毒副作用，导致×××药物不良反应的发生以及后期的角膜损害。总之，×××目前双眼视力低下的残疾后果为该院的上述医疗过错所致。

医方认为：我院对×××癫痫疾病诊断明确，应用“利必通”存在用药指征，重症渗出性多形红斑为罕见不良反应，以1999年的医疗条件无法预测；患方在出现发热、出皮疹后未及时来我院就诊，而是延误5日后才来，对后果应承担责任；患儿从我院出院时无双眼视力下降，后期出现视力问题，不排除其他因素所致的可能。总之，我院诊疗行为无过错，×××目前双眼状态与我院的医疗行为不存在因果关系。

（二）检查记录

被鉴定人×××于2012年6月27日接受我所检查。

主诉：右眼失明，左眼视力低下。

视力：右眼眼前手动，左眼0.2-1，矫正不应。右眼睑裂较对侧小。左眼位正，右眼外上斜约20°，右眼球运动受限，睑球粘连明显。双结膜充血。右角膜混浊、水肿、变性（大疱状），大量新生血管翳，左角膜中央及颞下角膜可见透亮区。右眼内及眼底不入。左眼前房、晶体及瞳孔无异常，小瞳下眼底未见明显异常。

（三）电生理检查

Goggles-VEP示：双眼1.9/s—10.9/s均可诱出NPN波形；左眼P波潜伏期及波幅基本正常；右眼P波潜伏期基本正常，波幅较左侧普遍降低。

PRVEP示：左眼空间频率阈值降低（27’视角），P100波潜伏期明显延长，波幅尚可；右眼多个空间频率均未诱出明确P100波形。

四、分析说明

根据现有鉴定资料，结合专家会诊意见，现就委托鉴定目的进行分析。

（一）被鉴定人×××诊治经过简述

被鉴定人×××因“间断失神发作一年”，于1998年3月2日就诊于河北省××妇幼保健医院，门诊诊断“癫痫，失神发作”，予以VPA抗癫痫治疗1年余，此后×××仍有失神发作。1999年5月6日再次来院，医方予以加用“利必通”（抗癫痫药物）口服，并先后2次增加药量。其后，×××被拟诊“上呼吸道感染”在当地医院给予青霉素、利巴韦林及退热药物等治疗无效，1999年5月24日，以“发热5天，出皮疹2天”为主诉入住河北省××妇幼保健医院治疗，诊断为“上呼吸道感染，重症渗出性多形红斑”。住院期间，停用“利必通”等抗癫痫药物，并予以激素抗炎、抗生素预防感染等治疗，1999年6月29日出院，出院诊断：上呼吸道感染、重症渗出性多形红斑。此后，×××双眼视力逐渐下降，经多次就诊及治疗后，诊断为“右角膜上皮缺损，双角结膜干燥症”，于2005年在北京××医院行“右眼羊膜移植术”。目前被鉴定人×××遗有双眼视功能障碍。

（二）河北省××妇幼保健医院的诊疗行为评价

1. 门诊治疗期间，癫痫诊断明确，存在用药指征

被鉴定人×××于1998年3月至1999年5月因“间断失神及点头样发作”在河北省××妇幼保健医院门诊就诊，诊断为“癫痫，失神发作”。根据当时病历记载，患儿存在失神发作的症状及异常脑电图结果，故，癫痫失神发作的诊断依据存在。医方给予被鉴定人VPA单药抗癫痫治疗1年余，患儿仍有失神发作，后予以加用“利必通”。我们认为：“利必通”的用药指征存在，

两药联合应用产生协同作用使疗效增加，药物配伍存在合理性。

2. 关于“利必通”的应用问题

“利必通”的药品通用名为拉莫三嗪片，为口服抗癫痫药，该药在双盲、附加临床试验中，皮疹的发生率高达10%，并有报告：该药罕见不良反应包括重症渗出性多形红斑和中毒性表皮坏死溶解，其不良反应发生的危险因素与初始剂量过高和随后增加的剂量超过推荐剂量有关〔1〕。本品在与VPA合用时，相互竞争肝药物代谢酶，降低拉莫三嗪片的代谢，延长药物半衰期，因此，两药合用时宜降低该药用量，以避免不良反应的发生。

鉴定书的常用语认为：医方在“利必通”用药问题上存在认识不足，表现为以下方面：

第一，关于用法用量（与VPA联合应用）。经审查病历，1999年5月6日河北省××妇幼保健医院对×××开具的医嘱用药为“VPA 0.2g-0.3g-0.2g 3次/日，利必通25mg 2次/日”，1999年5月13日（一周后）VPA用量同前，利必通加量至“25mg 3次/日”，1999年5月20日（又一周后）VPA用量不变，利必通加量至“早50mg 中25mg 晚50mg 3次/日”。

被鉴定人×××当年实足年龄为8岁，体重24kg，参照拉莫三嗪片的新、旧用药相关文献〔2〕，计算其初始剂量应为3.6mg/日及12mg/日。而本例实际应用的初始剂量为50mg/日。无论与当时还是目前的用药规定比较，该用药量均明显超出推荐剂量。同时，该院随后两次增加剂量，其药量增加偏快，治疗过于积极。故此，我们认为：医方在对×××的治疗过程中，存在抗癫痫

〔1〕参见拉莫三嗪片说明书（核准日期：2007年1月29日）。

〔2〕注：1997年印刷的第14版《新编药物学》拉莫三嗪片的用法规定：若与丙戊酸钠合用，开始剂量为每日0.5mg/kg，维持量每日1 mg/kg—5 mg/kg；拉莫三嗪片说明书（核准日期：2007年1月29日）中规定，与丙戊酸钠合用的初始剂量是0.15mg/kg/日。

药物“利必通”应用方面的医疗过错。

第二，关于用药注意事项。拉莫三嗪片在 1999 年临床应用不甚广泛，但本药在上市前的临床试验阶段，已有明确的皮疹发生之不良反应的说明，对此，临床医生应予足够关注。而医方的门诊病历中，未对该药的用药注意事项予以书面告知，如“出皮疹停药”之类的提示性说明等。反映出医方对“利必通”的药物不良反应认识不足、对患方告知存在缺陷。

3. 住院治疗期间医疗行为无明显不当

1999 年 5 月 24 日，×××因“发热 5 天，出皮疹 2 天”在河北省××妇幼保健医院住院治疗，入院后，该院明确诊断×××患有“重症渗出性多形红斑”，并及时完善相关检查，给予激素抗炎、抗生素预防感染等治疗，1999 年 5 月 25 日×××出现张口困难、拒绝睁眼等表现，该院即请眼科、口腔科、皮肤科会诊，积极眼部对症治疗，给予眼部、口腔护理、静脉营养等处置，患儿病情控制，于 1999 年 6 月 29 日出院。我们认为：河北省××妇幼保健医院对×××住院期间的诊疗过程基本得当，无明显医疗过错。

综上所述，我们认为：河北省××妇幼保健医院对×××诊疗过程中，存在抗癫痫药物“利必通”应用剂量过高及告知不足的医疗过错行为。

（三）被鉴定人×××不良后果的因果关系分析

被鉴定人×××出院后双眼视力逐渐下降，经多次就诊及治疗后，诊断为“右角膜上皮缺损，双角结膜干燥症”，于 2005 年行“右眼羊膜移植术”。目前被鉴定人×××遗有双眼视功能障碍。

现有资料显示：被鉴定人×××经拉莫三嗪片+VPA 联合抗癫痫药物治疗 2 周后，出现发热症状，当地医院给予青霉素、病毒唑及退热药物等治疗 3 天无效且出现皮疹。转院继续上述同类药物治疗 2 天后仍未退热，且皮疹迅速蔓延至躯干及四肢。1999 年 5 月 24 日到被告医院住院治疗，直至来院当日予停用上述抗癫痫药物，并明确诊断为“重症渗出性多形红斑”。从上述情况分析：被鉴定人×××所患重症渗出性多形红斑为药物过敏所致可能性大，该病除皮肤、粘膜病变外，可累及角膜、结膜。结合现有病历材料及我们眼科检查所见，考虑×××目前双眼表现及视力损害后果与重症渗出性多形红斑有关。

如上所述，河北省××妇幼保健医院对×××的诊疗过程中，存在“利必通”应用剂量过高及告知不足的医疗过错，一定程度地增加了×××药物不良反应的发生概率并对有效防范不利。但需指出的是：重症渗出性多形红斑为一种罕见的药物不良反应，其发生常常与个体的特异性体质相关，甚至可能与某些致敏药物的剂量无关。

另外，被鉴定人×××发生过敏反应前后，还同时应用了青霉素等多种其他药物，难以排除拉莫三嗪片以外药物致敏的可能性。

同时，1999 年拉莫三嗪片为新上市药物，医生一般对其不良反应存在认识上的不足，另外，考虑被告医院当年的医疗技术水平等因素，均对于本例药物不良反应的防范有所影响。

综上所述，我们认为：被告医院的医疗过错与被鉴定人×××目前双眼视功能障碍的不良后果存在一定程度的因果关系，医疗过错责任程度考虑以次要责任为宜。

五、鉴定意见

河北省××妇幼保健医院对被鉴定人×××诊疗过程中，存在抗癫痫药物“利必通”应用剂量过高及告知不足的医疗过错。

被告医院的医疗过错一定程度地增加了×××药物不良反应的发生概率并对有效防范不利，考虑与被鉴定人×××目前双眼视功能障碍的不良后果存在一定程度的因果关系，医疗过错责任程度考虑以次要责任为宜。

鉴定人：主任法医师　××

司法鉴定人执业证证号：

副主任法医师　××

司法鉴定人执业证证号：

20××年×月×日

第七章 Chapter 7

医疗损害鉴定标准化问题研究

第一节　我国医疗损害鉴定标准概况

1987 年国务院出台的《医疗事故处理办法》是我国首次对医疗事故纠纷的解决在法律层面上的规定，从此开启了医疗鉴定及其规范化的进程。笔者统计的我国每十年出台的与医疗工作和医疗纠纷鉴定有关的法律法规和规范性文件的数据，详见图 1。由图可知，我国出台的医疗损害鉴定文件数量正在逐年增加，医疗损害鉴定工作逐步规范化。笔者对其分析发现，其制定主体众多且不同主体制定的文件存在交叉重复甚至存在冲突，导致实践适用不一。

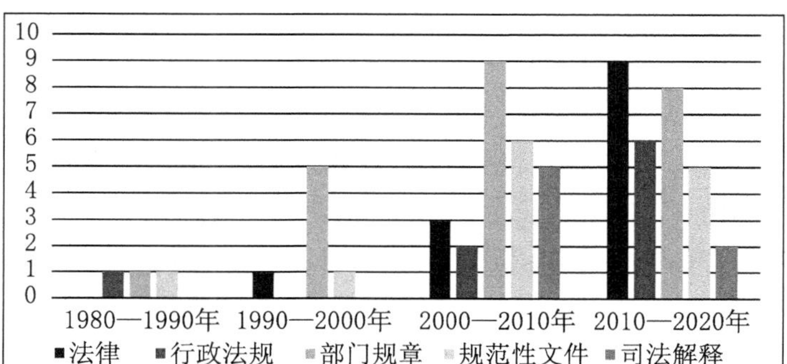

图 1

具体数据分为五部分。

一、法律：13 部

1990—2000 年 1 部：《中华人民共和国献血法》（1997 年发布）。

2000—2010 年 3 部：《中华人民共和国执业医师法》（2009 年修正）；《民法通则》（2009 年修正）；《侵权责任法》（2009 年发布）。

2010—2020 年 9 部：《中华人民共和国传染病防治法》（2013 年修正）；《决定》（2015 年修正）；《中华人民共和国中医药法》（2016 年发布）；《中华人民共和国刑法》（2017 年修正，2020 年再次修正）；《中华人民共和国民事诉讼法》（2017 年修正）；《中华人民共和国国境卫生检疫法》（2018 年修正）；《中华人民共和国职业病防治法》（2018 年修正）；《中华人民共和国药品管理法》（2019 年修订）；《民法典》（2020 年发布）。

二、行政法规：9 部

1980—1990 年 1 部：《医疗事故处理办法》（1987 年，《医疗事故处理办法》首次对医疗事故纠纷的解决予以法律层面的规定）。

2000—2010 年 2 部：《中华人民共和国母婴保健法实施办法》（2001 年发布）；《医疗事故处理条例》（2002 年发布）。

2010—2020 年 6 部：《医疗机构管理条例》（2016 年修订）；《麻醉药品和精神药品管理条例》（2016 年修订）；《血液制品管理条例》（2016 年修订）；《病原微生物实验室生物安全管理条例》（2018 年修订）；《预处条例》（2018 年发布）；《中华人民共和国药品管理法实施条例》（2019 年修订）。

三、部门规章：23 部

1980—1990 年 1 部：《全国医院工作条例》（1982 年发布）。

1990—2000 年 5 部：《中华人民共和国传染病防治法实施办法》（1991 年发布）；《中华人民共和国护士管理办法》（1993 年发布）；《医疗机构管理条例实施细则》（1994 年发布）；《医师资格考试暂行办法》（1999 年发布）；《医师执业注册暂行办法》（1999 年发布）。

2000—2010 年 9 部：《医疗机构制剂配制质量管理规范（试行）》（2001 年发布）；《医疗事故分级标准（试行）》（2002 年发布）；《医疗事故技术鉴定暂行办法》（2002 年发布）；《医疗机构传染病预检分诊管理办法》（2005 年发布）；《医师外出会诊管理暂行规定》（2005 年发布）；《医院感染管理办法》（2006 年发布）；《传统医学师承和确有专长人员医师资格考核考试办法》（2006 年发布）；《处方管理办法》（2007 年发布）；《预防接种异常反应鉴定办法》（2008 年发布）。

2010—2020 年 8 部：《药品不良反应报告和监测管理办法》（2011 年发布）；《医疗机构临床用血管理办法》（2019 年修订）；《职业病诊断与鉴定管理办法》（2013 年发布）；《结核病防治管理办法》（2013 年发布）；《禁止非医学需要的胎儿性别鉴定和选择性别人工终止妊娠的规定》（2016 年发布）；《司法鉴定程序通则》（2016 年修订）；《外国医师来华短期行医暂行管理办法》（2016 年修正）；《国家卫生计生委关于修改〈医疗机构管理条例实施细则〉的决定》（2017 年发布）。

四、规范性文件：13 部

1980—1990 年 1 部：《医院工作制度》（1982 年发布）。

1990—2000 年 1 部：《临床输血技术规范》（2000 年发布）。

2000—2010 年 6 部：《关于医师执业注册中执业范围的暂行规定》（2001 年发布）；《重大医疗过失行为和医疗事故报告制度的规定》（2002 年发布）；《医疗事故争议中尸检机构及专业技术人员资格认定办法》（2002 年发布）；《早产儿治疗用氧和视网膜病变防治指南》（2004 年发布）；《大型医用设备配置与使用管理办法》（2004 年发布）；《中医病历书写基本规范》（2010 年发布）。

2010—2020 年 5 部：《病历书写基本规范》（2010 年发布）；《医疗机构诊疗科目名录》（2012 年版）；《医疗机构病历管理规定》（2013 年版）；《医疗机构基本标准（试行）》（2017 年版）；《医疗损害鉴定管理办法（征求意见稿）》（2018 年发布）。

五、司法解释：7 部

2000—2010 年 5 部：《人民法院司法鉴定工作暂行规定》（2001 年发布）；《最高人民法院关于确定民事侵权精神损害赔偿责任若干问题的解释》（2001 年发布）；《人民法院对外委托司法鉴定管理规定》（2002 年发布）；《最高人民法院关于参照〈医疗事故处理条例〉审理医疗纠纷民事案件的通知》（2003 年发布）；《最高人民法院关于审理人身损害赔偿案件适用法律若干问题的解释》（2003 年发布）。

2010—2020 年 2 部：《医疗损害司法解释》（2020 年修正）；《民事证据规定》（2019 年修正）。

目前，从标准体系的角度讲，法庭科学鉴定标准包括：基础标准、管理标准、技术标准三个部分。其中，技术标准是司法鉴定工作的重要依据。目前，关于技术标准，在卫生行业，虽然已经颁布了大量的国家标准、行业标准和地方标准（本书统计，仅强制性国家标准就已经颁布了 135 项)，但是这些标准颁布的目的主要是针对临床医疗行为的开展。因视角不同，其对于医疗损害鉴定的适用性尚需要进一步研究与评价。而我国目前有关医疗损害鉴定的专业技术标准较少，不能很好地支撑鉴定工作。

在卫生行业，标准体系相对成熟，对于医疗损害鉴定标准体系的建立起到了很好的参考作用。

医疗卫生行业所需遵守的规范包括：一是管理规范，主要包括医疗机构的管理规范和医务人员的管理规范；二是中华医学会、国家卫生健康委员会等发布的诊断标准，如中华医学会颁布的《临床诊疗指南》等；三是医疗行业的国家标准、行业标准、地方标准。

在此仅对医院管理机构及医生执业过程中须遵循的相关规定进行比较分析，详见图 2。

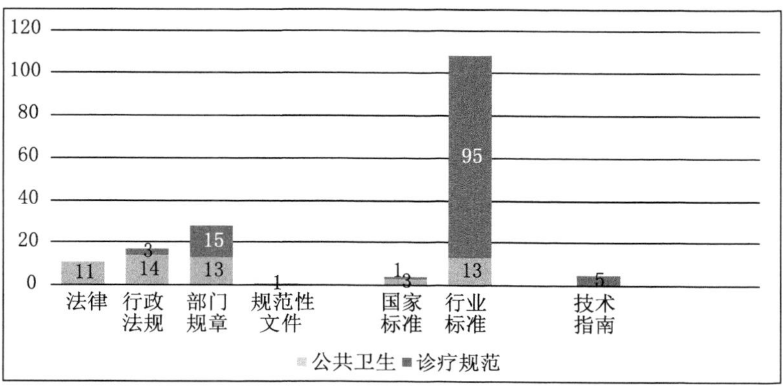

图 2

医疗损害鉴定缺乏因果关系认定类的技术标准。目前我国法医临床鉴定主要包括伤残等级鉴定、损失程度鉴定、视听觉功能鉴定、男子性功能鉴定几个方面。常用的标准有:《视觉功能障碍法医学鉴定规范》《听力障碍的法医学评定》《听力障碍法医学鉴定规范》《男性性功能障碍法医学鉴定》《男子性功能障碍法医学鉴定规范》《法医临床学视觉电生理检查规范》《职工非因工伤残或因病丧失劳动能力程度鉴定标准(试行)》《劳动能力鉴定 职工工伤与职业病致残等级》《人体损伤致残程度分级》《人体损伤程度鉴定标准》《法医临床影像学检验实施规范》《法医临床检验规范》(详见本书第九章附录8)。这些鉴定无一不是对于损害结果进行鉴定,然而医疗纠纷所围绕的核心是医疗行为与损害结果之间的因果关系,我国却比较缺乏医疗损害与医疗过错的因果关系及参与度(或责任程度)认定类的技术标准。

第二节　医疗过失分类的标准化

医疗行为因其技术上的复杂性、实施者水平的局限性和实施对象个体的差异性而被认为是高风险活动,医疗过失难以完全避免。根据 WHO 的报告,即使在资金充沛、设施先进的医院中,也有 10%的患者会受到不可避免的医疗过失行为的影响,美国 1999 年 *To Err Is Human* 报告称每年有 44 000—98 000 人因医疗行为而死亡,为此的花费高达 170 亿—290 亿美元。现实中,医疗过失更多的不是理论概念,不是数学符号,而是一起起真实发生在社会公众身边的医疗过失事件,每一起医疗过失事件都会导致当事患者付出生命健康的严重代价,并很可能引发医疗纠纷。有学者通过对医疗过失分类编码的研究,对我国医疗过失进行分析,探索合理的医疗风险管理新方法。通过建立和完善医疗过失分类编码管理制度,可以在诊疗全过程进行医疗缺陷监管和医疗安全预警。[1]

目前，医患矛盾易于激化，甚至导致暴力伤医事件，2020年6月5日《北京市医院安全秩序管理规定》经北京市第十五届人民代表大会常务委员会第22次会议表决通过，并于2020年7月1日起施行，进一步提示医患矛盾已成为影响医院安全的大问题。但是，我们必须正视，在医患纠纷中，有相当一部分是由医疗过失引发的。

2005年，WHO发起世界患者安全联盟并确定了6个行动目标，其一就是制订“患者安全解决方案”。WHO 2006年在全球启动“患者参与的患者安全教育、促进医疗质量的改进”的患者安全项目。许多成员国根据本国的卫生保健体制启动了以患者为中心，从而改善全球患者安全的行动。我国从2005年起，卫生部与国家中医药管理局就把病人安全作为全国医院管理年的主题之一。主张尽快建立我国医疗风险监测预警体系，提高过失防范意识，保障患者安全。2014年8月，中国医院协会发布2014—2015年度患者安全目标。目前国际国内患者安全理念强调构建PDCA流程[2]，改进患者安全监测和管理体系，可以制定“医疗过失行为分类及编码”，相当于医疗损害鉴定的基础标准。

这种代码类似于临床医疗领域的ICD（国际疾病分类）编码，它可以为相关管理措施的施行提供可行性支持。

医疗过失如果从领域上看，需涵盖所有的临床医学领域和医院管理领域；从主体上讲，需涵盖医生、护士、医院行政人

---

〔1〕 陈伟等：“基于医疗过失分类编码的医疗风险管理方法研究”，载《中国医院》2017年第2期。

〔2〕 PDCA流程又称PDCA循环。其含义是将质量管理分为四个阶段，即Plan（计划）、Do（执行）、Check（检查）和Act（处理），循环往复。

员、后勤保障人员等医疗行为的参与者；从流程上讲，需涵盖医疗行为全过程。

第三节　标准与标准化

一、与标准有关的定义

（一）标准

标准的发展是经济社会由混沌走向秩序的标志之一。按照《标准化工作指南 第 1 部分：标准化和相关活动的通用词汇》（GB/T 20000. 1-2002）中对标准的定义是：为了在一定范围内获得最佳秩序，经协商一致制定并由公认机构批准，共同使用的和重复使用的一种规范性文件。标准是以科学、技术的综合成果为基础，以一定范围内获得最佳秩序为目的，由公认的机构批准的技术类规范性文件〔1〕。标准具备共同使用和重复使用的特点。具有协商一致和规范化的属性。

（二）标准化

依据《标准化工作指南 第 1 部分：标准化和相关活动的通用词汇》对标准化的定义：为了在一定范围内获得最佳秩序，对现实问题或潜在问题制定共同使用和重复使用的条款的活动，在定义后注明：①上述活动主要包括编制、发布和实施标准的过程；②标准化的主要作用在于为了其预期目的改造产品、过程或服务的适用性，防止贸易壁垒，并促进技术合作。

有学者将其总结为：①标准化是一项制定、发布和实施标准的活动；②标准化是一个相对动态的概念；③标准化的效果，只有当标准经过共同与重复的实践之后才能表现出来，若没有

〔1〕 白殿一等：《标准的编写》，中国标准出版社 2009 年版。

共同与重复运用，就算有再多、水平再高的标准或标准体系，也没有效果。[1]

（三）标准体系

2010年，麦绿波提出标准体系的“通俗版定义”，即一定范围内所需标准按相关性分类的集合，它包括现行标准和需制定标准。这一定义直接给出标准体系的概念相当于标准的集合，即标准群[2]。也就是说，标准体系的范围是特定目的所需的全部标准，包括现存生效的标准和规划的对象，并且是按属性进行分类的。标准体系是标准文件组成的整体，但不是标准明细组成的表格，而是在实际运行过程中发挥作用的标准集合。

二、标准的分类

根据《中华人民共和国标准化法》（以下简称《标准化法》）的规定，现行通用的标准包括国家标准、行业标准、地方标准、团体标准和企业标准[3]。国家标准是由国务院标准化行政部门发布，包括国家市场监督管理总局或其授权的国家标准化管理委员会；行业标准是由行业主管部门发布，如卫生行业标准是由现在的国家卫生健康委员会发布；地方标准是由省级质量技术监督局发布；团体标准由学会等社会团体制定；企业标准由企业批准发布，即由法定代表人或其授权的管理者批准发布。我国多样化的标准体系也正是标准化进程中种种矛盾所诞生的现实产物。

国家标准从约束力角度来分，可分为强制性国家标准和推荐性国家标准，前者主要目的是保障生命健康和财产安全，这

---

〔1〕 郑亮：“法庭科学司法鉴定标准体系问题研究”，中国政法大学2020年硕士学位论文。

〔2〕 麦绿波：《标准学——标准的科学理论》，科学出版社2019年版。

〔3〕 参见《标准化法》第2条第2款：标准包括国家标准、行业标准、地方标准和团体标准、企业标准。

方面的要求必须由国家强制执行，标准代号为 GB；后者不强制执行，而是自愿执行，但具有指导性，标准代号为 GB/T，意为国家推荐标准。行业标准和地方标准都属于推荐性质，不同的行业标准代号不同，法庭科学属于公共安全领域，标准代号为 GA。全国刑事技术标准化技术委员会提倡采用推荐标准。

三、医疗损害标准体系的特征

标准体系是一个专业性强且构成复杂的体系，在确定体系框架、层次以及结构的过程中，主要运用系统理论等基本理论。从《质量管理体系基础和术语》（GB/T 19000-2016）对系统的定义可知，系统是由若干要素以一定结构形式联结构成的，具有某种功能的有机整体。

标准体系的框架设计是标准体系建立的主干，为标准文件提供分类、分层关系，即横向分类、纵向分层的关系。医疗损害鉴定标准体系架构的建设要考虑鉴定实施环节的标准支撑。

医疗损害鉴定标准体系具有如下特征：

第一，多学科性。就与医疗损害鉴定有关的司法鉴定业务而言，它包含了法医病理学、法医临床学、法医物证学、法医精神病学、法医毒物学等〔1〕，同时考虑医疗纠纷鉴定的特点，需结合临床医学 100 余个亚科，由此可见，医疗损害鉴定的标准化问题具有多学科性，体系庞杂，涉及面广。

第二，伦理价值性。法律规范中蕴含着一定的伦理价值，但其往往是宏观且概括的，必须将其价值渗入具体案件中，才有条件发挥其规范作用。医疗损害鉴定活动广泛渗入社会生活中，涉及科研人员、法官、当事人、律师、医疗等群体，常常

〔1〕 钟本土："法医学教学改革的实践与思考"，载《健康研究》2009 年第 2 期。

会触碰伦理价值问题。例如，对于不明死因的尸体解剖，《中华人民共和国刑事诉讼法》明确规定对于死亡原因不明确的尸体必须解剖，但出于对死者尊重的传统文化，在实务之中有时会遭到家属不理解而出现价值冲突，此时需要更为细致的技术标准为其提供保障。

第三，公共安全性。标准化对于社会发展来说起着“基石”的角色。随着当今世界信息化、数字化不断发展，技术标准在社会生活方方面面的作用日益凸显。我国目前积极探索与建设公共安全领域的标准化。2019 年 10 月 14 日，由公安部科技信息化局主办，公安部新闻宣传局、刑事侦查局、物证鉴定中心协办的公共安全行业百项标准发布活动在京举行。[1]集中发布了 124 项法庭科学领域技术标准，但其中缺乏医疗损害鉴定标准内容。而医疗纠纷作为影响社会稳定的实践，其鉴定技术的标准化对维护公共安全，尤其是医疗卫生场所安全具有重要作用。

四、医疗损害标准建设复杂性

随着科学技术的飞速发展，在不同的领域中不断涌现出新技术，进而产生不同的新兴专业，如医疗损害鉴定专业。新兴事物因产生时间短，缺乏过往的研究经验，不同的专家对其有着不同的认识。当涉及纠纷时，新兴专业因缺乏与之同步的评定标准往往成为法庭争议的焦点。

对于研究明确、认知清晰的技术，因其具备简化性和较高的一致性，保证了事物在一定时期一定条件下的必要的秩序，从而满足制定统一标准的条件。如法医物证 DNA 和微量物证类的标准，技术与方法稳定，操作流程清晰，相对容易推进标准

---

〔1〕“公安部发布 124 项公共安全行业标准”，载《中国法医学杂志》2019 年第 6 期。

化工作。对于存在争议、缺乏清晰认识的研究对象，人们往往处于高复杂性的认知状态，难以形成统一的认知，难以形成标准（如图 3 所示）。如法医精神病鉴定领域，涉及生理、心理、社会环境等因素，具有高复杂性的研究对象，不宜出台明确的标准，更加适合出具专业意见，医疗损害鉴定常常也是此种情形。

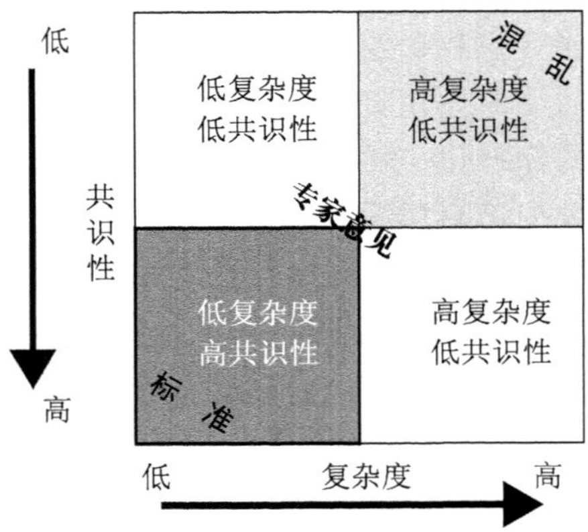

图 3　鉴定问题复杂程度与标准化关系图示

第四节　医疗损害鉴定标准问题的国内外动态

当今世界，鉴定技术标准问题已成为各国司法界广泛关注的话题。美国国家科学院（National Academy of Science）发布的《加强美国法庭科学之路》（*Strengthening Forensic Science in the United States: A Path Forword*）中指出：法庭科学存在一些突出的问题，呼吁（美国）要发展比“指南”更具有强制执行力的法庭科学特殊“标准”。由此可见，加强标准建设将成为各国司法制度建设的任务之一。对于标准的研究，国内外没有统一的规则。研究显示，关于医疗损害的鉴定标准问题，主要涉及两个方面：一是程序性的，二是实体性的。国内外在鉴定方式、类型上均有不同，故研究的侧重面也有所不同。国外的研究主要集中在宏观的或程序性的部分；国内的研究主要是实体性/具体项目上的内容。接下来笔者将对国外研究现状及发展动态进行概述。

一、关于医疗过错判定的主流学说

纵观医疗过错判定的标准，目前有三个主流学说：

第一，合理医师标准，即 Bolam 测试标准。英美法系中，过失表现为对注意义务的违反，即被告若违反对原告负有的注意义务即构成过失。过失的认定通常采取“合理人”标准，它要求以一个正常理性的谨慎的人在类似情况下的行为作为标准。但在医患关系中，医师的注意标准应高于普通人，故演绎为“合理职业人员”标准即“合理医师标准”。司法实务中，法官对于“合理医师标准”的界定往往尊重行业专家的意见，进而转化为采用“医疗行业普遍做法”的评判方法来判断，此做法得到法律的尊重，应首推 Bolam 测试标准。该标准被一系列案件认可，包括“Barnett 案”“Whitehouse 案”“Maynard 案”和“Wilsher 案”等。总体来说，Bolam 测试标准体现了司法者对医疗行业观点的尊重，是一种对医疗行为相对较为宽松的标准，它强调“结果不保证”“避免后见之明”等。该标准包括四个要件：一是医师对患者具有特定的注意义务；二是医师违反了该注意义务，则考虑存在过失；三是注意义务的违反与损害后果之间存在因果关系；四是证明损害不是过于“遥远”。

第二，谨慎的患者标准。该标准强调以患者需求为中心，一切影响患者合理性决定的危险均应予以说明。

第三，医疗水准。强调医务人员于医疗之际，其学识、注意程度、技术以及态度，均应符合具有一般医疗专业水准的医务人员在同一情况下所应具备的标准。此标准在本书早产儿视网膜病变的案例中，已有详述。

二、关于医疗过错判定方法的主流观点

医疗过错判定方法的主流观点一般涵盖四种，属于医疗过错判定方法的原则性规定。①同行评议（professional-peer）标准。绝大多数的美国法院都能认可相同行业的专家出具的意见书，出具意见者应与所发生事件的行业相同，而且具有足够的经验。②专业标准。以相关社团的医学标准或医学习惯作为判定医方的行为是否存在过错的依据。③理性人鉴别标准（reasonable person standard distinguished）。这一标准要求审判者衡量合理性，至少要衡量被告行为的危险性和实用性。根据传统的规则，只要医师不违反医学标准或习惯，其就没有过失，也不管其行为多么危险或多么没有必要。但是美国的法官似乎更偏向于考虑理性人使用合理的专家证词，而不仅仅依靠专家证词。④习惯标准。习惯标准高于认可的方式。法官通常更关心的是这一行为在本地区的医学社团里是否可以被接受，而不过分考虑它是否符合某种严格的或优秀的医学标准。除非在十分明显的过失和“事实本身说明”的案例中，习惯标准都会被采用。当该医疗社区对特定医疗行为存在两种以上操作或看法时，被告可以不采用其中任何一种，且不需承担责任。

综上显示：国外存在医疗过错判断的规则，但也陷入难以统一认识的困境。

三、国外主要法庭科学标准体系建设的借鉴

在法庭科学领域，澳大利亚 AS 5388 系列标准以及国际标准

化组织的 ISO 21043 系列标准对我国医疗损害鉴定标准体系的建设提供了一定的启发。

首先，要加强基础标准的建设。AS 5388 系列标准每个系列优先制定了关于术语的基础标准，以此作为标准体系化活动的基础性工作，如我国应确立医疗过失分类标准。ISO 21043 系列标准中，ISO 21043.1 法庭科学国际标准第一部分“术语和定义”优先确立了 31 个重要术语定义，基本覆盖法庭科学活动的一般过程，作为整个系列标准的基础，保证术语应用在其他各个标准过程中的稳定性，尽可能避免由于不同的人主观理解不同而造成理解上的偏差，保障标准体系的整体性和协调性。

其次，以“过程”控制作为体系建设的切入点。AS 5388 系列标准和 ISO 21043 系列标准以“过程”作为一条线索来贯穿整个系列标准，保障整个系列标准的完整性和充分性。“过程”中任何一项活动本身就是一个复杂的系统，其包括人员系统、技术设备系统、实施系统以及方法系统等基本要素，任何一项活动都具备高度综合化和复杂化的特点，以“过程”作为骨干，然后对其中的每一个环节进行全方位的有效控制可以解决这一问题。所以，构建我国医疗损害鉴定标准体系时，也应借鉴“过程”控制的思路。

四、国内相关发展动态

目前，我国关于医疗损害鉴定的一般理论逐步形成，研究显示中国的医疗损害鉴定标准体系略具雏形，包括程序性规定及实体性标准。程序性规定以重庆为代表地形成了地方性“医疗损害司法鉴定程序指引”。实体性标准则以法医临床学为支撑，目前已形成的行业鉴定标准（GA）/技术规范（SF）约有

13 项。

目前，从司法实务的角度讲，医疗损害鉴定的委托事项一般包括：①医疗行为是否存在过错；②若存在过错与损害后果是否存在因果关系；③医疗过错参与度如何；④患者的残疾等级；⑤患者的三期（误工期、护理期、营养期）鉴定；⑥患者的护理依赖等级；⑦患者的辅助器具及后续治疗；等等。

相应的技术标准有：《医疗事故分级标准（试行）》《人体损伤致残程度分级》《人身损害误工期、护理期、营养期评定规范》《人身损害护理依赖程度评定》《听力障碍的法医学评定》等。鉴定实践中的难点问题包括医疗过错判断的原则、因果关系参与度、肢体功能评定、视觉功能和听觉功能评定等。

然而，同时需要指出的是，针对医疗过错鉴定可以依赖的评价标准相对缺乏是我国当前医患纠纷处理中的难题。各种文献检索系统的查询结果显示可以查阅到的比较系统的医疗过错鉴定评判原则较少（以朱广友、王旭、刘鑫的文献为代表），究竟应当依何标准认定医疗过错？依何标准确定损害后果？以及二者之间因果关系的判断标准/或原则等，成了医患双方最常见的争议焦点，也是处理医患纠纷最常见的技术难题，更是学界困惑的问题。上述判断标准的欠缺、研究的匮乏，阻碍了实现构建和谐医患关系的目标，同时，也对中国的医疗损害鉴定标准体系的科学性有所影响。

第五节　我国医疗损害鉴定标准的体系构建

一、体系构建需要考虑的问题〔1〕

现阶段，我国医疗损害鉴定标准体系构建的目的是建立结构合理、层次清晰的标准群，保障鉴定活动中各环节协调配套的标准需求。

其构建需考虑如下方面：

第一，全面性。医疗损害鉴定标准体系的建立从鉴定的视角，需要做到流程控制，包括鉴定的委托、受理、鉴定、出具意见等一系列环节。在此构建过程中，标准内容需要与最高人民法院《民事证据规定》《医疗损害司法解释》相衔接。

第二，层次性。结构的有序性主要表现在系统的层次性。

第三，协调性。医疗损害鉴定标准是实现其证据功能的重要组成部分。通过标准体系的设计，统筹鉴定活动各个环节的技术手段和管理要求，形成科学有效的标准体系。

对于医疗损害鉴定标准体系构建而言，力求构建适当的结构形式，并在标准系统中合理布局单个标准，发挥标准对鉴定活动的持续促进。

二、思路与设想

医疗损害鉴定活动按环节区分，可分为委托、受理、实施、结果出具等环节；按标准类别区分，可分为基础标准、技术标准、管理标准等类别；按专业属性分类，可分为法医类、医疗

〔1〕郑亮：“法庭科学司法鉴定标准体系问题研究”，中国政法大学 2020 年硕士学位论文。

类、管理类等众多领域。因此，医疗损害鉴定标准研究涉及交错的内容多而且领域广，可以从不同维度开展建设。

目前我国医疗损害鉴定标准工作的现状可以概括为“缺标准、无体系”，参照《综合标准化工作指南》（GB/T 12366-2009）和《标准体系表编制原则和要求》（GB/T 13016-2009）的要求，笔者对我国医疗损害鉴定标准体系的构建，设计出如下设想：

第一，以“过程管理”作为医疗损害鉴定标准的体系主干。构建标准体系的原则之一是“全面性”，以“过程管理”作为鉴定活动的骨架和主干，可以完整覆盖有关鉴定的全周期。包含鉴定的委托、受理、实施、出具鉴定意见、出庭接受质询等一系列环节，保障医疗损害鉴定质量。

第二，把技术性法规“标准化”，作为标准体系完整性的补充。我国缺乏管理标准，实践中被管理性的法律法规取代。技术标准作为部门规章的技术性支撑，是标准体系的重中之重。用体系的方法将两者结合，便于学习梳理和应用。

第三，医疗损害鉴定标准体系的模型研制。本次研究提出了医疗损害鉴定标准体系的框架模型，对标准体系的管理和发展有一定意义，但它需要通过实践来验证该架构模型的科学性。

首先，梳理现有医疗领域标准，如图 4 医疗执业活动标准体系。

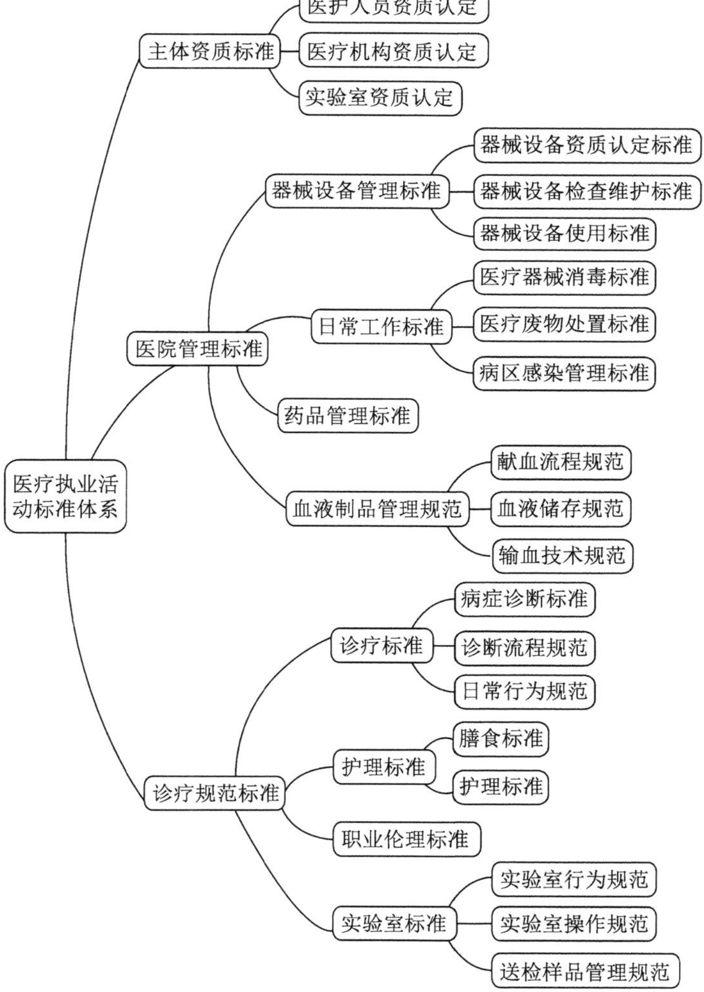

图 4

其次，建立医疗损害鉴定标准体系表，医疗损害鉴定标准体系结构图如图 5。

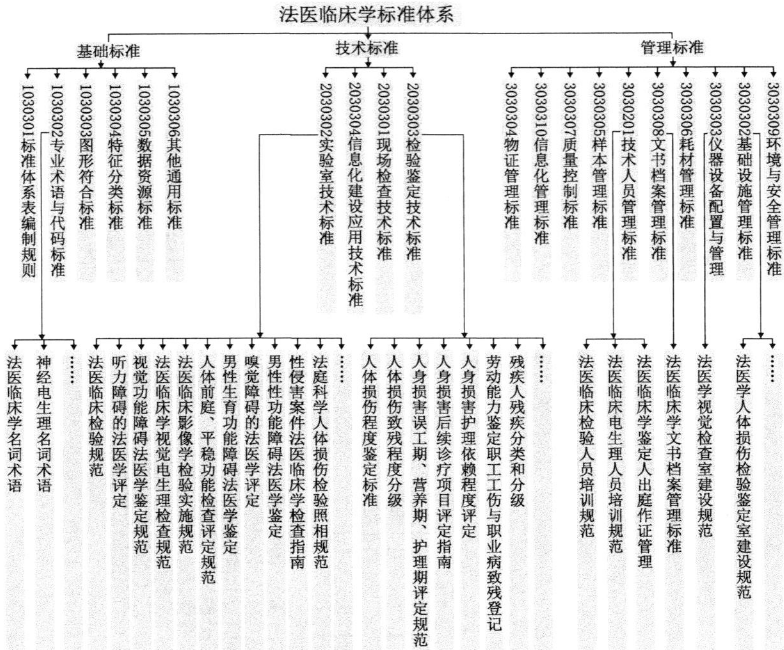

图 5

最后，凝练一下，我国医疗损害鉴定标准体系的建立需要：①医疗损害鉴定管理标准的完善；②把医疗行业技术标准融入医疗损害鉴定的技术标准的构建中，而如何把卫生行业技术标准借鉴或纳入医疗损害鉴定中，是需要我们好好思考的问题；③医疗损害鉴定技术标准的建立，任务更为迫切；④医疗损害司法鉴定文书档案标准的建立，需要借鉴卫生行业有关病历的管理，包括《病历书写基本规范》《医疗机构病历管理规定》《处方管理办法》《中医病历书写基本规范》等规范，而司法鉴定缺乏有关鉴定文书管理的规范。

附 录

医疗过失分类〔1〕

一级分类	二级分类	三级分类
医疗行政过失	资质缺陷	医疗机构超范围执业
		医务人员无资质行医
	资源缺陷	医疗岗位设置缺陷
		人力资源安排缺陷
		医用物品配置缺陷
	制度缺陷	重要制度缺失
		重要制度违法违规
		放任制度不执行
医疗流程过失	识别差错	患者身份识别差错
		操作部位识别差错
		相似物品识别差错
	岗位不作为	擅离职守
		非正常状态值岗
		怠于履行岗位职责
	传递过失	危机值未及时报告
		忽略重要检查结果
		丢失重要检查结果
		丢失重要检验标本
		口头医嘱传递错误

〔1〕 陈伟等："基于医疗过失分类编码的医疗风险管理方法研究"，载《中国医院》2017年第2期。

续表

一级分类	二级分类	三级分类
医疗技术过失	诊断相关	错误诊断
		延误诊断
		遗漏诊断
	检验相关	检验操作失误
		数据报告错误
	治疗相关	治疗时机延误
		治疗方案错误
		治疗操作失误
		不恰当转院转科
	用药相关	违反适应征用药
		忽略禁忌征用药
		药品名称开具错误
		药品剂量开具错误
		给药途径开具错误
		违反药品配伍禁忌
		药品调剂错误
		药品执行错误
		给药技术缺陷
		用药嘱托错误
	输血相关	未及时输血
		不必要输血
		血型错误
		输血导致感染
		输血反应处置不当

续表

一级分类	二级分类	三级分类
	手术/操作相关	手术适应征掌握不当
		手术禁忌征判断不当
		手术方案选择不当
		术前准备不充分
		手术时机选择不当
		不恰当改变手术方案
		手术未彻底治疗原发病
		手术中组织器官损伤
		手术遗留并发症隐患
		手术病理决策不当
		手术遗留异物于体内
		术后未及时发现并发症
		术后未合理处置并发症
		术后遗漏重要诊断
	麻醉相关	术前未按规定访视病人
		术前错误判断病情
		麻醉药物选择错误
		麻醉药物剂量错误
		麻醉技术操作失误
		麻醉中忽略病人重要病情变化
		麻醉恢复阶段忽略病人重要病情变化
		麻醉意外处置不当

续表

一级分类	二级分类	三级分类
	院内感染	手卫生缺陷
		消毒灭菌缺陷
		无菌手术发生感染
		医疗废物处理缺陷
		抗生素合理应用缺陷
	护理相关	病情监护不当
		医嘱处理和执行错误
		一般护理操作不当
		护理有创操作失误
		生活护理不当
		应急处置不当
医疗产品过失	器械相关	医疗器械资质缺陷
		医疗器械来源途径不正规
		必要医疗器械缺失或不能正常工作
		医疗器械质量不合格
		医疗器械使用不当
		医疗器械过期
		产品质量标识未留存
	药剂相关	药品资质缺陷
		药品来源途径不正规
		药品过期
		药品质量缺陷
		药品保管不当

续表

一级分类	二级分类	三级分类
医疗环境过失	医院设施	设施质量缺陷致人损害
		设施维护缺陷致人损害（标识）
		设施使用不当致人损害
	食品安全	提供质量有缺陷食品致人损害
		提供不恰当食品致人损害
	安全保障	未尽安全保障义务致人身损害
		未尽安全保障义务致财产损失
医疗人文过失	医患沟通	态度冷漠粗暴
		沟通措辞不当导致误解
		不恰当许诺治疗效果
		不恰当贬损医疗同行
	知情同意侵权	未告知重要病情信息
		有创治疗未履行知情同意义务
		有创治疗知情同意瑕疵履行
		实际操作与知情同意不符合
	隐私侵权	医疗过程中侵犯患者隐私
		泄露患者隐私信息
	过度医疗	开具明显不必要检查项目
		给予明显不必要治疗措施

续表

一级分类	二级分类	三级分类
医疗文书过失	文书书写	恶意伪造篡改病历文书
		不及时书写病历文书
		不正规书写或修改病历文书
	文书保管	恶意隐匿销毁病历文书
		丢失病历文书
		拒绝依法复制封存病历文书

第八章 Chapter 8

医疗过错的因果关系分析

因果关系是人类面对的永恒主题与难题之一。人们总是想知道自然现象、社会现象或者生命现象为什么发生，事物发生的因果链条是怎样的。哲学家说，发现因果，胜过做王者。然而发现因果关系并非易事，古往今来的哲学家们费尽了心思。在统计学上，格兰杰提出了著名的格兰杰因果关系（Granger Causality）检验，但这种检验仅适用于比较简单的情况，对于复杂的非线性因果并不适合。甚至可以说，统计学仅能够展现相关，而无法印证因果。〔1〕

因果关系也是医疗损害责任鉴定中的难题。在我国的侵权纠纷诉讼中，因果关系问题一般只能依靠鉴定予以解决，对于鉴定，其争议主要表现在以下几点：医疗损害责任因果关系认定的标准是什么？或者说应该采用什么样的理论？是采纳大陆法系的条件关系和相当因果关系理论，还是借鉴英美法系的事实因果关系与法律因果关系？还是二者的综合？同时，因果关系的证明应当采取怎样的学说？是证明说？完全推定说？还是有条件推定说？医疗损害鉴定中的原因力规则怎么确定？还有机会丧失理论在因果关系中的应用问题，等等。多数学者认为：

---

〔1〕“哪些统计方法可以用于判断因果关系?”，载 https://www.zhihu.com/question/54182623/answer/1623196342，最后访问日期：2021年1月1日。

医疗损害责任的因果关系的理论应采取相当因果关系说，因果关系的证明应采取有条件推定说。同时要正确运用鉴定意见和专家辅助人来确认因果关系，以及，为避免有过错的被告以损害结果不可避免为由逃脱责任，应明确机会丧失利益理论。[1]

第一节　因果关系的概念与特点

一、问题的提出

案例[2]：湖北省高级人民法院于2000年审结一起龙凤胎（龚某峰、龚某凌）脑瘫患儿诉某医院人身损害赔偿一案，判令医院赔偿两患儿后续治疗康复费、护理费、精神损失费等共计290.630 8万元。本案以290余万元的终审判决震惊医疗界，成为当年（2000年）的医疗损害赔偿第一大案，此案后续引发一系列争议，也成为医疗纠纷以案说法的典型案例，不同学者有不同的认识。比如：本案中医患双方所签署的协议书中存在开放性条款，属医方自认内容而成为法院判决的依据，等等。但本案最受争议的当属医学技术问题，尤其是因果关系论的问题。

案情：1988年2月23日，36岁的孕妇杨某，因高危妊娠、妊娠合并心律失常、乙肝等病症入住湖北省某医院妇产科，既往有5次流产史，未正常生育。经治疗症状得到控制，但仍出现频繁心悸、胸闷、呼吸困难等症状。会诊后，医院认为产妇的心脏不能维持继续妊娠而决定提前终止妊娠，施行剖宫产，于

[1] 徐冠桦："我国医疗损害责任因果关系司法适用研究"，辽宁师范大学2019年硕士学位论文。

[2] "我国医疗最高赔偿案 脑瘫龙凤胎获赔290万"，载《羊城晚报》，http://news.sina.com.cn/china/2000-06-10/96441.html，最后访问日期：2015年3月14日。

3月18日产下双胞胎，产后发现胎盘老化，钙化面积达1/3……产后阿氏评分为10分。3月19日，天气骤变，气温降低，两婴儿被放入保温箱，当晚，婴儿父亲发现保温箱断电，次日晨，婴儿父亲发现婴儿异常，立即送新生儿科急救。最终两婴儿出现脑瘫的结果。二审判决书写道：本院先后咨询了国内有关小儿脑科方面的专家、教授，专家、教授认为要准确地鉴定单个病案的致病原因目前医学技术水平还不能够达到。因此，该医院在没有证据证实该双胞胎婴儿的脑瘫属先天性因素造成的情况下，根据我国民法的过错责任原则，医院应当对自己的医疗差错所造成的损害后果承担民事责任。此案终审判决290余万元。

从鉴定的视角，依据现代医学理论，引起脑瘫的危险因素很多，如父母基因、胎儿脑发育不良、双胎（多胎）、早产、病毒感染、弓形虫病、核黄疸、颅内出血、胎儿宫内窘迫等。本例脑瘫的发生，可能存在父母基因缺陷（多次流产史、高龄产妇）、双胎、早产、宫内窘迫（胎盘老化）等多种自身因素，当然也存在医疗不当——保温箱断电导致的婴儿急性支气管肺炎，进而引发缺血缺氧在不良后果中的参与。这种多因一果的因果关系情形中医方过错在后果中应承担比例的确定，应当由医疗损害鉴定予以解决，而不能简单地以举证责任加以判定。

司法实践中的因果关系的分析首先应当进行事实层面上的分析，也就是专业技术性判断，其次才是法律层面上的分析。因此，在医疗损害鉴定中，最为重要的论证过程是依据医学理论的因果关系论述。

说到举证责任，需要指出的是：自2001年起，在我国民事案件的诉讼中，就有举证责任倒置的规定。所谓举证责任倒置是指对一方当事人提出的权利主张由否定其主张成立或否定其部分事实构成要件的对方当事人承担举证责任的一种证明责任的分配形式。换句话说，举证责任倒置也就是“谁主张，谁举证”的一般举证责任分配的例外情形，即法律直接规定在特定案件中，不由主张权利一方举证，而由另外一方举证的法律制度。

2001 年发布的《民事证据规定》第 4 条第 1 款规定：“下列侵权诉讼，按照以下规定承担举证责任……（八）因医疗行为引起的侵权诉讼，由医疗机构就医疗行为与损害结果之间不存在因果关系及不存在医疗过错承担举证责任。”医疗纠纷诉讼“举证责任倒置”的规定在我国实施了 10 余年之久，它使患者证明难度降低，故而有利于患方诉讼，但同时也带来了医疗纠纷呈现患方滥用诉权的现象。

值得欣喜的是，2019 年新修正的《民事证据规定》[1]删除了旧的《民事证据规定》确定的医疗纠纷案件施行举证责任倒置（由医方承担过错和因果关系的举证责任）的规则。

二、因果关系的概念

人们对因果关系一词并不陌生，但因果关系是一个很复杂的概念，很少有人说得清，甚至在大数据时代，我们也已经只谈相关，不谈因果了。

原因和结果揭示事物的前后相继、彼此制约的关系，但究其根本，因果关系是一个哲学概念[2]。因与果是相对的，有因就有果，有果必有因，它们是一对基本概念，是反映事物与现象之间相互联系、相互制约的普遍联系的形式之一。因此，

---

〔1〕 根据 2019 年 10 月 14 日最高人民法院审判委员会第 1777 次会议《关于修改〈关于民事诉讼证据的若干规定〉的决定》修正。

〔2〕 维之：《因果关系研究》，长征出版社 2002 年版。

在讨论医疗损害鉴定的因果关系时，须从其哲学根源上来理解因与果以及它们之间的关系。

哲学上把现象和现象之间的“引起和被引起”的关系叫作因果关系。如“打开开关”“灯泡亮”，存在“引起”和“被引起”的关系，称为因果关系。其中引起某种现象产生的现象（如“打开开关”）叫作原因，被某种现象引起的现象（如“灯泡亮”）叫作结果。

马克思说：“我们在观察运动着的物质时，引人注目的首先是单个物体的单个运动间的相互联系，它们的相互制约。但是，我们不仅发现一个运动后面跟随着另一个运动，而且我们也发现，只要我们造成某个运动在自然界中发生时所必需的那些条件，我们就能引起这个运动，甚至我们还能引起自然界中根本不发生的运动（工业），至少不是以这种方式发生运动，并且我们能赋予这些运动以预先规定的方向和范围。因此，由于人的活动，就建立起因果观念即一个运动是另一个运动的原因这样一种观念。”〔1〕这段论述充分说明了因果关系的复杂性。

医疗损害之侵权法上的因果关系以及原因和结果的概念虽不同于哲学上的概念，但与哲学上的因果关系有着密切的联系〔2〕。

因果关系的问题是复杂问题，也是各种纠纷需要重点解决的问题，如民事侵权构成的四要件中，其中之一即是“过错与后果存在因果关系”。在医疗损害鉴定中，最为重要的一点就是需要解决“医疗过错与不良后果的因果关系”问题。但是，应该说，对于因果关系，学界至今还没有建构起完整的理论框架，

---

〔1〕 陈飞：“因果性概念：从休谟、康德到马克思”，载《江汉论坛》2012 年第 9 期。

〔2〕 杜晓溪、高崇慧：“侵权法因果关系认定规则研究”，载《湖北经济学院学报（人文社会科学版）》2008 年第 2 期。

这不仅限于医疗损害司法鉴定的理论中，也包括民事侵权法理中，更包括哲学的领域中。在医疗损害鉴定中，笔者最为推崇的是相当因果关系理论。

再强调一下，处在普遍联系、相互制约中的任何一种现象的出现，都是由某种或某些现象引起的，而这种或这些现象的出现又会进一步引起另外一种或一些现象的产生。在这里，引起某一现象产生的现象叫原因，而被某些现象引起的现象叫结果。客观现象之间的这种引起和被引起的关系，就是事物的因果关系。

需要指出的是，不同学科对因果关系的认识和定义是不同的，最典型的就是“现实中的因果关系”和“法律上的因果关系”（英美法系的事实因果关系与法律因果关系）。例如，在公路边挖沟修管道没有做出明显标记，致使晚上骑自行车经过此处的行人摔伤致残。按照哲学上的因果关系分析：行人的行为是原因，而挖沟只是引起结果发生的相关“条件”。但在法律上，则把有可能导致结果发生的所有情况（包括条件）都称为“原因”。如果行人是正常行使，无过错，而挖沟人没有做出明显标记存在明显的过错，则挖沟人需要承担不良后果的全部赔偿责任，也就是认为挖沟人的过错与摔伤致残者的后果之间存在法律上的因果关系。

再如：果园主人为了防止有人偷果子，故意喷洒了剧毒农药，导致偷果子的人中毒死亡。对“死亡”来说，“喷洒农药”“偷果子”“误食”是一连串的现象，每个环节都与死亡构成一定的联系，都成为因果关系发生的相关“条件”。在医学上，会认为死亡的原因是中毒，这也就是事实因果关系。但在法律上，追查责任的标准是相关当事人的“过错”，如果果园主人违反了农药使用规定，主观上存在过错，则法律上认为果园主人“喷洒农药”的行为与偷果人中毒“死亡”的结果之间“具有某种法律上的因果关系”，据此，果园主人需要承担相应的民事责任。

可见，法律上的因果关系以及原因和结果的概念，不同于哲学上的相同概念，又与哲学上的相同概念具有密切的关系。在医疗损害的技术鉴定中，有相似之处。一方面，“技术鉴定”存在的价值在于法律的需求，因此，其判断标准必然与法律规定（如举证责任等）密切相关；另一方面，医疗损害鉴定所依赖的技术手段为医学技术及原理，在判断因果关系时，属专业技术判断，它更追求事实层面上或者医学层面上因果关系的判断。而法律上因果关系的判断，则主要由法官来负责。如前例“偷果子”的案例，法医学需要解决的问题是其死亡是否为中毒死？需考察毒物的浓度是否达到了中毒剂量、是否呈现了特征性的中毒的症状体征、死亡有无其他因素（如自身因素）的参与等的问题。应该说，不同的领域以不同的视角看待同一个问题时，对因果关系的认识和定义不同，但是，每一个领域都是以哲学因果关系的概念为基础，从而进一步演变形成自己学科的因果关系理论框架。

三、因果关系的特点

原因和结果是揭示普遍联系着的事物之间所具有的先后相继、彼此制约的一对范畴。因果关系具有如下特点：

第一，因果关系的时间序列性。原因在先，结果在后（简称先因后果）是因果联系的特点之一。但原因和结果，尚须同时具有必然的联系，即二者的关系属于引起和被引起的关系，“在此之后”不等于“由此之故”。时间序列性或者说“时间上密切相关”也是判断医疗损害因果关系的重要指标之一。

第二，因果关系的客观性。因果关系作为客观现象之间引起与被引起的关系，是客观存在的，并不以人们主观意志为转移。医疗损害因果关系的判断需要强调过错与损害后果之间的内在客观性，即以现有的医疗技术理论能够解释的两者引起和被引起的关系。

第三，因果关系的特定性。事物是普遍联系的，为了了解单个的现象，我们就必须把它们从普遍的联系中抽出来，孤立地考察它们，一个为原因，另一个为结果。比如，一刀扎进伤者的左侧腰背部，经手术探查见脾破裂，那么，刀扎伤与脾破裂之间就存在因果关系。

第四，如前所述，不同学科（不同视角）对因果关系的认识和定义不同。

第五，因果关系的复杂性。客观事物之间联系的多样性决定了因果联系的复杂性。医疗损害的因果关系包括以下几种：

其一，一因一果。这是最简单的因果关系形式。指一损伤直接地引起一个不良结果。司法实践中，这种因果关系形式较为容易认定，如前所述刀扎伤与脾破裂之间就有因果关系。

其二，一因多果。一因多果是指一个危害行为可以同时引起多种结果的情形。在一行为引起的多种结果中，要分析主要结果与次要结果、直接结果与间接结果。如慢性生活性镉中毒（服用镉超标的饮用水），损害的脏器是肝脏和肾脏。

其三，多因一果。多因一果是指某一损害结果是由多个原因造成的。此为医疗损害司法鉴定的常见情形。比如，患者因疾病而就医，医疗存在过错，自身疾病与医疗过错共同作用，导致患者不良后果的发生。

其四，多因多果。多因多果是指多个损伤原因同时或先后引起多个损害后果。

前面介绍了因果关系的一些基本内容，需要指出的是，在医疗侵权责任构成要件的因果关系中，究竟何为原因，有着不同的学说，如条件说、原因说、法规目的说、盖然因果关系说等。这些学说大致上可以分为两类：一类认为原因是一种客观行为，另一类认为原因是主观过错。

对于过错说就其本质属性而言是主观的，而依其原因则主要是指人的行为，包括积极的作为和消极的不作为。就医疗过错的结果，一般认为是一种现实的损害事实。这里的损害事实包括物质损失和精神损失两种。〔1〕

医疗损害侵权责任的成立在事实层面要有加害行为、损害后果的存在，并且加害行为与损害后果之间必须要有因果关系。具体而言，法律要医方对患者的损害负责的前提首先必须是该加害人对损害后果有事实层面上的因果牵连，若医方与损害后果之间毫无因果牵连，则医方对该损害在民法上就没有赔偿的责任。〔2〕

现实中，医疗损害因果关系的鉴定，一方面具有导致侵权责任成立的作用，另一方面具有决定医方承担责任范围、程度（即参与度）的作用。

第二节　侵权法中因果关系的学说

医疗损害的因果关系认定方法一般采取的是英美法系的二分法，即分为事实原因和法律原因。第一步，探求事实上的因果关系。相当于事实认定部分，这一部分是需要医疗损害鉴定加以解决的。第二步，探求法律上的因果关系。相当于法律适

〔1〕 白殿一等：《标准的编写》，中国标准出版社 2009 年版。

〔2〕 白殿一等：《标准的编写》，中国标准出版社 2009 年版。

用，这一部分与鉴定无关。事实因果关系与法律因果关系两者相互联系，但并不相同。

不同的视角下，因果关系的认定会有不同的结果。例如：甲某长期罹患高血压、心脏病，执行雇主乙某的工作，该工作并不繁重，后甲某因心脏衰竭而死亡。作为司法鉴定，从医学的专业技术角度讲，不繁重的工作并非甲某死亡的原因，甲某之死乃其自身疾病发展的结果。但法官基于职业病补偿的规定，可以令雇主乙某对甲某予以适当补偿，法官认为轻度的工作劳动仍为甲某职业灾害死亡的原因之一（如诱因）。因此，事实因果关系与法律因果关系不同，法律上因果关系问题的决断部分取决于使用因果关系所欲达成的目的，如法律规定的举证责任，它带有政策性的考虑。关于因果关系的主要学说，由于因果关系的复杂性和多样性，在理论上如何确定因果关系便产生了多种学说〔1〕。

一、条件说

条件说认为凡是引起损害结果发生的条件，都是损害结果的原因。这种理论不承认事实上的原因和法律上的原因的区别，而将逻辑上导致该结果出现的所有条件都视为法律上的原因，行为人都要承担责任。其公式就是：“没有前者，即没有后者。”

条件说又称等值说，该说认为所有引起结果发生的原因都是原因，因而所有为损害结果发生提供条件的行为都与损害结果之间具有因果关系。条件说的优势在于它使用起来容易，按照该学说，在司法实践中法官或者鉴定人较容易发现行为与结果之间是否存在因果关系。

---

〔1〕 杨立新：《侵权法论》（第2版），人民法院出版社2004年版。

但是条件说有明显的缺陷：一是，它把所有的条件都同等看待，没有区分不同条件的不同作用；二是，该学说认为所有为损害结果发生提供条件的因素皆为损害发生的原因，易将无关因素牵扯进来从而扩大责任主体的范围，使得真正的原因难以凸显。此学说已被排除在主流学说之外。

二、原因说

原因说又称限制条件说。原因说主张对原因和条件加以严格区别，承认原因与结果之间存在因果关系，不承认条件与结果之间有因果关系。其要点是：原因是对结果的发生有重要贡献的条件，而其他条件则对结果的发生只起到背景的作用，无直接的贡献，其仅仅为条件，不具有对结果发生的原因力。这一学说由德国学者宾丁·库雷尔首创，后来经不断发展，被广泛采用，形成了必然原因等多种主张。这种理论着眼于已发现的外部现实的各个违法行为及其结果，重视研究行为对于结果发生的作用，主张把行为与结果之间的因果关系定型化。其中以必然因果关系说对责任范围的限制最为严格。法医学在处理刑事案件时，常常采用必然因果关系说。

原因说认为，导致损害事实发生的众多条件中并非所有的条件都与损害结果之间有因果关系，只有那些对损害结果在时间、空间上距离最近，或对损害结果的发生起效的原因才是损害发生的真正原因。但是该说也有缺陷：一是，原因说提出要把条件与原因区分开来，但是其并没有明确说明该如何将两者区分开。在司法实践中，损害发生的条件错综复杂，对损害结果的作用难分轻重，所以原因说适用的难度较大。二是，原因说把众多条件中所谓的“原因”认定为是与损害结果发生的唯一具有因果的因素，而排除其他条件与损害结果的关系，这在事实上可能造成当不能认定“原因”时，所有条件都与损害的结果没有因果关系的极端现象。特别是在民事案件中，民事案件遵循优势证据，或者盖然性理论，而非刑事审判中的排除一切合理怀疑，即单一因果关系链条的直接因果关系论。此学说在医疗损害鉴定中，不是最恰当的学说。

三、盖然因果关系说

盖然因果关系说也叫作推定因果关系说（也是一种医学推定病因的方法），是在原告和被告之间分配举证责任的理论。盖然因果关系说发源于日本，是因果关系证明的一种方式。盖然因果关系说认为，对受害者所要求的因果关系证明，应该只要就因果关系的存在表示出相当程度的盖然性程度，即为充分，所以，应当将因果关系的证明责任从受害人转换到加害人身上。有学者将盖然因果关系说的理论要点归结为：其一，因果关系的形式上仍为原告承担；其二，证明责任在实质上进行转换，即只要被告不能证明因果关系的不存在，因果关系就应该被肯定；第三，“盖然性证明”是指超越了大致明确的领域，但尚未到达证明程度的举证。从价值方面分析，盖然因果关系说减轻了被害人的证明负担，有利于社会弱者利益的保护。目前，在最高人民法院指导性案例，如交通事故的伤病关系认定时，就有盖然因果关系说的影子。

因果关系的存在与否，只要达到概率性证明即可。损害行为和损害后果之间只要有“如果无该行为，就不会发生这一结果”的某种程度的盖然性，即可认定具有因果关系。该学说包括优势证据说。在诉讼中，加害人与受害人任何一方的证据优于对方即可判胜。原告在证明后果是由被告的损害引起的过程中，由于受科学技术和医学发展的限制，有些因果关系的联系无法揭示，只需提出的优势证据充分地揭示暴露于该损害比不损害更有可能引起疾病，而且这种可能性联系只要大于50%，原告则可胜诉。日本学者将这种学说称之为“优势证据”，民事案件举证的判断只要达到因果关系存在盖然性的程度，便可认定因果关系的存在。〔1〕

四、相当因果关系说〔2〕

相当因果关系说在因果关系理论中具有决定性地位，被研究医疗损害赔偿学者和审判实务、鉴定领域广泛关注与采纳。

所谓相当因果关系，是在判定侵权责任构成中的因果关系时，需满足两个条件：①没有侵害行为就没有损害后果（必要条件）；②侵害行为与损害后果之间具有相当性（相当性条件）。

相当因果关系说又称“适当条件说”。由德国弗赖堡大学生理学家冯·克里斯教授首创提出，主张判断事件与损害之间具有相当因果关系只有满足以下两个条件时，原因和结果之间才有因果关系：①“假定的原因”必须是损害的必要条件；②“假定的原因”必须在相当量方面增加损害的客观可能性。

相当因果关系的核心在于概率大小的判断。相当因果关系说诞生于19世纪80年代。克里斯长期研究概率学，并一直试图把概率论的有关方法运用于社会问题的研究。1888年，他发表文章，首次将概率论的思想用于侵权行为法上的因果关系研究领域，其理论的基本立意很快得到大陆法系诸多学者的赞同，他们在此理论的基础上，对相当性的判断问题作了进一步的研究，从而形成了侵权法上因果关系判断的相当因果关系说。相当因果关系说产生以后，逐渐被包括德国、奥地利、瑞士在内

〔1〕 杨立新：《侵权法论》（第5版），人民法院出版社2013年版。

〔2〕 王旭：《医疗过失技术鉴定研究》，中国人民公安大学出版社2009年版。

的大陆法系国家的法院接受，并成为支配性的学说。时至今日，相当因果关系说在多国仍然处于主导性地位。

相当因果关系说理论的前提是：事物之间的因果关系是客观的，独立于人们的意识之外的，它不依人的意志为转移。但是人们对因果关系的认识受制于知识水平、事物之间联系的复杂性、认识能力的限制以及信息占有的不完全性等，人们不能完全认识事物之间的因果关系。从而，人们只能在现有的认知条件和信息状况下，对特定事件之间的因果关系作出一个大致的判断。因而，因果关系的认定就不完全是一个逻辑推理的过程，而是一个可能性的判断过程。

关于可能性的判断，就是一个运用概率论的原理和方法进行分析的过程。这个过程大体上分两个步骤：首先，对于某一个现象发生的频率进行考察；其次，对不同现象发生的频率进行比较和分析。比如说，通过调查发现，由于煤矿工人长期暴露于对呼吸系统损伤极大的粉尘当中，他们患肺结核病的比例很高，远高于一般人群。这样，就可以作出从事矿工这一职业很可能导致肺结核的判断。

事件与损害之间具有相当因果关系，必须符合两项要件：①该事件为损害发生的不可欠缺的条件；②该事件实质上增加损害发生的客观可能性。换言之，极大地增加损害发生可能性的必要条件就是损害结果的原因。因此，根据相当因果关系说，首先应判断结果发生之条件是否为损害发生之不可欠缺的条件（条件关系之判断），亦即在认定确实具有事实上因果关系后，再判断相当因果关系存在与否（相当性之判断）。

五、流行病学因果关系说

这种学说是用医学中的临床流行病学（即医学统计学）的

原理来认定因果关系的理论和方法。该学说的要点是：某种因素在某种疾病发生的一段时间存在着，若发病前不存在该因素，则排除因果关系存在的可能。若该因素发挥作用的程度越高，相应的该病的罹患率就越高（换言之，该因素作用提高，病患就增多或病情加重；该因素作用降低，病患随之减少或降低），则有因果关系存在的可能，同时该因素的作用能够不矛盾地得到生物学的说明。这种理论以疾病在群体中的罹患率为参照系，即只要原告证明被告的行为与罹患率之间的随动关系，即为完成了证明责任。

该理论有如下要点：①该行为在发病前曾发生作用；②该行为作用的程度越显著，则该病患者比率越高（剂量效应关系）；③该行为作用降低，该病患者的比率或程度则下降；④该行为引起该疾病的结论与生物学的理论不能发生矛盾。以上四个条件统计作出合理程度的证明，即可认定二者之间具有事实上的因果关系。由此来对复杂的因果关系作出有效的判断。此学说反映的是临床医学关于病因调查的思维方式。

六、个案因果关系说

此学说是从流行病学因果关系说衍生而来的，可以根据流行病学因果关系说的一般原则认定因果关系。如遇与实际情况不符时，只要不能否认“假定原因”和损害之间存在的可能性，结合被害者的病理症状、医学诊查结果，也可推定其因果关系。日本千叶川铁公害诉讼中就采用了个案判断因果关系的方法。

我们知道，环境污染一般具有以下特点：污染物浓度一般较低，污染物质种类繁多，多种途径侵入人体，接触时间和方式持续性不等，影响人群广泛，危害潜在性、生物效应的隐现性、多种污染物质联合作用等。大量的流行病学调查和毒理学研究证实，环境污染可引起人体急性中毒，也可导致慢性疾病、过量负荷等危害。[1]

随着污染浓度（剂量）的增加和接触时间的延长，逐渐显露出对人体健康的损害。环境污染对人体健康影响的程度或生物学效应的强度分为死亡、发病、亚临床变化、生理学变化和污染物在体内过量负荷五个等级。环境污染不仅会引起像水俣病等一些特异性疾病，更多的还是引起一些非特异性疾病，主要是破坏人体的生理和免疫功能。

正如美国第五巡回法庭在审理摩尔与阿西兰化学公司的案例时认为："法律不能等待未来的科学研究调查，我们必须在我们现在可供利用的科学知识的基础上来解决我们法庭上的案例"。这就是针对环境侵权诉讼的因果关系的证明方法即个案因果关系法。

因果关系还有很多其他的学说与分类方法，在此不一一陈述。

第三节　事实因果关系与法律因果关系

英美法系的因果关系学说不注重哲学上的分析[2]，而注重实证的因果关系。英美法系的因果关系学说在一个多原因或者条件造成一个损害结果的时候，将因果关系分为两个层次：一是事实上的原因，二是法律上的原因。一般情况下，"事实上的原因"是判断"法律上的原因"的基础，司法实践中，原告不仅要证明被告的行为有过失，而且还要证明这一过失行为造成

〔1〕陈昭："论环境侵权因果关系的认定"，吉林大学法学院 2016 年硕士学位论文。

〔2〕杨立新：《侵权法论》（第 5 版），人民法院出版社 2013 年版。

了其损害，证明被告的行为与损害结果之间存在着因果关系，不仅有事实上的原因，而且有法律上的原因。确定事实上的原因是认定因果关系的第一步，但还不是全部。还必须证明行为与损害之间具有法律上的原因。只有证明后者，才能够认定法律因果关系的存在。

一、事实因果关系

所谓事实上的因果关系[1]，是指如果被告的侵权行为在事实上对损害的发生具有原因力，则可认定二者之间具有因果关系。判定事实因果关系的工作主要是一个客观的考量，它属于不包含法律政策考量而仅依赖自然科学加以验证的客观过程。此过程在医疗纠纷的解决中，一般由医疗损害鉴定来完成。

事实因果关系的认定主要有两种规则：

其一，必要条件规则，也称“若非，则不”规则（but for test）。其判断方法简而言之即为：若无医方的过失行为（作为或不作为），损害后果将不会发生，则该过失行为是损害后果发生的原因。反之，若无医方过失的行为，损害后果仍会发生，则医方过失的医疗行为就不是损害后果发生的原因。只有结果发生所必要的、不可缺少的条件行为才能构成侵权法意义上的原因，其余的则为条件。必要条件理论之优点在于能有效排除因果关系判断上之不相干因素（条件），但是同样不可否认的是，对于某些案件，必要条件理论尚不能充分说明。[2]

其二，实质要素规则（substantial factor rule）。司法实践证明，在复合因果关系的情形中，必要条件规则往往难以发挥作

〔1〕 王旭：《医疗过失技术鉴定研究》，中国人民公安大学出版社2009年版。

〔2〕 杜晓溪、高崇慧：“侵权法因果关系认定规则研究”，载《湖北经济学院学报（人文社会科学版）》2008年第2期。

用。例如，甲乙二人同时向丙射击，均射中丙，若依必要条件规则，则甲、乙均可证明即使无自己的加害行为，损害仍会发生，据此得出甲乙二人均无需对丙的损害承担责任的结论，这显然是荒谬的。英美法系学者因此提出实质要素规则，即当加害行为系损害结果发生的重要因素或实质性因素时，则可认定该行为与损害结果之间具有因果关系。在上述案件中，由于两颗子弹均是致命的，甲乙二人均应承担赔偿责任。

所谓实质要素说，是指被告之侵权行为对于损害之发生必须为一项实质性的因素（substantial factor）〔1〕。

二、法律因果关系

所谓法律因果关系〔2〕，是指能够成为要求加害人承担损害赔偿责任根据的因果关系，是法律根据一定的标准对事实上因果关系予以截取的结果。法律因果关系考量的是：在被告的行为之外，是否还有其他因素的介入，以至于原告所受的损害与被告应负责任的行为过于遥远，从而降低或者免除被告的赔偿责任。

法律因果关系的本质在于：基于政策性判断，法律要避免使加害人因社会生活中因果关系链条的无限延伸而承担过重的责任。正因如此，法律因果关系的判断并非基于逻辑上的需要，而是基于现实政策的考虑。其判断标准主要有直接结果规则、可预见性规则等。其中可预见性规则在英美侵权法上占有非常重要的地位。

大多数学者认为，事实因果关系属于事实问题，不带有法

〔1〕 杜晓溪、高崇慧：“侵权法因果关系认定规则研究”，载《湖北经济学院学报（人文社会科学版）》2008年第2期。

〔2〕 王旭：《医疗过失技术鉴定研究》，中国人民公安大学出版社2009年版。

律、政策的色彩。如医疗纠纷的举证责任倒置，当一种事实无法认定时，就需要由法律规定的举证责任来确定。这样的事情或理念，无时无刻不影响着司法鉴定。例如：一个小女孩，患有睑板腺囊肿，需要手术治疗，术前诊断左眼下睑睑板腺囊肿，手术预定名称为左眼下睑睑板腺囊肿刮除术。术中发现左眼下睑睑板腺囊肿处红肿，有急性炎症，存在手术禁忌症，同时发现左眼上睑存在睑板腺囊肿，给予刮除术。术后患方起诉医方手术部位错误。在此案的鉴定中，或许医方的陈述是事实，但是，没有证据支持，事实上因果关系所依据的“必要条件关系”即“左眼上睑存在睑板腺囊肿并需要手术”缺乏病历资料佐证，且此证据法律规定“举证责任倒置”需要医方加以提供，因此，司法鉴定认为医方对小女孩所实施的手术部位错误。此点可以看出，医疗损害鉴定虽然探求的是事实因果关系，但它仍然受到法律规定的影响。

三、医疗损害鉴定中两者的联系与区别

区分“事实上的因果关系”和“法律上的因果关系”是英美侵权法因果关系的基本分析模式。具体而言，在认定侵权行为法上的因果关系时，首先必须判断加害行为与损害结果之间是否存在事实上的因果关系，如果答案是否定的，则不成立侵权损害赔偿责任；若答案是肯定的，则进一步考察二者之间是否具有法律上的因果关系，只有加害行为成为损害法律上的原因时，加害人才对该损害承担赔偿责任。

在医疗纠纷的处理中，各种类型的鉴定（也可以称作司法鉴定，包括医疗事故技术鉴定和医疗损害过错司法鉴定），其目的都是去探求事实上的因果关系，而法院的判决则重点解决法律上的因果关系问题。但是，事实因果关系与法律因果关系又

有着密切的联系，侵权责任的发生需要以存在事实层面上的因果关系为前提。因此，在司法实践中，法官常常以医疗损害鉴定作为认定事实因果关系的依据，从这一角度讲，医疗损害鉴定具有准司法的性质，鉴定人员拥有部分法官的职能。而正是这样的原因使得医疗损害鉴定成为风口浪尖上的工作，使得鉴定人员成为刀尖上的舞者，备受争议、屡受煎熬。

如前所述，在医疗损害纠纷的处理中，因果关系的分析常常需要分两步进行：第一步，探求事实因果关系，这一部分是需要司法鉴定加以佐证的；第二步，法律上因果关系的认定，这一部分与司法鉴定无关，两者并不相同。例如：在司法实践中，有鉴定意见认为某医疗过错在患者损害后果中占轻微责任，但法院依据知情同意权、举证责任等内容，判决医方承担 90% 的责任。应该说，在法律上认定的医方过错对患方不良后果所构成的原因，在司法鉴定中，从专业技术的角度讲，却未必成其为原因。

就事实上因果关系的有无，首先需要确定事实上原因的存在与否，一般要依据获得之证据加以诠释，在评判者（无论是鉴定人还是法官）就证据所显示的事实加以认识的过程中，都无法免除评判者个人知识能力的影响。而这种知识能力与其个人过去的经验、知识水平、技术能力密切相关。在判断过程中，每个人所作出的判断已经并非“事实”判断，而具有“评价”的意味。这是医疗损害司法鉴定或判决常常引发争议的原因之一。鉴于这种原因，应设定从事医疗损害鉴定人员的门槛（如具有高级司法鉴定人职称者），使得鉴定人员的业务判断能力（包括经验、知识水平、技术能力等）处于较高的层次，以减少个人技术能力因素对鉴定结果的影响。

另外，在鉴定时，应该避免目的性判断。此点在医疗损害司法鉴定中，表现得尤为突出。比如说：目前整个社会都在认同一个事实：患方是弱者、是弱势群体，是需要保护的，因此，作为鉴定人，常常“希望”鉴定意见有利于患方，这对处理案件有利，也是大多数法官所希冀的，因为法官的职责之一是定分止争。同时，患方是个人，利益明确；医方是团体，财力相对充裕；鉴定机构和鉴定人员是第三方，出具的鉴定意见除追求事实之外，还要保证当事人“不闹”，而“不闹”的最好方式是“倾向（或偏袒）”。同时，有研究表明，80%的医疗问题是难以区分对与错的，这样的结果无疑会造成鉴定“倾向”于患方，鉴定对医疗行为评判得偏于严格，长此以往，将不利于整个医学的进步与发展，也不利于维护司法鉴定的权威与尊严。

当然，在鉴定中，事实上的因果关系链绵延不绝，如何判断？如何取舍？何者为轻？何者为重？达到什么样的幅度和程度才是合理的？常常困扰着鉴定人员。因果关系问题是一个哲学问题，即便在哲学界也未能很好地解决，因此，在技术鉴定领域要彻底解决这个问题是不现实的。同时，事实因果关系的确定除了受鉴定人知识技能、成本等方面的约束，还受条件的制约。比如：某死亡案件，死后未经尸检，但需要判断医疗过错与死亡后果的因果关系，确切地说，没有尸检，难以获悉真正的死因。鉴定人员仅能够通过病历资料的信息来推测死亡原因，这种推测常常是一种事后依经验法则而进行的推断，这里边包含鉴定人知识、技能、经验的因素，不同层次的鉴定人对同一事实会有共性的理解，也会有认识上的差异。应该说，事实因果关系是对技术鉴定的核心要求，也是技术鉴定的核心竞争力所在。

现实中，有时难以达到确定或否定“事实上因果联结”的目的，仅能得出倾向性意见。科学不讲完整的故事，鉴定人对于不能明确的部分以及内容，须学习法律上因果关系价值判断的规则，对待科学持有科学的态度，正确认识鉴定意见作为证据的特征，使得鉴定存有合理的弹性和缓和的余地，将过错推定/认定的“职权”交还给事实认定的守门人（法官）来决断。

第四节　因果关系的分析方法

因果关系证明是一种“历史性证明”〔1〕，即事后只能通过有限的证据及经验来重构的一种证明，其推理应属于溯因推理。

由于医学科学技术的局限性，很多疾病的机理尚不明确，这使得医学科学的因果关系评定成为一个复杂的专门性问题。

当然，因果关系从其根本上是一个哲学问题，因果关系证明是一种“历史性证明”，是一种推理，首先，让我们回顾一下因果关系的逻辑推理方法。

一、因果关系的逻辑推理方法〔2〕

英国哲学家穆勒归纳了因果关系逻辑推理的基本方法（即穆勒四法）：求同法、求异法、共变法和剩余法。这些方法成为医学统计学以及法律因果关系推理的基础。

它们可以归纳为以下四点：

第一，求同法——相同的结果必然有相同的原因。

① ABC a；② ADE a；③ AFG a……所以 A 是 a 的原因。

例如：1960 年，英国某农场 10 万只火鸡和小鸭吃了发霉的花生，在几个月内得癌症死了。后来，用这种花生喂羊、猫、

〔1〕 薛贵滨：“医疗损害因果关系的法理研析”，载《江西社会科学》2010 年第 9 期。

〔2〕 王旭：《医疗过失技术鉴定研究》，中国人民公安大学出版社 2009 年版。

鸽子等动物，又发生了同样的结果。1963 年，有人又用发了霉的花生喂大白鼠、鱼和雪貂，也都纷纷得癌而死，上述各种动物患癌症的前提条件中，对象、时间、环境都不同，唯一共同的因素就是吃了发霉的花生。于是，人们推断：吃了发霉的花生可能是这些动物得癌死亡的原因。后来通过化验证明，发霉的花生内含黄曲霉素，黄曲霉素是致癌物质，这个推断就是通过求同法得出的。

求同法的结论是或然性的，为了提高求同法结论的可靠性，应注意以下两点：① 结论的可靠性和考察的场合的数量有关。考察的场合越多，结论的可靠性越高。②有时在被研究的各个场合中，共同的因素并不只有一个，因此，在观察中就应当通过具体分析排除与被研究现象不相关的共同因素（即控制干扰因素）。

第二，求异法——不同结果必然有不同原因。

① ABC a；② ADE a；③ AFG a……所以 A 是 a 的原因。

例如：100 多年前，一艘远洋帆船载着 5 个中国人和几个外国人由中国开往欧洲。途中，除 5 个中国人外，全病得奄奄一息。经诊断，都患有坏血病。同乘一艘船，同样是人，一样是风餐露宿、漂洋过海，为什么中国人和外国人却不同呢？原来这 5 个中国人都有喝茶的爱好，外国人却没有。于是得出结论：喝茶是这 5 个中国人不得坏血病的原因。这个结论就是用求异法得出的。

运用求异法进行比较的两个场合一定要只有一点不同，其他情况都相同。这种条件在通常情况下是少见的，因而求异法和实验直接联系。运用求异法应注意以下两点：①排除除一点外的其他一切差异因素。如果相比较的两个场合还有其他差异因素未被发觉，结论就会被否定或出现误差。②两个场合唯一不同的情况是被考察现象的全部原因还是部分原因。

第三，共变法——变化的结果必然有变化的原因。

① A1BC a1；② A2BC a2；③ A3BC a3……所以 A 是 a 的原因。

例如：一定压力下的一定量气体，温度升高，体积增大，温度降低，体积缩小。气体体积与温度之间的共变关系，说明气体温度的改变是其体积改变的原因。

应用共变法应注意以下几点：①不能只凭简单观察来确定共变的因果关系，有时两种现象共变，但实际并无因果联系，可能二者都是另一现象引起的结果，如闪电与雷鸣；②共变法通过两种现象之间的共变来确定两者之间的因果联系，是以其他条件保持不变为前提的；③两种现象的共变是有一定限度的，超过这一限度，两种现象就不再有共变关系。

第四，剩余法——剩余的结果应当有剩余的原因。

剩余法可用公式表示如下：ABC 是复杂现象 abc 的复杂原因，已知 A 是 a 的原因，B 是 b 的原因，所以 C 是 c 的原因。

例如：有一次居里夫人和她的丈夫为了弄清一批沥青铀矿样品中是否含有值得提炼的铀，对样品含铀量进行了测定。令他们惊讶的是，有几块样品的放射性甚至比纯铀的还要大。这就意味着，在这些沥青铀矿中一定含有别的放射性元素。同时，这些未知的放射性元素只能是非常少量的，因为用普通的化学分析法不能测出它们来。量小放射性又那么强，说明该元素的放射性要远远高于铀。1898 年 7 月，他们终于分离出放射性比铀强 400 倍的钋。该元素的发现，应用的就是剩余法。

应用剩余法应注意以下两点：①确知复杂现象的复杂原因及其部分对应关系，不得有误差，否则结论就不可靠；②复合现象剩余部分的原因，可能又是复杂情况，这又要进行再分析，不能轻率地下结论。

二、医学上因果关联的评判

医学的一个重要任务是解决疾病的病因问题，随着医学技术的发展，目前，在临床医学的一个重要分支——临床流行病学调查中，已经建立了较为完备的病因调查与病因分析的机制，这种机制和理念在医疗损害司法鉴定中具有重要意义，对于我们建立一个良好的医疗损害思维模式具有指导作用。

医学上原因和因果关联是结合医学统计学、证据分析等方法辅助完成的。

临床医学上的原因一般是病因，广义上泛指与疾病有关的各种因素。从狭义上讲，当一个人群中，某一因子的增减可以导致某一疾病或健康问题的增减时，则该因子成为该病的病因。

医学上所谓的联系是指两个或更多个变量间的一种依赖关系，可以是因果关系，也可以不是。“因果关联”是指某种事件或特征之间的一种关联，当改变某一类别（X）的频率或特性，就会引起另一类别（Y）的频率或特性的改变，这样 X 就是 Y 的原因。

“联系”一般用统计学的方法得出，联系不等于因果联系，但联系是因果关联的前提，确定两事物间是否存在因果关系，一般的推论过程是首先确定两事物间是否存在统计学联系，只有在确定有显著性统计学意义并排除了选择偏倚、信息偏倚、混杂偏倚等系统误差的结论后，如果符合因果关系的推论原则，才能说明存在真实的因果关联。

三、医学流行病学研究方法

医学对于因果关系的揭示主要是通过一系列的研究方法来

实现的，包括观察法、实验法。细分为描述性研究、分析性研究、实验性研究、理论性研究等，其中前三类与病因调查、分析、推断有直接关系。

（一）描述性研究

描述性研究（descriptive study）是指利用已有的资料或对专门调查的资料，按不同地区、不同时间及不同人群特征分组，以揭示疾病或健康状况的分布情况的一种方法。

描述性研究在揭示因果关系的探索过程中是最基础的步骤，可以说，对任何因果关系的确定，无不始于描述性研究。例如，当对某病的情况了解不多的时候，往往总是从描述性研究着手，取得该病的分布特征，从而获得有关的研究假设，进而逐步建立研究假设，为分析性研究提供线索。

任何一个病因未明的疾病，其病因的最终揭示无不始于描述性研究。也就是说，描述性研究的结果可以提供病因未明疾病的病因线索。通过描述疾病率在不同暴露因素状态上的分布的差异、一致、趋同等现象，来进行逻辑推理（如求同法、求异法、类推法等）而提出可能为该疾病的病因因素。在此研究中，常常通过查找历史资料来获得更多的暴露因素，以便有助于因果联系的推论。

通过描述性研究获得的资料也可对病因提出线索或假说，或对防治提出有效的措施。

（二）分析性研究

分析性研究（analytical study）是对假设的病因或流行因素进一步在选择的人群中探找疾病发生的条件和规律，验证所提出的假说的研究。

对于病因研究来说，描述性研究结果可以为病因和危险因素的研究提供构成假设（假说）的线索。所谓病因假设是对某因素与某病因果关系的一种推测性的可检验的解释。检验结果可以支持或不支持原来的假设，也可产生新的假设。例如，“吸烟引起肺癌”曾是一个假设，通过分析性研究验证了这一假设的成立。

分析性研究主要有前瞻性研究与回顾性研究两种。

前瞻性（prospective）研究是指从有无可疑原因（病因）开始去观察是否发生结果（疾病）的研究方法，一般用队列（或群组、定群）研究，从时间上是前瞻性的。

回顾性（retrospective）研究是指“以果索因”，即从疾病（结果）开始去探找原因（病因）的研究方法，一般用病例对照研究，从时间上是回顾性的。

病例对照研究是以某人群内一组患有某种病的人（称为病例）和同一人群内未患这种病但在与患病有关的某些已知因素方面和病例组相似的人（称为对照）作为研究对象，调查他们过去对某个或某些可疑病因（即研究因子）的暴露有无和（或）暴露程度（剂量）。通过对两组暴露史的比较，推断研究因子作为病因的可能性。如果病例组有暴露史者或严重暴露者的比例在统计学上显著高于对照组，则可认为这种暴露与患病存在统计学联系，有可能是因果联系。究竟是否是因果联系，需根据一些标准再加以衡量判断。例如，吸烟与肺癌的关系。英国流行病学家于 1948—1952 年进行过一项病例对照研究。他们从伦敦 20 所医院及其他几个地区选取确诊的肺癌 1465 例。每一病例按性别、年龄组、种族、职业、社会阶层等条件匹配一个对照，对照系胃癌、肠癌及其他非癌症住院病人，也是 1465 例。由调查员根据调查表询问调查。经分析数据，得到的主要结果有：①肺癌病人中不吸烟者的比例远小于对照组：男性占 0.3%，女性占 31.7%。而对照组中男性不吸烟者占 4.2%，女性占 53.3%，差别均很显著。②肺癌病人在病前 10 年内大量吸烟者（≥25 支/日）显著多于对照组。③随着每日吸烟量的增加，肺癌的预期死亡率（推算出的年死亡率）也升高，如男性 45—64 岁组日吸烟 25—49 支者与不吸烟者死亡率之比为 2.94∶0.14，即前者为后者的 21 倍。④肺癌病人与对照组比较开始吸烟的年龄较早，持续的年数较长，而病例中已戒烟者的停吸年数也少于对照组中已戒烟者。此后，Hill、Doll、Peto 等人又用前瞻性队列研究法深入研究，经长达 20 年（女性经 22 年）的观察，更加令人信服地提出吸烟是肺癌的主要病因以及吸烟对健康的其他多种危害。他们的结论已被其他许多研究证实，成为许多国家提倡不吸烟、限制吸烟及限制卷烟销售政策的科学基础。

（三）实验性研究

流行病学中所用的实验法和一般医学基础学科的实验不同，主要在人群现场进行。根据研究对象不同，又可分为临床实验和人群现场实验。后一类实验中对病因进行干预的又叫干预研究。

医学上通过统计学研究方法进行相关分析来确定变量间的数量变化关系，进而依据逻辑推理获得事物间存在的固有的内在规律，而得出因果关系的判断。

医学因果关系的推断有以下基本原则：需满足时间顺序、关联强度、关联的可重复性、暴露因素与疾病分布的一致性、剂量反应关系、关联的合理性、终止效应等，详见后续解读。

四、病因学因果关系的分析方法

医学上因果关系判断的基本法则也可称为医学流行病学的分析法则〔1〕。

〔1〕 王旭：《医疗过失技术鉴定研究》，中国人民公安大学出版社 2009 年版。

（一）关联的时间顺序

因在前，果在后，且时间上密切相关。“因”一定先于“果”，此条在判定病因中是必需的。

（二）关联的强度

关联的强度有时可以通过统计学加以计算。

有某因素组（暴露组）与无某因素组（非暴露组）发病率之比（RR）愈大，说明该因素与该病存在因果联系的可能性愈大。而弱的联系可能受混杂及偏倚的影响。一般 RR>2 可以认为有强的联系。吸烟与若干种疾病有联系，与肺癌的联系的 RR 值可达 4—20，此 RR 值非常高。吸烟与急性心肌梗死的联系约为 2。

（三）关联的特异性

关联的特异性某种程度上是可逆转性。去掉可能的暴露因素后，如果疾病发生即减少，则二者更可能是因果联系，如戒烟后肺癌死亡率即下降。

当然，有的病因会很快引起不能逆转的变化，不管是否继续暴露（如 HIV 感染），也不能出现逆转。此种情况下，不能以没有逆转而否定其因果联系。

（四）关联的可重复性

关联的可重复性也称为关联的一致性。高血压病人减少食盐摄入量（每日摄入 5g）后，血压下降（以收缩压明显），恢复平时盐摄入量（每日 10g 左右），血压值又回升。

（五）关联的连贯性或合理性

关联的连贯性或合理性与现有理论知识相吻合。

（六）事例解读

1988 年上海市出现了急性病毒性肝炎的严重疫情，全年发病 352 048 例，发病率为 2803/10 万。[1]根据流行病学调查分析，此次疫情发生的直接原因可能与生食毛蚶有关，为了进一步确定病因，应用上述推断准则得出了以下主要证据：

第一，时间顺序的证据。根据 1208 例病例调查，大多数患者（88.2%）发病前 2—4 周内有生食毛蚶的暴露史。

第二，关联强度的证据。①根据 1208 例配对资料，大多数患者发病前 2—4 周内有生食毛蚶的暴露史（88.2%），远比对照组（41.8%）要高，RR = 10.21，表明暴露与发病有强关联。② 本次疫情流行前市区居民食用毛蚶的人数估计有 226 万例，食用毛蚶的人群罹患率为 11 920/10 万，未食用毛蚶的人群罹患率为 520/10 万，其相对危险度 RR = 23.06，表明暴露与发病有很强的关联。

第三，可重复性证据。1983 年初，上海地区因生食毛蚶曾引起甲肝的暴发。

第四，合理性证据。有充分的证据排除经饮水途径传播，另外，从上海市的毛蚶中检出了甲型肝炎病毒，绝大多数病人为甲型肝炎病毒感染，并且电镜下两种来源的病毒颗粒的形态、大小完全一致。

第五，终止效应的证据。市政府明令禁止毛蚶的销售和食用后，疾病的发病率迅速下降。

第六，分布一致性证据。毛蚶的销售范围与发病地区一致。

根据以上证据可以判定：上海市此次病毒性肝炎暴发疫情的直接病因是生食了被病毒污染的毛蚶水产品。此例因果关系判断堪称完美。

---

〔1〕“1988 年上海的甲肝疫情及防治”，载 http://new.qq.com/omn/20200304/20200304A092AT00.html，最后访问日期：2020 年 10 月 4 日。

五、医疗过错因果关系判断

医疗损害鉴定属于一种基于专业性的技术判断，其所应用的理论技术是医学的理论技术，其思维方式是医学思维而非法律思维，即以医疗统计学的思维方式进行科学证据的内心推断，作为司法鉴定人，若想构建起医学的思维方式，需了解医学领域的因果关系评判方法。事实上，在医学的领域中，已经发展出相对成熟的因果关系判断方法。

因果关系作为医疗侵权行为责任中的重要构成要件，是医疗侵权行为归责的基础和前提。合乎医学和法律的要求，公平公正地确定医疗侵权行为中的因果关系是医疗侵权案件审理的核心环节，在此环节中，医疗损害鉴定中的因果关系判断及参与度判断又是核心中的核心。

前面指出，医疗损害鉴定应遵循专业判断的原则，同时受到法律原则的某种制约，但究其根本，仍然是一种专业判断，既然是专业判断，就一定要遵循医学的思维方式和方法论。因果关系包含两个层面：一是事实因果关系，着重分析损害的原因及性质；二是法律因果关系，着重分析过错及应承担的责任。事实因果关系是基础，但同时必须适应法律因果关系的要求。所以，在医疗损害鉴定中，需承担起解决事实因果关系的责任。并针对法律因果关系研究的理论、判定的步骤和内容，提出相应的医学损害的事实因果关系认定的步骤和内容。

因果关系推断包括逻辑方法、统计关联和判定标准。

需要指出的是，统计学上的相关不等于因果，因果也不一定与统计学相关。但是大多数情况下，统计学上的相关却强烈地提示两者可能存在因果关联。例如：吸烟与肺癌，两者呈现明显的正相关，两者亦存在明确的因果关系。但是，比如，某户人家养育一个小孩，同时种一棵树，小孩的身高在增长，小树亦在增高，两者高度正相关，但是两者之间不存在因果关系。在医疗损害鉴定中，首先应建立概率的观念，其次，在存在统计学相关时还要遵循医学的逻辑加以科学判断。

比如说，穆勒准则的逻辑基础是决定论的因果观念，而流行病学的病因观念是概率因果论，因此上述的实例中只是借用了穆勒法则的基本思想，而不是其严格的推理的逻辑形式。例如，在上述疫情突发的例子中，事实上并非所有的食用过毛蚶的人都发病，也并非所有的病人都吃过毛蚶，这里强调的是大多数。在共变法中，如果不了解疾病的潜伏期，也会给结果的解释带来一定的困难。另外，如果不掌握全部的危险因素，也就无法应用排除法的逻辑推理。总之，在实际应用时应当全面地看待问题及其结论。

科学家往往倾向于用归纳的方法来证实一个假设〔1〕。

但是，在归纳的调查方法中，人们所依赖的观察结果是偶然性的而不是因果关系的结果。而且归纳方法的最大缺陷是无法穷尽事实，因此归纳永远不可能决定性地证实一个假设，但错误却是显而易见的。换句话说，假设永远无法得到肯定证实，但是如果这种假设是错误的，则这种错误却是能够被证明（或发现）的。当人们发现某种假设存在错误时，会修正原来的假设或提出新的假设，并开始新的证明活动。人们通过这种不断的证明活动获得知识，认识真理，推动科学的进步。只有经受住反复证明错误的理论，最终才将被科学界接受，甚至有条件地作为真理接受。

在法医临床鉴定中，鉴定人在对专门性问题进行分析和判

〔1〕 朱广友：“论司法鉴定意见的基本属性”，载《中国司法鉴定》2008年第4期。

断的过程中，往往需要引用某个理论或某种技术，这就要求鉴定人在引用某个理论或技术之前，必须对这个理论或技术的科学性加以考察。而考察的方法不是看该理论或技术出自何人（不论其是科学界的新星，还是科学界的权威）。而是要看该理论或技术是否已经被检验过或该理论或技术的方法和过程是否科学。例如，某鉴定人声称其选用的“骨龄鉴定”方法非常科学，能保证其鉴定的“骨龄”与实际年龄（或生活年龄）误差不超过“±1”岁。但认真地考察其所应用的鉴定方法时发现，该鉴定方法的准确性和可靠性并没有被检验过，所谓的误差不超过“±1”岁只是一种毫无根据的主观臆断。

对于经过严格的科学实验所获得的理论和方法，要考察其科学性是比较容易的，而对于那些所谓的新理论、新技术和新方法，在科学界尚未得到广泛认同或普遍接受的情况下，如何判断其科学性呢？在多伯特诉梅里尔·道一案的审判过程中，法官们认为，要判定某项理论或技术是否可以被检验或是否已经检验过、错误是否已经检验过，“同行复核”是一个重要的参考因素。所谓“同行复核”，是指某种理论或技术提出以后经过了同行专家的严格审查，尤其是那些公开发表的论文论著中、学术团体的专门报告中以及各种控制技术运作的标准中所主张的理论和技术，都是经过期刊编辑、学术权威们严格审查过的，是得到同行专家的认可和接受的。特别是学术团体的专门性报告和控制技术运作的标准（如国家标准、行业标准）较之科学家们个人的观点具有更高的学术价值，因为它们代表了特定论题中的“普遍接受”程度。

第五节　因果关系责任程度

刑事及民事案件中，因果关系参与度问题是法医学鉴定中的一个重要内容，现实中，法医学常常需要鉴别损害因素与被侵害人自身疾病等参与因素共存时，损害因素与不良后果之间的因果关系以及参与度。参与度或者叫作责任程度的判断，均属于因果关系判断的范围。

医疗纠纷或者医疗损害鉴定中的因果关系及责任程度鉴定，与上述的因果关系判断是一脉相承的。

这里，我们需要了解一下损害参与度的概念。

1980 年日本法医学家渡边富雄教授与其他学者一道采用了定量比例的方法对交通事故和损害结果（死亡、后遗障碍）进行研究，提出了“事故寄与度”的概念，并以该概念来确定事故在损害结果中所起作用的大小。1986 年前后，“事故寄与度”的概念被引入我国法医学界，受到学者的高度重视，我国法医界将该词改称为“损伤参与度”。采用“确定性”（certainty）、“盖然性”（probability）与“可能性”（possibility）作为信赖度的等级，把事故在导致后果中的作用划分为“作为原因”“作为主要原因”“作为决定性原因”，并制定出独创的标准。

参与度是指损害因素和参与因素共存，诸因素共同作用导致被侵害人不良后果（残疾或者死亡等），损害因素在其中所起作用的原因力比例可以用定量分割的方式予以表述，即损害因素在损害之果中的参与度。所谓参与因素是指其他外界的及自身的因素。参与因素应包括以下条件：①参与因素在损害之果的发生中具有原因力作用；②参与因素与损害因素共同组成损害之因；③参与因素不必然包含违法要素，参与因素包括被侵害人自身因素和医疗因素。

被侵害人自身因素一般是指在被侵害人损害之果发生过程中起原因力作用的自身因素，具体包括：①既往伤/病。指人体在遭受此次损害前已经发生过一定的疾病或损伤，包括疾病与既往外伤。②疾病。指人体在一定条件下，由各种致病因素引起复杂的且有一定表现形式的病理过程，如特定的临床症状和体征以及转归规律。③病理基础。指损害后果的发生，需借助一定的基础病变，如病理性骨折。④潜在性病变。指个体已经发生某些病理改变，但尚未表现出明显的临床症状和体征。⑤体质的特殊性。指导致被侵害人某种致病因子或疾病的易感性，通常包括先天因素（包括某些先天性生理缺陷、变异）、特异体质、年龄、性别、精神状态等。

医疗损害参与度/责任程度是指医疗机构及其医务人员在诊疗过程中所发生的过失行为在损害之果中所起的作用比例和作用力大小。

分级建议：

A 级：损害后果完全由其他因素造成。

B 级：损害后果绝大部分由其他因素造成，医疗过失行为起轻微作用。

C 级：损害后果主要由其他因素造成，医疗过失行为起次要作用。

D 级：损害后果由医疗过失行为和其他因素共同造成，两者分别起同等作用。

E 级：损害后果主要由医疗过失行为造成，其他因素起次要作用。

F 级：损害后果完全由医疗过失行为造成。

详见表 1。

表 1　医疗损害参与度/责任程度对照表

划分等级	理论系数值	原因力程度	参与度/责任程度参考范围
A	0	无	0
B	10%	轻微	5%—20%
C	25%	次要	20%—40%
D	50%	同等	40%—60%
E	75%	主要	60%—90%
F	100%	全部	90%—100%

此分级方法最早由常林教授提出，可溯源至北京市高级人民法院法医技术室 2000 年以后的医疗纠纷法医学鉴定书，以及 2009 年《北京司法鉴定业协会关于办理医疗过失司法鉴定案件的若干意见》。〔1〕

[延展阅读] 某司法鉴定中心法医学鉴定意见书

××［2010］医鉴字第×××号

一、基本情况

委托单位：××省××市下花园区人民法院

受理日期：2010 年×月××日

被鉴定人：张某，女，2006 年 6 月 4 日出生，住××省××市××县××家属院内。

〔1〕“北京司法鉴定业协会关于办理医疗过失司法鉴定案件的若干意见”，载 https://www.lawtime.cn/info/yiliao/ylsgsfjd/201007214948.html，最后访问日期：2020 年 7 月 4 日。

委托事项：①××县人民医院、××大学人民医院对张某的医疗行为是否存在过错？如存在过错，对张某现在的损害后果应承担的责任比例为多少？

②张某现在的伤残等级程度？

③张某的护理依赖程度？

鉴定材料：

①患儿之母在××县人民医院住院病历原件住院号“60603088”1份；

②张某在××县人民医院住院病历原件住院号“60604024”1份；

③高压氧治疗操作记录本1册；

④张某在××大学人民医院住院病历原件住院号“286329”1份；

⑤医疗事故技术鉴定书××医鉴［2007］22号复印件1份；

⑥××大学司法鉴定中心法医临床鉴定书××司鉴定中心［2007］临鉴字第062号复印件1份。

听证及会诊日期：2010年4月27日

鉴定地点：本所

二、基本案情

据本案相关材料载：2006年6月3日凌晨，原告张某之母因临产入住被告××县人民医院，6月4日10时40分通过剖腹产手术产出张某，生产后张某健康状况良好，双眼视力未见异常，6月5日，该院医生对张某检查后判断张某为“新生儿缺氧缺血性脑病”，安排张某住院治疗，6月7日，该院医生为张某开具了“高压氧疗”医嘱单，因称量张某体重为2.5kg，该院医生告知张某父母过一周后再来吸高压氧，张某父母按照医生要求在一周后再返医院，行高压氧治疗，连续吸氧 5 天（每天 1 次），每次为 55 分钟。张某后于同年 8 月 26 日到其他医院就诊发现视力异常，后到××儿童医院、××大学人民医院眼病中心复查，被确诊为“新生儿视网膜病变”，虽经手术治疗，张某仍然失明。

现患方认为：由于被告××县人民医院及××大学人民医院对张某的治疗过程中存在过错，最终导致张某失明的严重后果，故起诉至人民法院要求被告予以赔偿。

三、材料摘要

××县人民医院住院病历载：

[2006-6-4] 9：30。妇产科。产妇×××以“孕足月，阵发性腹痛 4 个半小时”为主诉入本院妇产科待产。入院检查宫缩不规律，骨盆各径线在正常范围内，胎心音 142 次/分，产妇在试产中发现产程延长，羊水Ⅲ°粪染，为保母子安全，向家属讲明需行剖宫产手术，经家属同意并在手术协议上签字后，于上午 10 时 30 分在连续硬外麻醉下行剖宫产术，术中见胎方位：枕右横，羊水混浊有胎粪，胎盘老化，顺利娩出一活女婴，胎儿顶部产瘤 3cm×4cm，阿氏评分良好，体重 3kg，身长 50cm。

剖腹产手术记录载：评分：即刻 10 分，1 分钟 10 分，5 分钟 10 分。

[2006-6-4] 17：20。患者张某，女，因“阵发性哭闹 7 小时”，在产科吸氧观察 7 小时，患儿不配合，无好转，遂转入儿科。查体：体温 36. 2℃，心率 120 次/分，呼吸 42 次/分，体重 2. 8kg，发育营养欠佳，皮肤轻度黄染，双眼球结膜和角膜正常，双瞳孔等大等圆，对光反射灵敏，心音有力，律齐，腹软，肝脾肋下未触及，两肺呼吸音清，未闻及罗音，觅食和拥抱反射减弱，四肢肌张力偏低，膝反射存在，巴氏征阳性，克氏征、

布氏征阴性，阿氏评分 8 分。诊断：新生儿缺氧缺血性脑病。入院后给予完善辅助检查，护脑、抗感染和对症治疗。

[2006-6-5] 9：00 患儿无明显烦躁，体温正常，精神食欲尚可，大小便正常，睡眠可。余查体同前。曹医师查房分析：羊水重度污染，胎盘老化，觅食、握持、拥抱反射减弱，护脑、抗感染和对症治疗，完善辅助检查，必要时可做脑 CT，了解颅内结构情况。

[2006-6-6] 9：00 患儿体温正常，精神食欲尚可，大小便正常，睡眠可，体温 37℃，神清，精神反应可，呼吸平，皮肤轻度黄染，心肺听诊正常，反射正常，余查体同前。

[2006-6-7] 9：00 患儿一般情况尚可，今查头颅 CT 示缺氧缺血性脑病，与临床诊断相吻合，今停用抗感染药，予健脑吸高压氧治疗。

[2006-6-7] 9：25 今称患儿体重 2. 5kg，考虑患儿生理性体重下降，并有可能继续下降，暂不宜做高压氧治疗，暂停高压氧，继续健脑治疗。

[2006-6-9] 16：00 患儿体温正常，精神食欲尚可，大小便正常，睡眠可，体温 37℃，神清，精神反应可，呼吸平，腹部平软，心肺听诊正常，反射正常，今日治疗结束后患儿家属要求出院。

该院出院病历总结载：出院诊断：新生儿缺氧缺血性脑病；出院查体：体温正常，精神食欲尚可，大小便正常，睡眠可，体温 37℃，神清，精神反应可，呼吸平，腹部平软，心肺听诊正常，反射正常。

2006 年 6 月 10 日患儿家长带小孩来行高压氧治疗，程序：洗舱 5 分钟，氧浓度 54. 6%，升压时间 15 分钟，稳压时间 30 分钟，氧浓度 72. 3%，减压时间 10 分钟，出舱，工作总时间 55

分钟，连续 5 天。

××大学人民医院住院病历载：

[2006-9-5] 11：00 患者张某，女性，3 个月，汉族，主因“孕 36 周早产，发现早产儿视网膜病变 1 天”经门诊以“双眼早产儿视网膜病变 5 期”于 2006 年 9 月 5 日收入院。梁副教授代主治医师查房：根据患儿病史、症状及体征所见，双眼早产儿视网膜病变 5 期，早产儿诊断基本明确，有手术指征，无手术禁忌症。积极完善术前准备，向患者及家属详细说明病情与预后，尽早手术。

[2006-9-6] 12：00 术前小结。患者张某，女性，3 个月，汉族，主因“孕 36 周早产，发现早产儿视网膜病变 1 天”经门诊以“双眼早产儿视网膜病变 5 期”于 2006 年 9 月 5 日收入院。根据患儿病史、症状及体征所见，双眼早产儿视网膜病变 5 期，早产儿诊断基本明确，有手术指征，无手术禁忌症。积极完善术前准备，向患者及家属详细说明病情与预后，患者同意，签字为证。

[2006-9-7] 患者张某，女性，于今日全麻下行左眼晶切，玻璃冻切除、剥膜术。手术顺利，术毕患者安返病房继续观察。

[2006-9-8] 8：00 患者今日术后第 1 天，查体不合作，双眼前节未见明显异常。梁副教授代主治医师看过病人指示患者继续目前治疗，继续观察。

[2006-9-12] 患者张某，女性，3 个月，汉族，主因“孕 36 周早产，发现早产儿视网膜病变 1 天”经门诊以“双眼早产儿视网膜病变 5 期”于 2006 年 9 月 5 日收入院。拟于 2009 年 9 月 12 日全麻下行右眼闭合玻璃体切割术，家属已签字同意手术，已行术前准备。

[2006-9-12] 17：00 患儿今日全麻下行右眼晶切，术中见

网膜前膜厚，血管充盈丰富，中止手术，台上查左眼角膜清，前房存在，虹膜纹理清，瞳孔中大，晶体缺如，上方网膜较术前平复，下方网膜可见粗大充盈血管，左眼眼压 5.5/5mmHg。

[2006-9-13] 8：00 今日术后第 1 天，患儿无不适，右眼睛充血，角膜清，今查体不配合，姜医生查房，可以出院。该院出院病历总结载：出院诊断：双眼视网膜病变 5 期；早产儿。1 周后门诊复诊。

××大学人民医院诊断证明书载：2007 年 8 月 24 日，2006 年 9 月 4 日于我院门诊检查发现：双眼视网膜脱离，晶体后纤维增生（右>左）诊为双 ROP（早产婴儿视网膜病变）V。于 2006 年 9 月 7 日行左眼晶切、玻切、剥膜术。2006 年 9 月 12 日行右眼晶切、前玻切术。

因患儿母亲是孕 36 周，患儿出生体重 3kg，已超过早产儿的诊断标准，眼底所见应考虑类早产儿视网膜病变，因眼底改变同早产儿视网膜病变治疗方式相同。

四、鉴定过程

（一）简要过程

2010 年 1 月 25 日，在我所举行了由医患双方参加的听证及专家咨询会，会上，向医患双方告知了本案鉴定人员，医患双方分别陈述了各自的意见，并回答了鉴定人员及临床专家的提问。现将各方意见归纳如下：

患方认为，××县人民医院存在如下医疗过失：

第一，产科吸氧无医学记录。张某出生后在产科吸氧观察 7 小时，但该院医学文书中无吸氧方式、吸氧流量、吸氧时间的任何记录。

第二，该院给张某用氧没有适应证，用氧没有严密控制用氧量。张某不存在“新生儿缺氧缺血性脑病”之情况，其阿氏评分即刻10分、1分钟10分、5分钟10分。

第三，氧疗没有告知“定期眼科检查”。

第四，高压氧疗错误。其中包括医院没有下达合法有效的医嘱单、没有具体的用法用量、儿科医生没有高压氧医师的上岗证、护士选定的高压氧治疗方案违法、没有进行血氧检测、没有尽到风险告知及预防义务等。

第五，新生儿不合理用氧可以导致新生儿失明。

总之，××县人民医院的医疗过失与被鉴定人张某目前双目失明的后果存在直接因果关系。

××县人民医院认为：

第一，×××在本院分娩婴儿张某系足月、非低体重儿，而非早产儿。本院曾因其体重未达到2. 5kg而暂停高压氧治疗。

第二，本院对张某所实施的高压氧治疗是按照规程进行的，不存在时间过长、压力过高情况，患儿没有氧中毒情况。

第三，张某不属于早产儿视网膜病变，不属于眼底筛查对象，本院行为没有违反《早产儿治疗用氧和视网膜病变防治指南》之规定。

第四，本院诊疗行为不存在医疗过错，不构成医疗事故。

总之，张某不是早产儿视网膜病变，本院对其没有长时间高浓度吸氧，因此，张某的视网膜病变与本院适当的氧疗无关。

××大学人民医院认为：

第一，我院对张某的诊疗行为符合医学常规，手术适应症掌握得当，术中操作不存在过错。

第二，术前，我院对患儿家属充分履行了告知义务，手术是患儿家属强烈要求下进行的。

第三，患儿术后视网膜再次全脱离是其自身疾病的自然转归，我院并未给患儿造成损害。

第四，患儿当时的病情手术成功率极低，这是现代医学水平的局限性所致。总之，本院的诊疗行为无医疗过失。

（二）检查记录

被鉴定人张某目前为该事件后近 4 年。

家长代诉：目前双目失明。

查体：一般状态可，神清语利，查体合作。双眼球发育不佳，眼窝深，双眼球震颤。双眼交替内斜约 20°—25°，双眼角膜清，前房中深，KP（-），Tyn（-），右眼晶体缺失，后囊膜混浊，左眼晶体尚清，双眼底检查无法配合。

本所眼科电生理检查：闪光-VEP，双眼 1.9/s-10.9/s 均未引出明确的 NPN 波形。提示：双眼视传导功能严重障碍。

五、分析说明

根据现有病历资料，并请有关专家会诊，现就相关问题分析如下：

第一，被鉴定人张某所患疾病的诊断问题。被鉴定人张某于 2006 年 6 月 4 日 10 时 30 分“孕足月”于省××县人民医院剖宫产出生。生后因“阵发性哭闹 7 小时”，在产科吸氧观察 7 小时，转儿科治疗。儿科检查见“体重 2.8kg，发育营养欠佳，皮肤轻度黄染，觅食和拥抱反射减弱，四肢肌张力偏低”，诊为“新生儿缺氧缺血性脑病”。同年 6 月 7 日，该院医生开具了“高压氧疗”医嘱单，因称量患儿体重为 2.5kg 而停止此项治疗，并告知患儿父母一周后再来治疗。6 月 10 日至 14 日被鉴定人张某连续高压氧治疗 5 天共 5 次。2006 年 9 月，因发现患儿视力差，经××大学人民医院眼病中心检查，确诊为“新生儿视网膜病变”。目前被鉴定人张某双眼失明。

根据现有病历资料，并请有关专家会诊，我们认为目前可明确被鉴定人张某双眼所患疾病的诊断为“早产婴儿视网膜病变，即 ROP”。

早产婴儿视网膜病变，即 Retinopathy of Prematurity，简称 ROP，亦称为“未成熟儿视网膜病变”。此处“早产儿”或“未成熟儿”之含义包括“产期提前及婴儿未成熟两重意义”。ROP 是指此种婴儿的增殖性视网膜病变，相关文献显示：绝大多数 ROP 患者为早产、低体重婴儿，偶有足月产低体重儿，足月出生体重大于 4kg 者罕见。

第二，关于××县人民医院的诊疗行为评价。对被鉴定人张某“新生儿缺氧缺血性脑病”的诊断基本成立。

本案争议的焦点问题之一是被鉴定人张某出生后是否患有“新生儿缺氧缺血性脑病”，进而有无用氧指征。病历资料显示：张某之母在生产过程中阴道试产产程延长，羊水Ⅲ°粪染，剖宫产术中发现“羊水混浊有胎粪，胎盘老化”，提示张某可能存在宫内窘迫等缺氧情况。张某出生后虽阿氏评分记录良好（10分），但“阵发性哭闹”吸氧无好转，“觅食和拥抱反射减弱，四肢肌张力偏低”。故此，我们认为，被鉴定人张某“新生儿缺氧缺血性脑病”诊断基本成立，但从病历记载的情况来看，其病情不重。

该院对被鉴定人张某行高压氧治疗，其医疗决定不够慎重且存在告知等方面的医疗过失。

需要指出的是，以目前的医学文献来看，“新生儿缺氧缺血性脑病”不是高压氧治疗的禁忌证，故该院对患儿实施高压氧治疗有一定的合理性。

但是，高压氧治疗具有一定的副作用，如“氧说明书”中明确指出：“新生儿使用氧气时，要严格掌握适应证，严密控制用氧量，以免造成因氧过量而导致失明等损伤”。故此，我们认为，医方在用氧问题上，医疗决定不够慎重，且未对患方给予明确告知（包括用氧后对眼部症状观察方面的告知），其医疗行为存在过失。

该院病历书写不规范、新生儿有关记录不详细。因记录不详，使得我们无法准确判断被鉴定人张某当时的病情，同时，对我们目前准确评价其医疗行为带来困难。

关于高压氧医师是否拥有资质等问题，不属于专业技术问题，本鉴定不予考评与评价。

第三，××大学人民医院的诊疗行为评价。××大学人民医院对被鉴定人张某入院诊断明确，手术适应症掌握得当，手术过程操作无明显失误，其诊疗行为无明显过失。

第四，被鉴定人张某残疾程度及护理依赖等级评定。被鉴定人张某因 ROP 而致双眼失明，电生理检查：双眼 1.9/s-10.9/s 均未引出明确的 NPN 波形。提示：双眼视传导功能严重障碍。

根据《人体损伤致残程度鉴定标准（试行）》（京司鉴协发〔2009〕4 号）第 2.2.6 条之规定，被鉴定人张某目前状态的残疾程度为二级。

根据《人身损害护理依赖程度评定》（GA/T 800-2008）标准第 4.2.2.1 条之规定，被鉴定人张某的目前情况属部分护理依赖。

第五，××县人民医院的诊疗过失与被鉴定人张某不良后果的因果关系分析。相关研究显示：ROP 是一种由多因素影响所致的疾病。早产、低出生体重、吸氧、新生儿窒息、念珠菌菌血症、脓毒症、类固醇的使用等均是 ROP 发生的危险因素。在这些因素中，毋庸置疑，常常与用氧（尤其是不当用氧）有关。未成熟儿因视网膜血管发育不成熟，此不成熟的血管对高浓度氧极为敏感，可以造成血管闭锁，进而在无血管区与有血管区之间形成隆起的嵴，而嵴周围的血管进一步增生并深入玻璃体，增殖牵拉继发玻璃体积血，引起牵拉性视网膜脱离，如不及时治疗，可致眼球萎缩、失明的后果。

分析本例不良后果的原因，首先，我们认为，被鉴定人张某患有“新生儿缺氧缺血性脑病”，应用高压氧治疗，有一定的合理性，目前张某未遗留其他神经系统阳性症状体征，不排除与其高压氧治疗有关；其次，高压氧治疗有一定副作用，此种副作用在治疗“新生儿缺氧缺血性脑病”与避免“ROP”发生时存在一定的临床困惑，故此不能完全归结为医疗过错；最后，被鉴定人张某出生时，不属于早产儿、体重不低，此种情况下行高压氧治疗，罕见发生 ROP 之情况，医生对此必然缺乏认识，不能认定为医疗过失。因此，我们认为，被鉴定人张某自身疾病的特点、治疗上的难度以及罕见发生等情况，是导致其不良后果的主要原因。

另一方面，如上所述，医方存在用氧方面不够慎重、告知缺陷、病历书写不规范等医疗过失，与被鉴定人张某目前不良后果存在一定程度因果关系，但作用次要，综合分析，考虑其医疗过失责任程度以次要责任为宜。

六、鉴定意见

第一，××县人民医院在对被鉴定人张某的诊疗行为中，存在用氧不够慎重、告知缺陷、病历书写不规范等医疗过失。与被鉴定人张某目前不良后果存在一定程度因果关系，但作用次要，考虑其医疗过失责任程度以次要责任为宜。

第二，××大学人民医院对被鉴定人张某的诊疗行为无明显医疗过失。

第三，被鉴定人张某目前情况的残疾程度为二级，护理依赖程度属部分护理依赖。

鉴定人：主任法医师　×××
司法鉴定人执业证证号：1100060010××
主任法医师：×××
司法鉴定人执业证证号：11000600100×
2010 年 7 月 21 日

附图：被鉴定人张某双眼闪光-VEP 检查结果

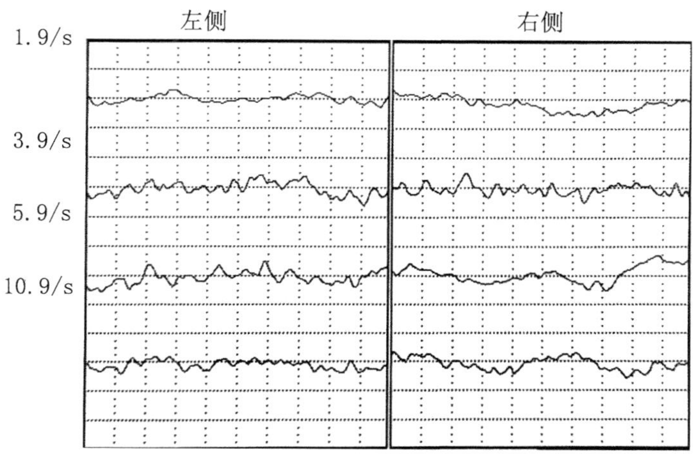

[延展阅读] 某司法鉴定中心法医学鉴定意见书

××［××××］医鉴字第×××号

一、基本情况

委托单位：××市××区人民法院

委托事项：××市××区中西医结合医院对被鉴定人 DY 的诊疗行为是否存在过错？如存在过错，与潘某的畸形出生之间有无因果关系？如有因果关系，责任程度如何？

受理日期：2016 年 7 月 8 日

鉴定材料：××市××区中西医结合医院住院病历 1 册。

鉴定及会诊日期：2016 年 7 月 8 日

被鉴定人：

①DY，女，1987 年 10 月 1 日出生（身份证号：略）；

②潘某（DY 之子），男，2013 年 1 月 25 日出生。

二、检案摘要

（一）案情摘要

被鉴定人 DY 因“停经 3 月+”于 2012 年 8 月 10 日在被告××市××区中西医结合医院建产前检查档案，并定期在该院进行产前检查。2013 年 1 月 25 日因“停经 39 周，不规律下腹痛 2 小时，阴道流液 1 小时”入院待产。2013 年 1 月 25 日产下一子——潘某，发现右手缺指畸形。原告认为××市××区中西医结合医院在产前检查过程中未诊断出胎儿畸形存在过错，侵犯了原告的健康生育选择权。故起诉至××市××区人民法院，要求赔偿。

（二）材料摘要[1]

××市××区中西医结合医院 DY 产前门诊检查档案载：

建档日期：2012 年 8 月 10 日。

2012 年 8 月 9 日，主诉：停经 3 月+。本次妊娠情况：自然妊娠，停经 35 天查尿 HCG（人绒毛膜促性腺激素）+，停经 35 天出现早孕反应，孕早期超声显示有宫内早孕。月经史：末次月经：2012 年 4 月 25 日，平素月经：5/25 天，量中，预产期：2013 年 2 月 1 日。现孕 15+2 周。既往孕产史：孕 2 产 0。一般情况：身高 160cm，现体重 46kg，孕前体重 45kg，血压 120/70mmHg。产科检查：外阴（-），宫颈轻度糜烂，子宫增大，双附件（-），清洁度Ⅱ。宫底高度脐下三指，胎位不清，胎心 150 次/分，羊水中量。初步诊断：G2P0，宫内孕 15+2 周。

××京顺门诊部 DY 超声报告单载：

[2012-6-7] 超声所见：子宫后位，体积增大，形态饱满，包膜光滑，宫腔内可见大小约 16mm×13mm 的囊样回声，囊内未见胎芽及原始心管搏动。诊断意见：宫内早孕（5 周±）。

××市××区中西医结合医院 DY 超声报告单载：

[2012-6-17] 检查所见：子宫前位，宫体稍大，轮廓规整，肌层为点状均匀回声，宫腔内可见一无回声，大小约 3.1cm×2.6cm×2.9cm，胎芽 1.3cm，胎心搏动正常。超声诊断：早孕。

[2012-7-15] 检查提示：宫内孕，单活胎，超声孕周：11 周 5 天。

[2012-8-10] 检查提示：肝、胆、脾、双肾未见明显异常。

[2012-9-26] 检查所见：BPD：5.5cm，HC：20.4cm，AC：18.3cm，FL：3.9cm，FL/BPD：0.71，HC/AC：1.11，

---

[1] 病历资料摘抄仅供了解患者治疗过程使用，详细情况以原始病历资料为准。

FL/AC：0.21，脐动脉S/D：3.67，搏动指数：1.26，阻力指数：0.73，羊水厚径4.2cm，唇部可显示，脉络处可显示，胎心胎动可显示，四胎心可显示，胃泡可显示，双肾可显示，膀胱可显示，四肢长骨可显示。宫内胎儿：胎头位于母体脐上方。脊柱：排列未见异常。胎盘：位于前壁，厚2.7cm。宫颈管长4.4cm。检查提示：宫内中孕，单活胎。超声孕周：22周5天。

[2012-11-10] 检查所见：宫内胎儿胎头位于母体耻骨上方，BPD：7.8cm，HC：28.3cm，AC：24.8cm，脊柱靠右侧，排列未见异常，FL：5.5cm，HL（肱骨长）：5cm，胎心141次/分，胎动好。胎盘前壁，厚2.7cm，内部回声均匀。羊水暗区深：左上腹4.3cm，右上腹3.7cm，左下腹4.2cm，右下腹3.7cm。检查提示：宫内晚孕，单活胎，头位。超声孕周：30周2天。

[2012-12-1] 检查所见：遵医嘱急查：宫内胎儿胎头位于母体耻骨上方，BPD：8.5cm，HC：31.5cm，AC：29cm，脊柱靠右侧，排列未见异常，FL：6.6cm，HL：5.8cm，胎心130次/分，胎动好。胎盘前壁，厚3.1cm，内部回声呈点状增强。羊水暗区深：左上腹2.4cm，右上腹5.5cm，左下腹2.5cm，右下腹2.5cm。胎儿颈部可见脐带回声，呈U形压迹。检查提示：宫内晚孕，单活胎，头位。胎盘Ⅰ级，脐带绕颈一周。

[2013-1-19] 检查所见：宫内胎儿胎头位于母体耻骨上方，BPD：9.7cm，HC：35.8cm，AC：35.8cm，脊柱靠右侧，排列未见异常，FL：7.6cm，HL：6.5cm，胎心138次/分，胎动好。胎盘前壁，厚3.3cm，内部回声呈半环状至环状增强。羊水暗区深：左上腹5cm，右上腹5.4cm，左下腹4cm，右下腹3.9cm。胎儿颈部可见脐带回声。检查提示：宫内晚孕，单活胎，头位。胎盘Ⅱ-Ⅲ级，脐带绕颈可能。

[2013-1-25] 检查所见：遵医嘱急查：宫内胎儿胎头位于

母体耻骨上方，BPD：9.7cm，HC：34.9cm，AC：36cm，脊柱靠右侧，排列未见异常，FL：7.7cm，HL：6.9cm，胎心147次/分，胎动好。胎儿上唇因肢体遮挡未显示。胎儿部分肢体及胸腹腔结构因胎位原因显示不满意。胎盘前壁及左侧壁，厚3cm，内部回声呈半环状至环状增强。羊水暗区深：左上腹4.7cm，右上腹0，左下腹3.9cm，右下腹3.3cm。胎儿颈部可见脐带回声。检查提示：宫内晚孕，单活胎，头位。胎盘Ⅱ－Ⅲ级，脐带绕颈一周。

产前超声检查说明：

由于受各方面因素的影响（孕妇腹壁厚度、胎儿位置、羊水量、不同孕周、病程发展等），产前超声检查不能发现所有的胎儿畸形（如眼、耳异常、肢体关节曲度、角度异常和手指、脚趾异常等）；超声检查对于无形态学变化或轻微的结构异常难以检测出来；超声不能诊断染色体异常。

对于超声检查的局限性以及因胎儿生长发育过程中的变化造成结果的不确定性和随访的必要性，请知情理解并自愿接受检查。

产前超声检查包括：

①孕早期常规检查（10周前）。确定是否宫内孕、评估孕周、可疑孕多胎、排除妊娠有关异常。

②孕中、晚期常规产前超声检查（11—34周以上）。胎儿生长参数评估，评估羊水、胎位、胎盘、确定妊娠数，晚期确定胎位。

③胎儿产前超声筛查（孕20—24周）。应当检查出无脑儿、严重脑脊膜膨出、严重脑积水、严重开放性脊柱裂、严重腹壁缺损以及内脏外翻、单腔心、致命性软骨发育不良、成骨不全等畸形。明确指出产科超声检查不可能发现所有畸形。

④针对性超声检查。产前超声检查发现可疑异常的脏器或

部位，对胎儿及孕妇特殊问题重点检查。

⑤胎儿超声心动图检查（可疑心脏异常者）。

请各位孕妇及家属知情了解！

××市××区红十字会北郊医院孕期胎儿唐氏综合征产前筛查报告单载：

［2012-8-13］筛查结果为低风险，表明孕妇怀有唐氏综合征患儿的概率非常小，属于低危人群，但筛查不能代替诊断，被筛查为低风险时，也有非常小的概率为异常妊娠。

××市××区中西医结合医院 DY 住院病历（病案号：87709）载：

入、出院日期：2013 年 1 月 25 日，2013 年 1 月 28 日。

患者主因“停经 39 周，不规律下腹痛 2 小时，阴道流液 1 小时”经急诊以“胎膜早破，G2P0 宫内孕 39 周头位先兆临产”为诊断收住院治疗。入院情况：育龄妇女，既往体健，第二次妊娠……2012 年 4 月 25 日，孕期平顺，入产科查：宫底高度 34cm，腹围 98cm，先露头定，不规律宫缩，胎心 140 次/分。肛查：宫颈软，居中，宫颈消 90%，宫口容指，S+1，宫颈评分 13 分，胎膜已破，按压宫底可见清亮羊水流液。骨盆测量：耻骨弓角度>90°，TO = 8. 5cm。估计胎儿大小 3. 4kg。入院诊断：胎膜早破，G2P0 宫内孕 39 周，头位先兆临产。诊疗经过：孕妇入院后向家属交代病情，计划阴道自娩，观产程进展顺利，于 2013 年 1 月 25 日 6 时 38 分自娩一活婴，新生儿无窒息，产时顺利，给予会阴侧切伤口常规缝合、产后预防感染、促进子宫收缩等治疗，指导母乳喂养。出院情况：目前产妇产后第三天，一般情况好，主诉无不适。子宫收缩好，宫底脐下 3cm，阴道少量血性恶露，无异味。会阴完整，二便正常。出院诊断：孕 2 产 1 宫内孕 39 周，头位自娩，胎膜早破，脐带绕颈一周，胎儿宫内窘迫（羊水Ⅲ°污染），新生儿右手畸形。

新生儿病历：

体重3.6kg，身长50cm，阿氏评分：1分钟10分，5分钟10分，10分钟10分。出生时脐带绕颈一周。出生时羊水性状Ⅲ°，量约300mL。新生儿距破膜时间9小时后出生。胎盘正常。一般状况强，肤色红润，哭声响亮，四肢活动度有力，前囟1cm×1cm。心率120次/分，拥抱反射（+），觅食反射（+），吸吮反射（+）。右手手指缺如，手掌发育不全。

三、鉴定过程

我所于2016年7月8日组织双方当事人进行听证并召开专家咨询会，向医患双方告知了本案鉴定人员、鉴定相关事项及鉴定风险，并对被鉴定人潘某进行了体格检查。会上，双方分别陈述了各自意见，并回答了鉴定人员及临床专家的提问。

（一）双方陈述意见归纳

患方认为：

①医方在孕检中没有尽到告知义务，B超检查时未提示或告知胎儿手脚情况不在检查之列，剥夺了孕产夫妇的知情权、进一步检查的权利和健康生育选择权。

②被告医院作为××市产前筛查医院，在技术设备允许的情况下，胎儿手脚畸形检查应是常规检查项目，而医方未尽到筛查义务。故，残疾婴儿的出生与医院的医疗行为有密切关系，医院存在过错。

医方认为：

我院B超医生在检查过程中严格按照筛查的程序及标准认真完成检查。根据××市《产前诊断与产前筛查工作规范（试行）》要求及检查内容，胎儿的手及脚趾未规定在筛查范围之内，就此我院已对患者履行了告知义务。我院诊疗行为无医疗过错。

（二）检查记录

被鉴定人潘某于2016年7月8日接受我所检查。

目前情况：右手发育畸形。

查体：一般情况可，神清，智力发育可，活动可。肩峰至尺骨鹰嘴长度：右侧19.5cm，左侧19.5cm。尺骨鹰嘴至桡骨茎突长度：右侧14cm，左侧15cm。右前臂肌容积较对侧低。尺骨鹰嘴下10cm周径：右侧12cm，左侧15.4cm。右手掌大部分缺损，拇指至小指及相应掌骨均缺损，仅留有小部分小鱼际肌，腕关节可部分活动，肘关节活动可。右侧胸大肌不饱满。余检查未见明显异常（后附照片）。

四、分析说明

根据现有鉴定资料，结合专家会诊意见，现就委托鉴定目的进行分析。

（一）被鉴定人DY的诊治经过简述

被鉴定人DY因“停经3月+”于2012年8月10日在被告××市××区中西医结合医院建产前检查档案，并定期在该院进行产前检查，B超筛查未提示胎儿发育异常。2013年1月25日因“停经39周，不规律下腹痛2小时，阴道流液1小时”入院待产。2013年1月25日产下一子——潘某，发现右手缺指畸形。

（二）××市××区中西医结合医院的诊疗行为评价

1. 产前筛查过程无明显技术性医疗过失

根据××市《产前诊断与产前筛查工作规范（试行）》，产前超声检查分三级：①常规超声检查（包括早、中、晚期妊娠的一般超声检查），目的在于评估胎儿生长发育情况，不是以检测胎儿畸形为目的。其检查内容包括胎儿头、胎腹、股骨、脐带动脉、羊水、胎盘等。②系统超声检查。一般在妊娠18—24周进行，目的是筛查致死性或严重致残性胎儿畸形。其检查内容包括：头颈部、脊柱、胸腹腔、四肢长骨及脐带动脉、羊水、胎盘和胎位。致命性胎儿畸形包括：无脑儿、脑、脊膜膨出，严重开放性脊柱裂、胸腹壁缺损内脏外翻、单腔心、致命性软骨发育不良。③针对性超声检查。指在系统胎儿超声检查基础上，针对胎儿及孕妇特殊问题进行特定目的的检查。

被鉴定人DYSH为适龄（25周岁）孕产妇，妊娠期无高危因素，孕期检查正常，无遗传病及家族病史。在围产保健的常规检查中，被鉴定人DY遵医嘱于产前多次行B超检查，不存在漏检的情况。孕22周排畸B超的检查项目符合产前筛查的规定内容，未见致死性或严重致残性胎儿畸形，不属于需进一步检查即进行产前诊断、针对性检查的病例。

虽然理论上，B超检查技术有可能检见胎儿手、足畸形等情况，但鉴于检查的局限性，不同妊娠期胎儿的发育程度、胎儿在母体内的位置、姿势、母体肥胖程度及B超仪器的条件等都可能影响诊断检出率。结合产前筛查及产前诊断的相应规定，本例产前未能查出胎儿右手缺指畸形，属医疗允许范畴，医方的产前筛查过程不存在技术性医疗过失。

2. 产前检查中存在告知缺陷

《产前诊断技术管理办法》和××市《产前诊断与产前筛查工作规范（试行）》均规定，实施产前筛查技术应当遵循知情选择的原则。医方在产前检查时应明确告知孕妇及家属，由于受技术条件的限制、胎儿、孕妇等因素的影响，超声筛查仅能发现部分严重的较明显的胎儿畸形和病变，使患方理解产前检查中可能存在的风险和局限性，并与患方签订“知情同意书”。

经审查病历资料，医方出具的B超诊断报告单后附有“产前超声检查说明”，其中载有“产前超声检查不能发现所有的胎儿畸形（如眼、耳异常、肢体关节曲度、角度异常和手指、脚趾异常等）”的文字说明。但此说明未取得患者签字确认，无法确定患方对上述风险已阅读并理解。故此，我们认为，医方在产前检查中未尽到足够的书面告知义务，存在医疗缺陷。

（三）被鉴定人潘某畸形出生的因果关系分析

目前检查见：被鉴定人潘某存在右手掌大部分缺损、右前臂较对侧轻度短缩等先天发育畸形。

临床医学认为，胎儿先天畸形与基因遗传和一些非遗传因素有关。××市××区中西医结合医院在对被鉴定人DY及潘某的诊疗经过中，对产前检查的局限性存在一定告知缺陷。但考虑胎儿肢端畸形不属于常规产前筛查范围，且临床检出率较低，故此，我们认为：本例被鉴定人潘某先天性发育畸形与医方的诊疗行为无明确因果关系。

五、鉴定意见

第一，××市××区中西医结合医院的产前筛查过程无明显技术性医疗过失，产前检查中对患方存在告知缺陷。

第二，被鉴定人潘某先天性发育畸形与医方的医疗行为无明确因果关系。

鉴定人：主任法医师　　×××

司法鉴定人执业证证号：11000×××××××

主任法医师　　×××

司法鉴定人执业证证号：11000×××××××

附照片

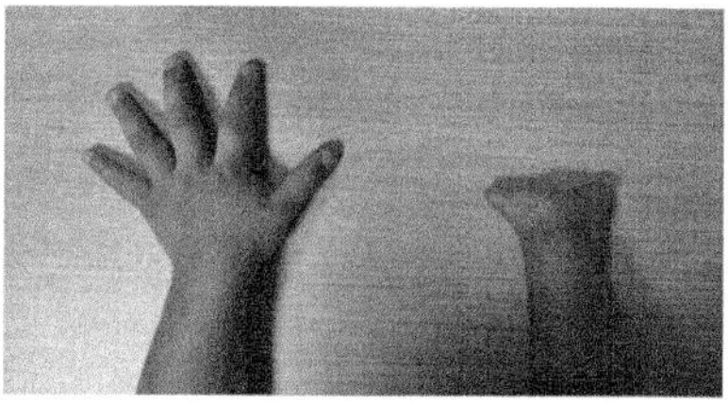

被鉴定人潘某双手背侧

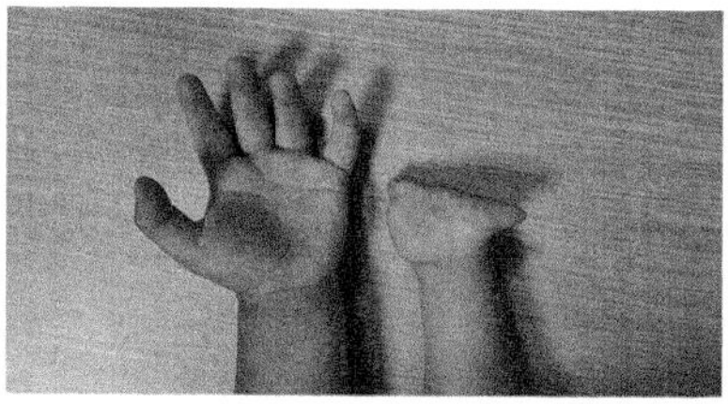

被鉴定人潘某双手掌侧

第九章 Chapter 9

医疗损害鉴定程序性标准建议稿

医疗损害鉴定质量的保障前提是程序管理，应推崇过程管理的理念。法律思维是程序思维，故此，笔者在《民法典》（侵权责任编）、《民事证据规定》（2020 年 5 月 1 日起施行），《司法鉴定程序通则》《医疗损害司法解释》《预处条例》的基础上，参照相关规范性文件和医学专著，结合鉴定操作实际运行情况，制定了“医疗损害鉴定程序指引（草案）”，旨在规范医疗损害鉴定的主要程序、内容、标准和方法等，供各类司法鉴定机构（包括社会性鉴定机构与医学会）在医疗损害鉴定时借鉴，并希望对进一步的立法工作有所裨益。

医疗损害鉴定程序指引（草案）

一、总则

1.1 为统一规范医疗损害鉴定工作，保证鉴定工作的科学、客观、独立、公正。根据《中华人民共和国民法典》（侵权责任编）《司法鉴定程序通则》《最高人民法院关于审理医疗损害责任纠纷案件适用法律若干问题的解释》《最高人民法院关于民事诉讼证据的若干规定》《医疗纠纷预防和处理条例》以及有关规定，结合目前医疗损害鉴定工作实践，特制定本指引。

1.2 本指引规定了医疗损害鉴定的委托、受理和实施等相关程序及部分实体问题。

1.3 本指引由法大法庭科学技术鉴定研究所牵头起草，经北京司法鉴定业协会法医临床学专业委员会集体研讨，并综合最新的立法本意，制定完成。

二、参考文件

①《中华人民共和国民法典》(侵权责任编)；

②《医疗纠纷预防和处理条例》(国务院令第 701 号)；

③《最高人民法院关于民事诉讼证据的若干规定》；

④《最高人民法院关于审理医疗损害责任纠纷案件适用法律若干问题的解释》；

⑤《司法鉴定程序通则》(司法部令第 132 号)；

⑥《司法部关于印发〈司法鉴定机构内部管理规范〉的通知》(司发通〔2014〕49 号)；

⑦《司法部关于印发〈法医类司法鉴定执业分类规定〉的通知》(司规〔2020〕3 号)；

⑧《人体损伤致残程度分级》(最高人民法院、最高人民检察院、公安部、国家安全部、司法部联合发布)；

⑨《人身损害护理依赖程度评定》(GB/T 31147-2014)；

⑩《人身损害误工期、护理期、营养期评定规范》(GA/T 1193-2014)。

三、术语、定义

下列术语和定义适用于本指引。

3.1 医疗纠纷

医疗纠纷，是指在医疗过程中医患双方因对不良医疗后果及其产生原因，在认识上不一致而发生的纠纷，这种纠纷主要以人身损害赔偿为主要诉求，是一种经常发生在医疗活动中医患之间的特殊的民事纠纷。

3.2 医疗损害鉴定

医疗损害鉴定，是指在诉讼活动中，鉴定机构及其鉴定人运用科学技术和专门知识，对医疗机构及其医务人员在诊断、治疗、抢救、护理、管理等活动中的医疗行为有无过错、是否存在不良后果、医疗过错行为与损害后果间是否存在因果关系，以及原因力大小等专门性问题进行鉴别和判断，并出具鉴定意见的司法活动。

3.3 医疗损害后果

医疗损害后果，是指在医疗过程中，医疗过错行为对患者所产生的不利的事实，表现为不良后果，一般表现为患者死亡、残疾或功能障碍，错误的受孕生产及出生，丧失机会，以及组织器官的一过性损害等人身损害情形。

四、基本原则

4.1 医疗损害鉴定应遵循依法、客观、科学、公正的原则，对医疗过错及不良后果进行全面、细致的检查、分析。

4.2 遵守程序性规范，依照鉴定程序、标准，以及医疗卫生管理法律、行政法规、部门规章和操作规范，依法针对委托事项开展鉴定。

4.3 医疗损害鉴定须遴选有鉴定能力、符合鉴定要求的鉴定人。

4.4 医疗损害鉴定须坚持专业判断、同行评议的技术原则。

4.5 鉴定时机一般应在患者临床治疗效果基本稳定，即症状、体征稳定或消失后。

尚未医疗终结而确需鉴定的，须经医患双方确认并在鉴定文书中予以注明。

五、鉴定委托事项

①医方实施的诊疗行为有无过错；

②诊疗行为与损害后果之间是否存在因果关系以及原因力大小；

③医疗机构是否尽到了说明义务；

④医疗产品的缺陷与损害后果之间是否存在因果关系以及原因力的大小；

⑤患者的残疾程度；

⑥患者的护理期、休息期、营养期；

⑦患者的护理依赖程度；

⑧其他专门性问题。

六、鉴定的委托与受理

6.1 医疗损害鉴定案件，一般特指人民法院委托鉴定的民事案件。鉴定委托方一般包括人民法院委托、医患双方共同委托、医疗纠纷人民调解组织委托、其他司法机关委托。鉴定机构一般不接受医方或患方单方面的医疗损害鉴定委托或申请。

6.2 鉴定机构接受委托时，应当与委托人签订鉴定委托书。委托人应当向鉴定机构提供真实、完整、充分的鉴定材料，并承诺对上述材料的真实性、合法性负责。

6.3 鉴定机构接到委托申请时，应对鉴定委托事项进行审查。委托事项不明确或不适宜的，应及时与委托人协商修正，或不予受理。

6.4 在决定受理后，鉴定机构与鉴定人须签署司法鉴定承诺书。同时，卷内须附有“司法鉴定机构 鉴定人记录和报告干预司法鉴定活动”清单〔1〕。并有鉴定案件干预表单记录备案。

6.5 医疗损害鉴定过程中，涉及使用医疗用（产）品后，有不良后果发生的，鉴定机构仅对医疗行为及后果的残疾程度等开展鉴定。医疗用（产）品质量的鉴定不属于司法鉴定的专业范畴。

6.6 鉴定机构应书面告知司法鉴定的风险，并经确认后签字存档。

6.7 鉴定机构对书面材料进行技术审查后，应与委托人核对确认如下材料：

①委托人是否符合条件；

②《医疗损害鉴定委托书》是否符合要求，委托事项是否明确；

③委托事项是否属于医疗损害鉴定；

④委托事项是否超出本机构业务范围或技术条件/鉴定能力；

⑤委托人对鉴定材料真实性、完整性、充分性是否已经予以确认；

⑥所提交材料取得方式有无不合法；

⑦鉴定事项的用途有无不合法或者违背社会公德；

⑧是否为重新鉴定，并符合重新鉴定的相关要求；

⑨委托人就同一鉴定事项是否同时委托多家鉴定机构进行鉴定；

⑩当事人是否提起诉讼或本案已经人民法院判决；

---

〔1〕《司法部办公厅关于印发〈司法鉴定机构 鉴定人记录和报告干预司法鉴定活动的有关规定〉的通知》（司办通〔2020〕56号）。

⑪其他。

6.8 鉴定机构收到委托人提交的上述鉴定材料后，应当进行清点，履行鉴定材料移交登记手续，按鉴定材料移交清单并经委托人签字确认。

6.9 鉴定机构认为有必要补充病历资料、相关临床检查以及其他材料（如死亡证明、尸检报告等），须及时书面告知委托人。

6.10 鉴定机构须妥善保管委托人移交的鉴定材料。鉴定时若需耗尽检材或者损害原物可能导致证据损毁的，应提前征得委托人及当事人书面同意。

6.11 司法鉴定机构应根据《司法鉴定程序通则》规定的期限，对委托人提供的材料进行审核，作出是否受理的决定。

6.12 鉴定机构依据《司法鉴定程序通则》的相关规定，对具有下列情形之一的，均不予受理：

①委托鉴定事项超出本机构司法鉴定业务范围的；

②发现鉴定材料不真实、不完整、不充分或者取得方式不合法的；

③鉴定用途不合法或者违背社会公德的；

④鉴定要求不符合司法鉴定执业规则或者相关鉴定技术规范的；

⑤鉴定要求超出本机构技术条件或者鉴定能力的；

⑥委托人就同一鉴定事项同时委托其他医疗损害鉴定机构进行鉴定的；

⑦其他不符合法律、法规、规章规定情形的。

鉴定机构决定不予受理时，应当向委托人说明理由，退还鉴定材料。

七、鉴定的实施

7.1 鉴定机构接受鉴定委托后，应当指派 2 名以上鉴定人进行鉴定，其中至少有 1 名鉴定人须具备高级技术职称。

司法鉴定人针对案件中的难点或较强的专业技术问题，应当邀请相关临床专业的专家 3 名以上（具有高级技术职称），参与医疗过错的技术判断。涉及多专业的，所聘专家须涵盖专业类别。

7.2 鉴定机构应设立临床医学专家库，并对入库专家进行动态管理。

7.3 医疗损害鉴定，原则上应举行有医患双方参与的听证会，听证会由负责该案件的鉴定人主持，但人民法院不主张听证的情况除外。听证会需在 7 日前通知双方当事人，若单方拒绝参加，可以听取一方陈述意见，会后发函法院说明情况。无论听证与否，均应要求医患双方递交书面陈述材料，充分审查各方主张。

7.3.1 听证前准备。原则上，在听证会召开 7 日前将听证会的时间、地点、要求等，书面通知委托人、临床专家，并将鉴定材料送达临床专家。

7.3.2 听证会正式召开前，工作人员需审核参会人员身份，要求医患双方填写听证人员登记表。

7.3.3 告知医患双方如下事项：本案鉴定人员；本案的鉴定事项、鉴定收费；鉴定的风险；用于此次鉴定的鉴定资料；其他相关事宜，如未经尸检可能对鉴定的影响等。上述告知事项，应有医患双方代表签署司法鉴定风险告知书为据。

7.4 医疗损害鉴定听证会需注意的事项：

①厘清双方争论的事实和焦点；

②对被鉴定人进行查体（涉及女性妇科检查的，应有女性工作人员在场）；

③留存临床专家咨询意见，专家意见须签名并存档，专家有不同会鉴意见的，分别记录；

④鉴定人应对专家意见进行评议并记录，鉴定人对最终的鉴定意见负责。

7.5 鉴定机构对鉴定活动的过程，应制作全面详尽的记录，包括但不限于听证记录、专家咨询记录和查体记录等。

7.6 有下列情形之一的，鉴定人和/或临床专家应当回避：

①案件当事人或当事人的近亲属，与诉讼当事人、案件有利害关系；

②曾经参加同一鉴定事项鉴定的；

③曾经作为专家提供过咨询意见的；

④曾经被聘请为有专门知识的人参与过同一案件的诉讼活动；

⑤法律、法规规定的其他情形。

7.7 鉴定机构在鉴定过程中，有下列情形之一的，应终止鉴定：

①发现有不符合本指引 6.7 第 2 项至第 7 项规定情形的；

②鉴定材料耗尽、损坏，不能满足鉴定需要的；

③当事人拒绝配合鉴定的；

④当事人扰乱医疗损害鉴定机构工作秩序、鉴定秩序的；

⑤委托人撤销鉴定委托或者主动要求终止鉴定的；

⑥因不可抗力致使鉴定无法继续进行的；

⑦法律、法规、规章规定的其他应该终止鉴定的情形。

终止鉴定的，鉴定机构应及时函告委托人，说明理由并退还鉴定材料。鉴定机构可根据案件鉴定进程情况酌情收取部分鉴定费用。

7.8 对于患者死亡的医疗纠纷案件，鉴定人应尽可能明确患者的死亡原因。

有尸体解剖或病理学报告的，鉴定人原则上亦应对死亡原因诊断进行文证审查，必要时要求其补充提交尸检照片、病理切片。但对尸检报告具有明显争议且无再次解剖等鉴定条件时，应由委托人最终确定能否依据尸检报告开展鉴定工作。

没有进行尸体解剖的案件，但有临床死因诊断的，鉴定人应对病历、死亡讨论、临床死亡诊断进行书证审查。

没有进行尸体解剖且临床死因诊断不明的，鉴定人可根据病历资料分析并推测患者的死亡原因，须在鉴定实施时告知医患双方。

7.9 在实际鉴定中，现存损害后果与医疗过错行为之间的因果关系可能存在多种情形，包括一因一果、一因多果、多因一果和多因多果。根据医疗过错行为在损害后果中的原因力大小，将医疗过错行为对现存损害后果所起的作用分为：

A 级：损害后果完全由其他因素造成；

B 级：损害后果绝大部分由其他因素造成，医疗过失行为起轻微作用；

C 级：损害后果主要由其他因素造成，医疗过失行为起次要作用；

D 级：损害后果由医疗过失行为和其他因素共同造成，两者分别起同等作用；

E 级：损害后果主要由医疗过失行为造成，其他因素起次要作用；

F 级：损害后果完全由医疗过失行为造成。

7.10 鉴定机构出具鉴定文书后，委托人对鉴定有关问题提出咨询的，应当及时给予解释或者说明。经人民法院依法通知，司法鉴定人应当出庭接受质询。经人民法院同意，司法鉴定人也可通过书面回复或其他形式予以答复、解释。

八、其他需要规范的内容

8.1 遴选鉴定人及临床专家：

①鉴定机构应当指派符合条件的鉴定人员组成鉴定人；

②鉴定人确定医疗损害争议所涉及的学科专业；

③选取临床专家。

8.2 鉴定会的基本要求：

①鉴定会分为陈述会和专家合议会两个阶段；

②原则上应当组织召开陈述会，鉴定人认为不需要的可以不召开陈述会，但需要告知医患双方；

③在医疗损害鉴定会召开7日前，应将会议的时间、地点和要求，书面通知委托人、医患双方当事人、临床专家，并将鉴定材料送达临床专家；

④医患双方当事人等应当参加陈述会，每方人数不超过3人；

⑤任何一方当事人无故缺席、自行退席或拒绝参加陈述会的，不影响鉴定的进行；

⑥双方当事人在听证会期间，应遵守会场秩序，不得录音、摄像、拍照，当事人不听劝阻影响鉴定继续进行的，视为不配合鉴定，鉴定机构及鉴定人可以向委托人说明情况后终止鉴定。

附录　与医疗损害鉴定相关的技术标准/规范参考目录

附录 1　医疗领域行业标准目录

1. 《医务人员手卫生规范》（WS/T 313-2019）
2. 《艾滋病和艾滋病病毒感染诊断》（WS/T 293-2019）
3. 《布鲁氏菌病诊断》（WS/T 269-2019）
4. 《淋病诊断》（WS/T 268-2019）
5. 《医疗机构门急诊医院感染管理规范》（WS/T 591-2018）
6. 《口腔颌面部 X 射线检查操作规范》（WS/T 608-2018）
7. 《妊娠期糖尿病患者膳食指导》（WS/T 601-2018）
8. 《感染性疾病免疫测定程序及结果报告》（WS/T 573-2018）
9. 《麻风病诊断》（WS 291-2018）
10. 《丙型肝炎诊断》（WS/T 213-2018）
11. 《手足口病诊断》（WS 588-2018）
12. 《献血相关血管迷走神经反应预防和处置指南》（WS/T 595-2018）
13. 《肺结核诊断》（WS 288-2017）
14. 《恶性肿瘤患者膳食指导》（WS/T 559-2017）
15. 《脑卒中患者膳食指导》（WS/T 558-2017）
16. 《慢性肾脏病患者膳食指导》（WS/T 557-2017）
17. 《老年人膳食指导》（WS/T 556-2017）
18. 《克-雅病诊断》（WS/T 562-2017）
19. 《麻疹诊断》（WS 296-2017）

20.《临床核医学患者防护要求》（WS 533-2017）

21.《献血不良反应分类指南》（WS/T 551-2017）

22.《医疗机构环境表面清洁与消毒管理规范》（WS/T 512-2016）

23.《经空气传播疾病医院感染预防与控制规范》（WS/T 511-2016）

24.《病区医院感染管理规范》（WS/T 510-2016）

25.《医院医用织物洗涤消毒技术规范》（WS/T 508-2016）

26.《软式内镜清洗消毒技术规范》（WS 507-2016）

27.《口腔器械消毒灭菌技术操作规范》（WS 506-2016）

28.《小型集中式供水消毒技术规范》（WS/T 528-2016）

29.《尖锐湿疣诊断》（WS/T 235-2016）

30.《性病性淋巴肉芽肿诊断》（WS/T 237-2016）

31.《疟疾的诊断》（WS 259-2015）

32.《医院感染暴发控制指南》（WS/T 524-2016）

33.《电子病历共享文档规范》（WS/T 500-2016）

34.《抗疟药使用规范》（WS/T 485-2016）

35.《隐孢子虫病的诊断》（WS/T 487-2016）

36.《脊髓灰质炎诊断》（WS/T 294-2016）

37.《弓形虫病的诊断》（WS/T 486-2015）

38.《地方性砷中毒诊断》（WS/T 211-2015）

39.《蛲虫病的诊断》（WS/T 469-2015）

40.《放射性皮肤疾病护理规范》（WS/T 475-2015）

41.《地方性克汀病和地方性亚临床克汀病诊断》（WS/T 104-2014）

42.《医疗机构患者活动场所及坐卧设施安全要求 第1部分：活动场所》（WS 444.1-2014）

43.《静脉治疗护理技术操作规范》(WS/T 433-2013)
44.《裂头蚴病的诊断》(WS 438-2013)
45.《钩虫病的诊断》(WS 439-2013)
46.《成人糖尿病患者膳食指导》(WS/T 429-2013)
47.《高血压患者膳食指导》(WS/T 430-2013)
48.《献血场所配置要求》(WS/T 401-2012)
49.《血液储存要求》(WS 399-2012)
50.《血液运输要求》(WS/T 400-2012)
51.《妊娠期高血压疾病诊断》(WS 384-2012)
52.《临床常用急救操作技术》(WS 387-2012)
53.《医学X线检查操作规程》(WS/T 389-2012)
54.《支气管哮喘诊断》(WS 383-2012)
55.《肺炎诊断》(WS 382-2012)
56.《先天性胆道畸形诊断》(WS 385-2012)
57.《医院急诊科规范化流程》(WS/T 390-2012)
58.《囊尾蚴病的诊断》(WS/T 381-2012)
59.《并殖吸虫病的诊断》(WS 380-2012)
60.《带绦虫病的诊断》(WS/T 379-2012)
61.《医疗机构消毒技术规范》(WS/T 367-2012)
62.《医院空气净化管理规范》(WS/T 368-2012)
63.《卫生管理基本数据集》(WS 374-2012)
64.《旋毛虫病的诊断》(WS/T 369-2012)
65.《氟斑牙诊断》(WS/T 208-2011)
66.《尿液标本的收集及处理指南》(WS/T 348-2011)
67.《下肢动脉硬化闭塞症诊断》(WS 339-2011)
68.《准分子激光角膜屈光手术质量控制》(WS 340-2011)
69.《乳腺癌诊断》(WS 338-2011)

70.《食管癌诊断》（WS 337-2011）

71.《多囊卵巢综合征诊断》（WS 330-2011）

72.《妊娠期糖尿病诊断》（WS 331-2011）

73.《胰腺癌诊断》（WS 333-2011）

74.《子宫颈癌诊断》（WS 334-2011）

75.《人工髋、膝关节置换术》（WS/T 335-2011）

76.《克山病诊断》（WS/T 210-2011）

77.《原发性肺癌诊断》（WS 323-2010）

78.《大骨节病诊断》（WS/T 207-2010）

79.《广州管圆线虫病诊断标准》（WS/T 321-2010）

80.《冠状动脉粥样硬化性心脏病诊断标准》（WS 319-2010）

81.《胃癌诊断标准》（WS 316-2010）

82.《十二指肠溃疡诊断标准》（WS 317-2010）

83.《慢性阻塞性肺疾病诊断标准》（WS 318-2010）

84.《克山病治疗原则与疗效判定标准》（WS/T 314-2009）

85.《医院隔离技术规范》（WS/T 311-2009）

86.《医院感染监测规范》（WS/T 312-2009）

87.《华支睾吸虫病诊断标准》（WS/T 309-2009）

88.《流行性脑脊髓膜炎诊断标准》（WS 295-2008）

89.《甲型病毒性肝炎诊断标准》（WS 298-2008）

90.《乙型病毒性肝炎诊断标准》（WS 299-2008）

91.《戊型病毒性肝炎诊断标准》（WS 301-2008）

92.《地方性氟骨症诊断标准》（WS 192-2008）

93.《伤寒和副伤寒诊断标准》（WS 280-2008）

94.《流行性斑疹伤寒和地方性斑疹伤寒诊断标准》（WS 215-2008）

95. 《猩红热诊断标准》（WS 282-2008）

96. 《流行性感冒诊断标准》（WS 285-2008）

97. 《鼠疫诊断标准》（WS 279-2008）

98. 《狂犬病诊断标准》（WS 281-2008）

99. 《流行性出血热诊断标准》（WS 278-2008）

100. 《人感染高致病性禽流感诊断标准》（WS 284-2008）

101. 《细菌性和阿米巴性痢疾诊断标准》（WS 287-2008）

102. 《传染性非典型肺炎诊断标准》（WS 286-2008）

103. 《白喉诊断标准》（WS 275-2007）

104. 《百日咳诊断标准》（WS 274-2007）

105. 《感染性腹泻诊断标准》（WS 271-2007）

106. 《中华人民共和国卫生行业标准》

107. 《三级综合医院医疗技术水平标准》

附录 2　医疗领域国家标准目录

1. 《医疗卫生用品辐射灭菌消毒质量控制》（GB 16383-2014）

2. 《医疗器械消毒剂卫生要求》（GB/T 27949-2011）

3. 《医院负压隔离病房环境控制要求》（GB/T 35428-2017）

4. 《医院消毒卫生标准》（GB 15982-2012）

5. 《职业性接触性皮炎的诊断》（GBZ 20-2019）

6. 《职业性中暑的诊断》（GBZ 41-2019）

7. 《职业性哮喘的诊断》（GBZ 57-2019）

8. 《职业性急性化学物中毒性多器官功能障碍综合征的诊断》（GBZ 77-2019）

9. 《职业性莱姆病的诊断》（GBZ 324-2019）

附录3 医疗损害鉴定所涉医疗管理法律法规名录

医疗管理法律：12部

1.《中华人民共和国献血法》(1997年发布)

2.《中华人民共和国民法典》(2020年发布)

3.《中华人民共和国传染病防治法》(2013年修正)

4.《中华人民共和国消费者权益保护法》(2013年修正)

5.《全国人民代表大会常务委员会关于司法鉴定管理问题的决定》(2015年修正)

6.《中华人民共和国中医药法》(2016年发布)

7.《中华人民共和国刑法》(2020年修正)

8.《中华人民共和国民事诉讼法》(2017年修正)

9.《中华人民共和国红十字会法》(2017年修订)

10.《中华人民共和国国境卫生检疫法》(2018年修正)

11.《中华人民共和国职业病防治法》(2018年修正)

12.《中华人民共和国药品管理法》(2019年修订)

行政法规：9部

1.《中华人民共和国传染病防治法实施办法》(1991年发布)

2.《中华人民共和国母婴保健法实施办法》(2017年修订)

3.《医疗事故处理条例》(2002年发布)

4.《医疗机构管理条例》(2016年修订)

5.《麻醉药品和精神药品管理条例》(2016年修订)

6.《血液制品管理条例》(2016年修订)

7.《病原微生物实验室生物安全管理条例》(2018年修订)

8.《医疗纠纷预防和处理条例》(2018年发布)

9.《中华人民共和国药品管理法实施条例》(2019年修订)

部门规范性文件：30 部

1.《全国医院工作条例》（1982 年发布）

2.《医院工作制度》（1982 年发布）

3.《医疗机构管理条例实施细则》（2017 年修正）

4.《医师资格考试暂行办法》（2008 年修正）

5.《临床输血技术规范》（2000 年发布）

6.《医疗机构制剂配制质量管理规范（试行）》（2001 年发布）

7.《医疗事故分级标准（试行）》（2002 年发布）

8.《医疗事故技术鉴定暂行办法》（2002 年发布）

9.《大型医用设备配置与使用管理办法（试行）》（2018 年发布）

10.《医师外出会诊管理暂行规定》（2005 年发布）

11.《医疗机构传染病预检分诊管理办法》（2005 年发布）

12.《医院感染管理办法》（2006 年发布）

13.《传统医学师承和确有专长人员医师资格考核考试办法》（2006 年发布）

14.《处方管理办法》（2007 年发布）

15.《预防接种异常反应鉴定办法》（2008 年发布）

16.《中医病历书写基本规范》（2010 年发布）

17.《药品不良反应报告和监测管理办法》（2011 年发布）

18.《医疗机构临床用血管理办法》（2019 年修订）

19.《医疗机构诊疗科目名录》（2012 年版）

20.《职业病诊断与鉴定管理办法》（2021 年发布）

21.《结核病防治管理办法》（2013 年发布）

22.《医疗机构病历管理规定》（2013 年版）

23.《禁止非医学需要的胎儿性别鉴定和选择性别人工终止

妊娠的规定》(2016年发布)

24.《司法鉴定程序通则》(2016年修订)

25.《外国医师来华短期行医暂行管理办法》(2016年修正)

26.《国家卫生计生委关于修改〈医疗机构管理条例实施细则〉的决定》(2017年发布)

27.《医疗机构基本标准(试行)》(2017年版)

28.《医疗损害鉴定管理办法(征求意见稿)》(2018年发布)

29.《早产儿治疗用氧和视网膜病变防治指南》(2004年发布)

30.《病历书写基本规范》(2010年发布)

司法解释:6部

1.《人民法院司法鉴定工作暂行规定》(2001年发布)

2.《最高人民法院关于确定民事侵权精神损害赔偿责任若干问题的解释》(2020年修正)

3.《人民法院对外委托司法鉴定管理规定》(2002年发布)

4.《最高人民法院关于审理人身损害赔偿案件适用法律若干问题的解释》(2020年修正)

5.《最高人民法院关于审理医疗损害责任纠纷案件适用法律若干问题的解释》(2020年修正)

6.《最高人民法院关于民事诉讼证据的若干规定》(2019年修正)

地方规范性文件:2部

1.《上海市高级人民法院关于委托医疗损害司法鉴定若干问题的暂行规定》(2011年发布)

2.《江苏省医疗损害鉴定管理办法》(2017年发布)

其他:

《医疗事故技术鉴定专家库学科专业组名录(试行)》(2002年发布)

附录4 医疗损害鉴定所涉诊疗指南与临床操作规范名录

1.《临床诊疗指南》——人民卫生出版社（共50分册）：

①器官移植学分册

②激光医学分册

③辅助生殖技术与精子库分册

④急诊医学分册

⑤整形外科学分册

⑥心血管外科分册

⑦耳鼻咽喉头颈外科分册

⑧重症医学分册

⑨骨科分册

⑩美容医学分册

⑪胸外科学分册

⑫病理学分册

⑬放射学检查技术分册

⑭呼吸病学分册

⑮心血管分册

⑯护理学分册

⑰烧伤外科学分册

⑱核医学分册

⑲神经病学分册

⑳血液学分册

㉑骨质疏松症和骨矿盐疾病分册

㉒传染病分册

㉓麻醉分册

㉔精神病学分册

㉕物理医学与康复分册
㉖放射肿瘤学分册
㉗皮肤病与性病分册
㉘泌尿外科分册
㉙妇产科学分册
㉚创伤学分册
㉛疼痛学分册
㉜手外科分册
㉝癫痫病分册（2015 年修订版）
㉞肠外肠内营养学分册（2006 年版）
㉟肿瘤分册
㊱计划生育分册
㊲口腔医学分册（2016 年修订版）
㊳风湿病分册
㊴内分泌及代谢性疾病分册
㊵结核病分册
㊶消化系统疾病分册
㊷小儿外科学分册
㊸小儿内科分册
㊹外科学分册
㊺眼科学分册
㊻神经外科学分册
㊼免疫学分册
㊽肾脏病学分册
㊾肠外肠内营养学分册（2008 年版）
㊿临床营养科分册

2.《临床技术操作规范》——人民卫生出版社（共43 分册）：

①消化内镜学分册
②疼痛学分册
③结核病分册
④超声医学分册
⑤口腔医学分册
⑥整形外科分册
⑦烧伤分册
⑧核医学分册
⑨美容医学分册
⑩影像技术分册
⑪病理学分册
⑫计划生育学分册
⑬儿科学分册
⑭物理医学与康复学分册
⑮泌尿外科分册
⑯小儿外科学分册
⑰手外科分册
⑱皮肤病与性病分册
⑲眼科学分册
⑳普通外科分册
㉑心血管病学分册
㉒放射肿瘤学分册
㉓肿瘤学分册
㉔精神病学分册
㉕神经外科分册
㉖神经病学分册
㉗妇产科分册

㉘呼吸病学分册
㉙护理分册
㉚肠外肠内营养学分册
㉛重症医学分册
㉜心电生理和起搏分册
㉝心血管外科学分册
㉞辅助生殖技术与精子库分册
㉟麻醉医学分册
㊱胸外科学分册
㊲肾脏病学分册
㊳激光医学分册
㊴急诊医学分册
㊵器官移植分册
㊶耳鼻咽喉–头颈外科分册
㊷骨科学分册
㊸临床营养科分册

3.《妇科、产科、儿科常见病种入出院参考标准和转诊指导原则（试行）》

附录5 解放军总后勤部卫生部诊疗常规

1.《医疗护理技术操作常规》——人民军医出版社（第4版）：
第1篇 门诊、急诊及入院出院常规
第2篇 医护记录、病案管理与医疗统计
第3篇 一般诊疗护理技术操作常规
第4篇 特种诊疗常规
第5篇 营养科常规
第6篇 中医科常规

第 7 篇 内科常规
第 8 篇 传染病科常规
第 9 篇 神经科常规
第 10 篇 精神科常规
第 11 篇 皮肤科常规
第 12 篇 儿科常规
第 13 篇 普通外科常规
第 14 篇 矫形外科常规
第 15 篇 胸部外科常规
第 16 篇 泌尿外科常规
第 17 篇 神经外科常规
第 18 篇 烧伤及冻伤常规
第 19 篇 整形外科常规
第 20 篇 眼科常规
第 21 篇 耳鼻咽喉科常规
第 22 篇 口腔科常规
第 23 篇 计划生育常规
第 24 篇 产科常规
第 25 篇 妇科常规
第 26 篇 麻醉常规
第 27 篇 手术室常规
第 28 篇 重症监护病房（ICU）常规
第 29 篇 消毒、灭菌与消毒供应室常规
第 30 篇 检验科常规
第 31 篇 病理科常规
第 32 篇 输血科常规
第 33 篇 放射科常规

第 34 篇 药剂科常规
第 35 篇 药品制剂检验常规
第 36 篇 医疗设备常规
第 37 篇 医护信息计算机管理常规

2.《核生化损伤诊断治疗手册》(2008 年版)
3.《临床护理实践指南》(2011 年版)

附录 6　北京协和医院诊疗常规

《北京协和医院医疗诊疗常规》——人民卫生出版社（第 2 版）

1. 风湿免疫科诊疗常规
2. 骨科诊疗常规
3. 老年医学诊疗常规
4. 超声诊断科诊疗常规
5. 重症医学科诊疗常规
6. 肿瘤内科诊疗常规
7. 急诊科诊疗常规
8. 中医科诊疗常规
9. 普通外科诊疗常规
10. 营养科诊疗常规
11. 呼吸内科诊疗常规
12. 妇科诊疗常规
13. 产科诊疗常规
14. 输血科诊疗常规
15. 放射科诊疗常规
16. 肝脏外科诊疗常规
17. 消化内科诊疗常规
18. 皮肤科诊疗常规

19. 乳腺疾病诊疗常规
20. 麻醉科诊疗常规
21. 儿科诊疗常规
22. 核医学科诊疗常规
23. 眼科诊疗常规
24. 血管外科诊疗常规
25. 心外科诊疗常规
26. 计划生育诊疗常规
27. 泌尿外科诊疗常规
28. 骨科诊疗常规
29. 耳鼻咽喉头颈外科诊疗常规
30. 胸外科诊疗常规
31. 神经病学诊疗常规
32. 药剂科工作常规
33. 康复医学诊疗常规
34. 检验科诊疗常规
35. 物理医学康复科诊疗常规
36. 神经外科诊疗常规

附录 7　临床路径相关文件

1.《医疗机构临床路径管理指导原则》——原国家卫生计生委、国家中医药管理局组织发布

2.《临床路径管理试点工作方案》——原卫生部发布

3.《卫生部临床路径管理试点工作试点医院名单》——原卫生部发布

4. 临床路径清单——略

附录 8　法医临床学鉴定技术标准

序号	文件名称	标准号	发布部门	实施日期	备注
1	《法医临床检验规范》	SF/Z JD0103003-2011	司法部司法鉴定管理局	2011-3-17	技术规范
2	《人体损伤程度鉴定标准》	司发通〔2013〕146 号	最高人民法院、最高人民检察院、公安部、国家安全部、司法部联合发布	2014-1-1	部门规章
3	《劳动能力鉴定职工工伤与职业病致残等级》	GB/T 16180-2014	原国家质量监督检验检疫总局、国家标准化管理委员会	2015-1-1	国家标准
4	《职工非因工伤残或因病丧失劳动能力程度鉴定标准（试行）》	劳社部发〔2002〕8 号	原劳动和社会保障部	2002-4-5	部门规章
5	《道路交通事故受伤人员救治项目评定规范》	GA/T 769-2008	公安部	2008-10-1	行业标准
6	《道路交通事故受伤人员治疗终结时间》	GA/T 1088-2013	公安部	2013-12-1	行业标准
7	《人身保险伤残评定标准及代码》	JR/T 0083-2013	原中国保险监督管理委员会	2014-1-17	行业标准

续表

序号	文件名称	标准号	发布部门	实施日期	备注
8	《残疾人残疾分类和分级》	GB/T 26341-2010	原国家质量监督检验检疫总局、国家标准化管理委员会	2011-5-1	国家标准
9	《暂予监外执行规定》	司发通〔2014〕112号	最高人民法院、最高人民检察院、公安部、司法部、原国家卫生计生委	2014-12-1	部门规章
10	《医疗事故分级标准（试行）》	卫生部令第32号	原卫生部	2002-9-1	行业标准
11	《人身损害护理依赖程度评定》	GB/T 31147-2014	原国家质量监督检验检疫总局、国家标准化管理委员会	2015-1-1	国家标准
12	《人身损害误工期、护理期、营养期评定规范》	GA/T 1193-2014	公安部	2014-11-26	行业标准
13	《人体损伤致残程度分级》		最高人民法院、最高人民检察院、公安部、国家安全部、司法部	2017-1-1	部门规章

续表

序号	文件名称	标准号	发布部门	实施日期	备注
14	《法医临床影像学检验实施规范》	SF/Z JD0103006-2014	司法部司法鉴定管理局	2014-3-17	技术规范
15	《听力障碍的法医学评定》	GA/T 914-2010	公安部	2010-12-1	行业标准
16	《视觉功能障碍法医鉴定指南》	SF/Z JD0103004-2016	司法部司法鉴定管理局	2016-9-22	技术规范
17	《性侵害案件法医临床学检查指南》	GA/T 1194-2014	公安部	2014-9-28	行业标准
18	《法庭科学人体损伤检验照相规范》	GA/T 1197-2014	公安部	2014-10-24	行业标准
19	《男性性功能障碍法医学鉴定》	GB/T 37237-2018	国家市场监督管理总局、国家标准化管理委员会	2019-4-1	国家标准
20	《法庭科学 人身损害受伤人员后续诊疗项目评定技术规程》	GA/T 1555-2019	公安部	2019-4-9	行业标准
21	《法医学 关节活动度检验规范》	GA/T 1661-2019	公安部	2019-12-1	行业标准